T0224919

Erfolgskonzepte Praxis- & Krankenhaus-Management

Ihre Erfolgs-Konzepte für Klinik und Praxis
Als Arzt sind Sie auch Führungskraft und Manager: Teamführung, Qualitätsmanagement, Kodier- und Abrechnungsfragen, Erfüllung gesetzlicher Vorgaben, patientengerechtes Leistungsspektrum, effiziente Abläufe, leistungsgerechte Kostensteuerung …

Zusätzliche Kompetenzen sind entscheidend für Ihren Erfolg.

Agieren statt reagieren
Gestalten Sie zielgerichtet die Zukunft Ihres Unternehmens - als Organisator, Stratege und Vermarkter.

Alexandra Köhler
Mirko Gründer

Online-Marketing für medizinische Gesellschaften und Verbände

Website, SEO, Social Media, Werberecht

 Springer

Alexandra Köhler
Hamburg
Deutschland

Mirko Gründer
Kiel
Deutschland

Erfolgskonzepte Praxis- & Krankenhaus-Management

ISBN 978-3-662-53468-7   ISBN 978-3-662-53469-4   (eBook)
DOI 10.1007/978-3-662-53469-4

Die Deutsche Nationalbibliothek verzeichnet diese Publikation in der Deutschen Nationalbibliografie;
detaillierte bibliografische Daten sind im Internet über http://dnb.d-nb.de abrufbar.

Umschlaggestaltung: deblik Berlin
Fotonachweis Umschlag: © Troels Graugaard/istockphoto.com

Gedruckt auf säurefreiem und chlorfrei gebleichtem Papier

Springer ist Teil von Springer Nature
Die eingetragene Gesellschaft ist Springer-Verlag GmbH Deutschland
Die Anschrift der Gesellschaft ist: Heidelberger Platz 3, 14197 Berlin, Germany

Vorwort

82 Prozent aller Deutschen ab 14 Jahren sind online, so ein Umfrageergebnis des Bundesverbands Informationswirtschaft, Telekommunikation und neue Medien e.V. (BITKOM). Und das nicht nur am Computer bei der Arbeit oder von zu Hause. Das mobile Surfen über Smartphones, Tablets, Net- und Notebooks hat sich längst etabliert. Diese Zahl verdeutlicht, wie wichtig es ist, im Internet präsent zu sein und online zu kommunizieren. Das gilt nicht nur für Unternehmen, sondern ebenso für Organisationen, Fachgesellschaften und Verbände.

Das bedeutet jedoch nicht, dass Sie Ihre bisherigen klassischen Marketing-Maßnahmen, wie Visitenkarten und Informations-Broschüren, zum Altpapier bringen sollen. Nach wie vor wünschen sich bestimmt einige Ihrer Mitglieder – und vor allem potentielle neue – Informationen über Ihre Gesellschaft an die Hand zu bekommen, um diese in Ruhe durchlesen zu können. Und auch das persönliche Schwätzchen auf Kongressen und Fortbildungen bleibt, doch der Austausch geht online weiter. Interaktivität ist entstanden: Es zählt, aktiv mitzureden, dabei zu sein und sich in der Online-Community integriert zu fühlen. Ebenfalls haben sich jegliche Informationen ins WorldWideWeb verlagert. Klar, geht ja auch viel schneller so. Und zusätzlich sind diese gewachsen: durch Links, Bilder und Videos, die über E-Mails, Portale oder soziale Netzwerke verschickt oder gepostet werden. Kommunikation und Marketing sollte dort stattfinden, wo sich Menschen treffen und austauschen – und das ist heute zunehmend online der Fall.

Was heißt das nun konkret für Ihre medizinisch-wissenschaftliche Fachgesellschaft resp. Ihren ärztlichen Verband sowie konkret für Ihre Marketingzuständigen? Weitläufige Internetpräsenz, möglichst viele Freunde und Follower im Sozialen Netz gewinnen, kontinuierlich spannende Nachrichten zwitschern und posten, jederzeit kommunikations- und kritikbereit sein? Ruhig Blut. Sie sollen nicht überall ein bisschen mitmischen, sich aber bewusst werden, dass Online-Kommunikation ein neuer Bestandteil der Kommunikations-Strategie ist – zu der jedoch auch weiterhin die klassische Pressearbeit gehört. Entsprechend den festgelegten Marketing-Zielen können Sie mit zwei oder drei der in diesem Handbuch vorgestellten Maßnahmen planen, die für ihre Zwecke am besten geeignet sind. Dafür braucht es natürlich Manpower und Zeit. Denn Kommunikation kostet Zeit. Ebenfalls dauert es, bis sich messbare Erfolge einstellen – dessen sollten Sie sich bewusst sein. Doch wer den Anforderungen der heutigen Zeit und den Erwartungen der Mitglieder und User gerecht werden will, kommt an den neuen Kommunikationsformen nicht vorbei. Trauen auch Sie sich, neue Wege im Online-Marketing zu gehen. Schritt für Schritt. Positionieren Sie sich im Internet, verleiht Ihnen das ein zeitgemäßes Image und bringt Ihnen Austausch, Anregungen, Abwechslung, neue Kontakte und vielleicht auch Spaß und Freude.

Dieses Buch wird Ihnen einen Überblick über die Welt des Online-Marketings verschaffen und Ihnen konkrete Anleitungen und Tipps für die Umsetzung an die Hand geben. Inhaltlich erwartet Sie Folgendes: Die Marketing-Grundlagen führen Sie ins Thema ein. Wie Sie die klassischen Marketing-Maßnahmen, beispielsweise Presse-Arbeit, mit dem Internet verknüpfen können, lesen Sie in ▶ Kap. 2. Das Wichtigste zur Praxis-Website, die zentrale Anlaufstelle im Internet und damit ein Muss für das Online-Marketing, lesen Sie im dritten Kapitel. Wie es funktioniert, weit oben in der Trefferliste von Google gefunden zu werden, steht in ▶ Kap. 4. Hintergründe und Tipps zum Social-Media-Marketing mit Facebook und Co. erfahren Sie in ▶ Kap. 5. Wer sich für einen eigenen Blog interessiert, findet in ▶ Kap. 6 Aufklärung und Tipps zur Umsetzung.

In ▶ Kap. 7 klären die Autoren über die besonderen Rechtsvorschriften beim Werben auf, gehen auf das Berufsrecht, das Heilmittelwerbegesetz sowie auf das Wettbewerbsrecht und Datenschutzbestimmungen ein. Abgerundet wird das Werk mit Basics zur IT-Sicherheit, mit denen Sie beim Online-Marketing immer in Berührung kommen.

Nun wünsche ich Ihnen durch die Lektüre dieses Praxis-Handbuchs neue und hilfreiche Erkenntnisse, viel Freude beim Umsetzen ausgewählter Online-Marketing-Maßnahmen und noch mehr Erfolg für Ihre Institution. Frohes Kommunizieren!

Alexandra Köhler
Hamburg, im Frühjahr 2017

Die Autoren

© Köhler

Alexandra Köhler (geb. Schramm)

ist Gesundheits-Journalistin, Buchautorin, Fachwirtin im Sozial- und Gesundheitswesen und gelernte Fremdsprachenkorrespondentin.

Zuletzt gehörte sie zum Vorstand der gemeinnützigen Stiftung Gesundheit, Hamburg. Als Journalistin arbeitete sie bei verschiedenen TV- und Hörfunksendern sowie in Printverlagen. Seit 2004 leitete sie das Medienbüro Medizin – Der Ratgeberverlag GmbH und hatte dort von 2008 bis 2014 die Geschäftsführung inne. Zu ihren journalistischen Schwerpunkten gehören Gesundheitsthemen, Gesundheitswirtschaft sowie neue Marketing- und Internettrends.

Ein vielschichtiges Branchennetzwerk pflegt Alexandra Köhler bundesweit auf Gesundheitswirtschaft- und -kommunikationskongressen. Von 2010 bis 2014 war sie zudem als Vorstand im Medizin-Management-Verband – Vereinigung der Führungskräfte im Gesundheitswesen aktiv. Im Ehrenamt ist sie Vorstandsvorsitzende eines Buchverlags für Nachwuchsautoren.

www.alexandra-schramm.de

© Gründer

Mirko Gründer

studierte Philosophie, Geschichte und Englisch in Greifswald und Bamberg und lebt heute in Kiel. Nach einem Volontariat ist er als freier Journalist mit den Schwerpunkten Medizin-Journalismus und Online-PR tätig. Für das Medienbüro Medizin (MbMed) in Hamburg leitete er den Service Medizin-SEO, der Suchmaschinenoptimierung mit Spezialisierung auf den Gesundheitsmarkt anbietet. Er ist auf das Texten für das Internet spezialisiert und berät bei der Konzeption, Erstellung und Optimierung von Internetpräsenzen und Social Media Aktionen. Darüber hinaus ist er als Referent zu den Themen Internet-Kommunikation und SEO unterwegs.

www.mirko-gruender.de

Die Interviewpartner

- ▶ **Kapitel 1: Marketing-Grundlagen**

Interview mit Dennis Makoschey, Geschäftsführer der Arbeitsgemeinschaft der Wissenschaftlichen Medizinischen Fachgesellschaften (AWMF)

- ▶ **Kapitel 2: Klassisches Marketing mit dem Internet verknüpfen**

Interview mit Hans-Jörg Freese, Leiter Verbandskommunikation/Pressesprecher vom Marburger Bund Bundesverband

- ▶ **Kapitel 3: Die Verbands-Website**

Interview mit Dr. Rolf Schulte Strathaus, Geschäftsführer der eparo GmbH in Hamburg, die auf Nutzerfreundlichkeit von Websites spezialisiert ist

- ▶ **Kapitel 4: Suchmaschinenoptimierung (SEO): Bei Google gefunden werden**

Interview mit Fabian Frick, Geschäftsführer der webhelps! Online Marketing GmbH in München, die auf SEO im Gesundheitsmarkt spezialisiert ist

- ▶ **Kapitel 5: Social-Media-Marketing**

Interview mit Sarah Fischer, Referentin Kongresse und Social Media der Deutschen Diabetes Gesellschaft (DDG)

▪ ► Kapitel 6: Ein Blog für den Verband

Interview mit Astrid Donalies, Referentin für Presse- und Öffentlichkeitsarbeit beim Berufsverband Oecotrophologie e. V.

▪ ► Kapitel 7: Rechtsvorschriften für das Online-Marketing

Interview mit Dr. Thomas Motz, Rechtsanwalt und Fachanwalt für Medizinrecht in der Kanzlei Dr. Bergmann in Lübeck und Vorsitzender des Medizinrechtsanwälte e. V.

▪ ► Kapitel 8: Grundlagen der IT-Sicherheit

Interview mit Stefan Winter, Vorstand der VCmed AG – IT-Leistungen für das Gesundheitswesen, Hamburg

Inhaltsverzeichnis

Abkürzungsverzeichnis

AES	Advanced Encription Standard	KSK	Künstlersozialkasse
AG	Aktiengesellschaft	KV	Kassenärztliche Vereinigung
Agfis	Aktionsforum Gesundheitsinforma-tionssystem	MB	Megabyte
		MVZ	Medizinische Versorgungszentren
App	Applikation	NGO	Non-Governmental Organization
Az.	Aktenzeichen	OCR	Optical Character Recognition
B2B	Business-to-Business	OTV	Online-Terminvereinbarung
B2C	Business-to-Consumer	PC	Personal Computer
Bcc-Mail	Blind-Carbon-Copy-Mail	PDF	Portable Document Format
BDSG	Bundesdatenschutzgesetz	PR	Public Relations
BGG	Gesetz zur Gleichstellung behinderter Menschen	QM	Qualitätsmanagement
		RKI	Robert Koch-Institut
BGH	Bundesgerichtshof	RLV	Regelleistungsordnung
BITKOM	Bundesverband Informationswirt-schaft, Telekommunikation und neue Medien	RSS	Really Simple Syndication
		SEM	Search Engine Marketing (Suchmaschinenmarketing)
Blog	Weblog	SEO	Search Engine Optimization
BVDW	Bundesverband Digitale Wirtschaft		(Suchmaschinenoptimierung)
CB	Corporate Behaviour	SGB	Sozialgesetzbuch
CC	Corporate Communication	SMS	Short Message Service
CC-Lizenzen	Creative Commons-Lizenzen	SSL	Secure Sockets Layer
Cc-Mail	Carbon-Copy-Mail	TDDSG	Teledienstedatenschutzgesetz
CD	Corporate Design	TMG	Telemediengesetz
CF	Corporate Fashion	URL	Uniform Resource Locator
CI	Corporate Identity	U.S.	United States
CMS	Content-Management-System	USB	Universal Serial Bus
CpC	Cost-per-Click	USP	Unique Selling Point
CpM	Cost-per-Thousand-Impressions	UWG	Gesetz gegen den unlauteren Wettbewerb
DMOZ	Open Directory Project		
DVD	Digital Versatile Disc	VZ	Verzeichnis
EU	Europäische Union	W-LAN	Wireless Local Area Network
e.V.	eingetragener Verein	WPA	Wi-Fi Protected Access
FAQ	Frequently Asked Questions	WWW	World Wide Web
GEMA	Gesellschaft für musikalische Aufführungs- und mechanische Vervielfältigungsrechte	XML	Extensible Markup Language
GEZ	Gebühreneinzugszentrale		
GGMA	Gesellschaft für Gesundheitsmarktana-lyse mbH		
GIF	Graphics Interchange Format		
GKV	Gesetzliche Krankenversicherung		
GmbH	Gesellschaft mit beschränkter Haftung		
GPS	Global Positioning System		
HD	High Definition		
HON	Health on the Net Foundation		
HTML	Hypertext Markup Language		
HTTP	HyperText Transfer Protocol		
HTTPS	HyperText Transfer Protocol Secure		
HWG	Heilmittelwerbegesetz		
IP	Internetprotokoll		
IT	Informationstechnik		
KB	Kilobyte		
KG	Kommanditgesellschaft		

Marketing-Grundlagen

© Springer-Verlag GmbH Deutschland 2017

A. Köhler, M. Gründer, *Online-Marketing für medizinische Gesellschaften und Verbände*,
Erfolgskonzepte Praxis- & Krankenhaus-Management, DOI 10.1007/978-3-662-53469-4_1

1

Um bekannt und bei der Zielgruppe präsent zu sein sowie um neue Mitglieder für Ihre Fachgesellschaft/Verband zu gewinnen, bedarf es Marketing. Dafür müssen die Grundlagen geschaffen werden, wie etwa eine Corporate Identity sowie ein Marketing-Konzept. Wie Sie das schaffen und was dabei zu beachten ist, zeigt dieses Kapitel.

Das Zeitalter der Online-Medien eröffnet für Marketing neue Möglichkeiten: Die Kommunikation ist schneller und verbreitet sich über mehrere Kanäle. In diesem Kapitel lesen Sie, welche Chancen im Online-Marketing stecken und wie Sie es für sich nutzen können. Doch genauso wie bei klassischen Maßnahmen gilt auch online: Ideen entwickeln, jeden Schritt sorgfältig planen und mit Bedacht umsetzen. Denn hinter jedem erfolgreichen Projekt steht ein gut durchdachtes Konzept.

1.1   Vorteile des Marketing-Instruments Internet

Wozu brauchen Organisationen Online-Marketing? Das erste Argument für Online-Marketing beruht nicht auf einem Unterschied, sondern auf dem, was klassische Marketing-Maßnahmen mit Internet-Marketing gemeinsam haben: ihren Zweck. Im Gegensatz zur allgemeinen Auffassung umschreibt Marketing nicht nur alle Kommunikationsaspekte eines Unternehmens und ist viel mehr als lediglich Werbung. Der Grundgedanke des Marketings ist die konsequente Ausrichtung des gesamten Unternehmens an den Bedürfnissen des Marktes (Gabler Wirtschaftslexikon). Für Institutionen bedeutet dies, dass Marketing alle Aktivitäten umfasst, die sich an den Wünschen und Bedürfnissen der Zielgruppe orientiert. Die Zielrichtung von Online-Marketing-Maßnahmen ist die gleiche wie beim klassischen Marketing: Es geht darum, die Bedürfnisse zu befriedigen.

1.1.1   Zielgruppe fokussieren

Eine gezielte Ansprache ist im Marketing von besonders großer Bedeutung. Je besser die Zielgruppe selektiert ist, desto größer ist der Kommunikationserfolg. Denn Werbung wird am besten akzeptiert, wenn die Empfänger sie als nützlich empfinden. Aus psychologischer Perspektive ist der Nutzen mit der Relevanz des Inhalts verknüpft.

Beim Online-Marketing haben Sie viel mehr die Möglichkeit, durch geschickte Maßnahmen die Zielgruppe zu fokussieren. Und damit die Marketing-Maßnahmen die Zielgruppen erreichen, müssen sie sich an deren Bedürfnissen und Gewohnheiten anpassen. Und diese haben sich geändert. So gebrauchen immer mehr Ärzte das Internet und nutzen die Vorzüge des World Wide Web. Fast drei Viertel der befragten Ärzte ist täglich oder sogar mehrmals täglich online, so berichtet Der Deutsche Ärzteverlag über die Ergebnisse der API-Studie 2015 des Arbeitskreises LA-MED. Während die meisten Ärzte (53 Prozent) zwischen 1 und 5 Stunden pro Woche im Netz verbringt, sind es bei einem knappen Viertel (22 Prozent) sogar bis zu 10 Stunden. Ein bedeutsamer Teil dieser Zeit entfällt auf die berufliche Nutzung: Bei der API-Befragung gab fast die Hälfte der Ärzte an, das Internet zu etwa gleichen Teilen beruflich und privat zu nutzen. Bei fast einem Fünftel kommt die Arbeit im Netz deutlich vor dem Privatleben, sie nutzen das Internet zu mehr als 75 Prozent beruflich.

Ärzte unter 40 Jahren nutzen das Internet stärker als ihre älteren Kollegen. Bei der Befragung gab keiner der Ärzte in dieser Altersgruppe an, das Internet überhaupt nicht zu nutzen. Der Anteil derjenigen, die mehrmals am Tag im Netz unterwegs sind, liegt bei den unter 40-Jährigen bei 67 Prozent. Die jüngeren Ärzte verbringen bei ihren Besuchen auch mehr Zeit im Internet: Nur 18 Prozent beschränken sich auf 1–3 Stunden pro Woche, die meisten (59 Prozent) surfen 3–10 Stunden pro Woche. Und immerhin mehr als ein Zehntel (14 Prozent) verbringt bis zu 15 Stunden die Woche im Netz.

> **Internetnutzer**
> Mittlerweile gibt es nicht mehr den typischen Internet-Junkie. Dieser war laut einer Erhebung von BITKOM aus Juni 2011 tendenziell jung und männlich und er verbrachte jeden Tag mehr als drei Stunden im Web. Einer von zehn Usern in dieser Altersgruppe ist Vielsurfer und surft sogar zwischen fünf und zehn Stunden online. Die ausgedehnte Internetnutzung ist aber kein reines Jugendphänomen. Bei den

30- bis 49-Jährigen gehören ebenfalls fast 10 Prozent der Gruppe der Vielsurfer an. Und auch die über 50-Jährigen sind fast eineinhalb Stunden im Netz aktiv. Auch die Zahlen der ARD/ZDF-Onlinestudie 2014 bestätigen dies: Denn die höchsten Zuwachsraten gehen von den Über-60-Jährigen aus, von denen inzwischen fast jeder Zweite das Internet nutzt (45 Prozent). Bei den 60- bis 69-Jährigen stieg der Anteil der Onliner von 59 Prozent auf 65 Prozent. Durchschnittlich ist ein Internetnutzer in Deutschland an 5,9 Tagen wöchentlich online und verbringt täglich 166 Minuten im Netz. Zur Einwahl ins Netz stehen jedem Onliner im Schnitt 2,8 Endgeräte zur Verfügung. Beliebtester Zugangsweg ist 2014 erstmals der Laptop (69 Prozent) vor Smartphone und Handy (60 Prozent) und dem stationären PC (59 Prozent).

1.1.2 Kommunikation in beide Richtungen

Ein weiterer Marketing-Vorteil des Internets ist, dass dieses Medium mit dem klassischen „Sender-Botschaft-Empfänger"-Modell bricht. Wer eine Zeitungsanzeige schaltet, ist der klassische Sender einer Botschaft. Dieser benutzt das Medium Zeitung, um diese Botschaft den Empfängern, also den Lesern, zu übermitteln. Dieses „Sender-Botschaft-Empfänger"-Modell ist typisch für die klassischen Massenmedien. Die Kommunikation findet nur in eine Richtung statt. Im Internet ist dies anders: Beinahe jeder, der über einen Internetanschluss verfügt, kann eine Botschaft übermitteln und sich mit anderen austauschen. Das bedeutet, dass hier die Empfänger von Marketing-Botschaften ihrerseits Botschaften senden können und umgekehrt. So informieren beispielsweise medizinisch-wissenschaftliche Fachgesellschaften Ärzte über ihre Website, diese diskutieren in Foren, sozialen Netzwerken und Online-Communities und tragen ihre Ansichten wiederum weiter an die Organisation.

Zwar könnte ein Leser, der die Anzeige in einer Fachzeitung gelesen hat, als Reaktion darauf einen Leserbrief schreiben – jedoch obliegt es zum einen der Redaktion, diesen zu veröffentlichen, und zum anderen müsste er sich hierfür wiederum eines anderen Mediums (Brief, E-Mail) bedienen. Denn Zeitungen sind, ebenso wie das Fernsehen oder Radio, relativ geschlossene Systeme: Einige wenige – Redakteure

und Verleger – bestimmen den Inhalt. Im Internet ist ein viel schnellerer, offenerer und wechselseitiger Kommunikationsfluss gegeben. Das verändert die Kommunikation grundlegend.

1.1.3 Interaktivität – Botschaften werden weitergetragen

Die Interaktivität, die im Netz stattfindet, bewirkt, dass sich die Nutzer verstärkt mit dem Inhalt auseinandersetzen. Studien zum Lernverhalten haben gezeigt, dass Menschen wesentlich mehr von dem in Erinnerung behalten, worüber sie sprechen, als von dem, worüber sie lediglich lesen. Zudem werden im Internet die Botschaften von anderen Nutzern häufig über viele Wege weitergetragen: So leiten Ärzte etwa ein neues Forschungsergebnis, eine Studien-Veröffentlichung oder eine aktuelle Fortbildung an Kollegen weiter, posten Links und Hinweise von Websites. So können sich Fachgesellschaften bekannt machen, indem Nutzer die Informationen selbstständig an andere Nutzer weitergeben und somit multiplizieren.

1.1.4 Klassisches Marketing lässt sich mit dem Internet verknüpfen

Aber ebenso können Sie auch ganz klassische Marketing-Instrumente, wie zum Beispiel einen Newsletter, in Ihr Online-Marketing integrieren und diesen dann statt per Post per E-Mail versenden, sofern das Einverständnis Ihrer Mitglieder vorliegt. (Mehr dazu finden Sie in ▶ Kap. 2.)

1.2 Corporate Identity schaffen

Sicher, Sie stehen nicht in so einem harten Wettbewerb wie etwa Kliniken untereinander, dennoch wollen Sie Mitglieder an sich binden und neue gewinnen oder vielleicht Kooperationspartner finden. Dafür benötigen Sie ein professionelles Angebot sowie einen guten Service. Und um sich gegenüber Mitbewerbern hervorzuheben, sollten Sie einen Wiedererkennungswert haben: Schaffen Sie eine Marke mit Ihrer ganz individuelle Corporate Identity (CI). Die CI ist die einzigartige Identität

1

eines Unternehmens und der Gesamteindruck, der bei Mitgliedern und Partnern hinterlassen wird. Sie betonen die Werte, Normen und Visionen Ihrer Organisation. Diese sollten mit den Werten Ihrer Zielgruppe übereinstimmen. Anschließend gilt es, diese entsprechend zu transportieren.

1.2.1 Hinweise zur CI-Entwicklung

Zur Entwicklung Ihrer Corporate Identity halten Sie sich an die **VIVA**-Formel nach Weinberg (2001):

- Vision,
- Identität,
- Verhalten,
- Auftritt.

Vision Die Vision Ihrer Gesellschaft zielt auf die Fragen ab: Wofür stehen Sie? Was möchten Sie verändern? Was treibt Sie an? Hier formulieren Sie die unternehmerische Leitidee: Welchen Nutzen hat Ihre Arbeit für die Zielgruppe?

Identität Die Identität ist bestimmt durch die Werte. Hier geht es um die innere Haltung, Einstellungen und Leitsätze. Formulieren Sie Leitsätze, nach denen Sie Ihr Leitbild ausrichten. Diese Leitsätze sind Statements, die bestimmen, wie Sie zum Beispiel mit Mitarbeitern, Mitgliedern, Dienstleistern und anderen Kooperationspartnern sowie Hierarchien, Innovationen oder Beschwerden umgehen wollen.

Verhalten Das Verhalten beschreibt die Art und Weise, wie Sie agieren wollen. Hierzu gehören die konkreten Taten: Wie verhalten Sie sich bezüglich Mitarbeiterführung, Mitgliedern, Organisation, Presse etc.? Halten Sie eher an bürokratischen Strukturen fest oder sollen flachere Hierarchien eingeführt werden?

Auftritt Wenn Sie Vision, Identität und Verhalten etabliert haben, dann müssen Sie für einen Außenauftritt sorgen, der zu Ihnen passt. Die Außendarstellung ist ein sehr wichtiger Punkt. Denn hier geht es darum, Interesse zu wecken, Ihren Mitgliedern die Corporate Identity nahe zu bringen und Vertrauen aufzubauen.

Anhand der VIVA-Formel können Sie leichter Unternehmensentscheidungen treffen. Sie können überprüfen, ob eine Entscheidung unter diesen vier

Gesichtspunkten mit der CI Ihrer Organisation einhergeht. Wichtig ist dabei, dass alles in sich stimmig und einheitlich ist. So darf also kein Außenauftritt mit Unternehmensleitsätze, dem Verhalten oder der Vision im Widerspruch stehen.

Vielleicht ahnen Sie es schon: Corporate Identity ist kein Gemälde, das einmal gemalt wird und dann aufgehängt werden kann. CI ist ein stetiger Prozess, der nie abgeschlossen ist. Die Unternehmensidentität wird immer wieder auf die Probe gestellt und muss sich neu erfinden. Doch wie ein Gemälde aus verschiedenen Farben besteht, setzt sich das Konzept Corporate Identity aus verschiedenen Elementen zusammen, die das Leitbild nach außen tragen. Die wichtigsten sind im Folgenden aufgeführt.

1.2.2 Corporate Design

Ein besonders signifikantes CI-Element ist das Corporate Design (CD). Häufig wird CD sogar mit der Corporate Identity gleichgesetzt, weil es das Element ist, das den stärksten Wiedererkennungswert hat. Das Corporate Design vertritt alle visuellen Botschaften, die ein Unternehmen aussendet, und sorgt für einen einheitlichen graphischen Außenauftritt. Ziel des CD ist es, die Unternehmenswerte auf Zeichen, Farben und Schriftzüge zu übertragen.

> **Die wichtigsten graphischen Elemente des Erscheinungsbildes**
> - Die Wort-Bild-Marke: das Logo, das sich auf allen Drucksachen und in allen Online-Medien wiederfindet
> - Die Typographie, auch Hausschrift genannt
> - Die „Hausfarbe", zum Beispiel auf Briefpapier, Visitenkarten und Website
> - Kommunikationsdesign: die gesamte graphische Gestaltung, die auf ihren Kommunikationsmedien zu sehen ist

Das Logo ist sicher das wichtigste Element des Corporate Designs. Denken Sie an die Logos von bekannten Marken, wie der Haken von Nike oder die Welle im Schriftzug von Coca-Cola. Sie haben einen sehr starken internationalen Wiedererkennungswert.

Aber auch im Gesundheitsbereich werden starke Symbole benutzt, beispielsweise der Asklepios-Stab in einem Kreis und Dreieck, wie bei den Asklepios-Kliniken oder im Hartmannbund. In jeder Branche ist das Logo ein bedeutender Schritt zur Markenbildung. Daher empfiehlt es sich, einen Teil des Marketing-Budgets in die professionelle Gestaltung des Logos zu investieren. Welche Eigenschaften ein gutes Logo haben sollte, sehen Sie in der folgenden Übersicht. Durch optische Symbole können Sie die Persönlichkeit Ihrer Organisation versuchen visuell darzustellen und sich damit gleichzeitig von Ihren Mitbewerbern abgrenzen. Überlegen Sie, mit welchen Eigenschaften Sie sich profilieren möchten: beispielsweise klassisch/seriös, jung/dynamisch, modern/innovativ oder kämpferisch.

Hinweise zum Logo

- Ein gutes Logo sollte einprägsam sein und über einen hohen Wiedererkennungswert verfügen. Es muss mit einem Blick zu erfassen sein und in den Köpfen hängen bleiben.
- Auch hier gilt: Weniger ist mehr – verwenden Sie nicht zu viele Farben und Schnörkel.
- Achten Sie darauf, dass die Symbolik in Ihrem Logo eindeutig ist und nicht mit anderen Dingen assoziiert oder gar verwechselt werden kann.
- Wort-Bild-Marken sind besonders erfolgreich. Kombinieren Sie in Ihrem Logo ein graphisches Zeichen mit einem Schriftzug, etwa dem Namen Ihrer Fachgesellschaft oder einem Slogan.
- Das Logo muss sowohl in Farbe als auch in Schwarz-Weiß gut aussehen und auf alle Materialien gut druckbar sein.
- Ändern Sie nur mit Bedacht ein bereits eingeführtes Logo, um mit der Markenführung und dem Bekanntheitsgrad nicht wieder von vorne anfangen zu müssen. Falls Sie einen Relaunch (Neustart) wünschen, versuchen Sie, das Logo Schritt für Schritt weiterzuentwickeln und damit zu modernisieren.

So wichtig ist die Farbauswahl

Ein besonderer Eyecatcher ist auch die Hausfarbe. Als Hausfarbe wird die unternehmenstypische Farbe bezeichnet, die im besonderen Maße dazu geeignet ist, einen Wiedererkennungswert zu schaffen. Bekannte Beispiele sind das Gelb der Deutschen Post oder das Magenta der Telekom. Einen solchen Effekt zu erzielen, erfordert natürlich, dass sich die Marke schon sehr stark etabliert hat. Außerdem läuft man immer Gefahr, dass man mit einem ähnlichen Farbton nicht Assoziationen an die eigene Organisation, sondern an das Fremdunternehmen hervorruft.

Farben sind im besonderen Maße dazu geeignet, Werte zu transportieren. Farbpsychologische Untersuchungen zeigen, dass zum Beispiel transparente Farbtöne Vertrauen, Offenheit und Ehrlichkeit vermitteln. Es gibt noch weitere Assoziationen: Gold steht allgemein für Exklusivität, wohingegen Silber eher technisch und modern wirkt. Grün wirkt erfrischend und regenerierend, Blau kühl und klar. Rot gilt als aktiv und dynamisch, Orange als strahlend und Violett als geheimnisvoll. Besonders im medizinischen Bereich wird die Farbe Weiß mit hygienisch und rein assoziiert und ist daher immer ein wichtiger Grundton.

Die Hausfarbe und das Logo sind wichtige graphische Merkmale, die sich auch auf Ihren Kommunikationsmaterialien widerspiegeln sollten: Schild, Briefpapier, Visitenkarten, aber natürlich auch auf Ihrer Website und in sonstigen Netzwerkprofilen. Ebenfalls können Sie bei der Inneneinrichtung mit Ihren gewählten Farben geschickte Akzente setzen – dafür bedarf es auch keinen teuren Innendesigner.

1.2.3 Corporate Fashion

Ein einheitlicher Kleidungsstil des Teams ist ein zusätzliches Zeichen des gemeinsamen Auftritts. Anders als wie in einer Arztpraxis oder Klinik ist eine markenkonforme Gestaltung der Arbeitskleidung, also die Corporate Fashion (CF), in einer Fachgesellschaft oder in einem Verband natürlich nicht notwendig. Ausgenommen ist beispielsweise ein Messe- bzw. Kongressauftritt. Auf zum Beispiel heller Kleidung können Sie mit einigen gezielten Akzenten die Corporate Identity über die Kleidung vermitteln. Beispielsweise, indem Sie das Logo auf aufdrucken oder verschiedene Accessoires wie Halstücher in Ihrer Hausfarbe tragen. Namensschilder an der Kleidung der Mitarbeiter – oder sogar farblich in der Hausfarbe samt Logo eingestickt – wirken persönlich. Zusätzliche Funktionsbeschreibungen bzw. Zuständigkeitsbereiche dienen zur Orientierung.

1.2.4 Corporate Behaviour

Beim Corporate Behaviour (CB) geht es um das Verhalten von allen Mitarbeitern. Es beinhaltet das gesamte Auftreten – nach innen und nach außen – und manifestiert sich in Verhaltensregeln. Ein einheitliches Auftreten bedeutet, dass Sie schlüssig, widerspruchslos und in Einklang mit dem Leitbild handeln. Elemente von Corporate Behaviour sind nach Schmidt (2005) das Handeln des Unternehmens gegenüber

- Mitarbeitern
- Marktpartnern
- Kapitalgebern
- Öffentlichkeit.

Mitarbeiter Corporate Behaviour bezieht sich im Zusammenhang mit Mitarbeitern beispielsweise auf den Führungsstil, auf die Chancen zu Weiterbildung, Lohnzahlungen, den Umgangston, grundsätzliche Kompromissbereitschaft oder Motivation. Der Umgang mit den Mitarbeitern zählt zu dem internen Bereich des Corporate Behaviours, also zu dem, was innerhalb des Unternehmens geschieht. Für eine erfolgreiche Führung ist es wichtig, dass das interne CB mit dem nach außen getragenen CB übereinstimmt. Ein Bruch zwischen innen und außen liegt vor, wenn eine Lücke entsteht zwischen dem, was nach außen kommuniziert wird, und dem tatsächlichen Verhalten.

Ein Beispiel: Einer potentiellen Mitarbeiterin wird beim Bewerbungsgespräch vermittelt, dass die Organisation ein familienfreundliches Unternehmen ist. Tatsächlich wird ihr aber keine Möglichkeit gegeben, in Teilzeit oder mal in Homeoffice zu arbeiten.

Marktpartner Zu dem Verhalten gegenüber Marktpartnern zählt zum Beispiel, wie Sie sich gegenüber Dienstleistern und Kooperationspartnern verhalten,

wie Sie Angebote unterbreiten, Preispolitik betreiben, aber auch das Verhalten im persönlichen Kontakt oder am Telefon. Auch hier gilt: Halten Sie, was Sie versprechen.

Kapitalgeber Hier ist der Umgang mit Kapitalgebern, beispielsweise öffentlichen Trägern, Banken, Förderern, Privatpersonen, gemeint.

Öffentlichkeit Hierzu gehört das Verhalten gegenüber Medien. Seien Sie auskunftsfreudig, offen und kooperativ, und halten Sie auch hier, was Sie versprechen. (Tipps zum Umgang mit Journalisten finden Sie in ▶ Kap. 2.)

1.2.5 Corporate Communication

Corporate Communication (CC) umfasst sämtliche kommunikative Maßnahmen und Instrumente, die die Organisation nach außen präsentieren. Das bezieht sich sowohl auf den schriftlichen Verkehr als auch auf den persönlichen Kontakt. Ein wesentlicher Faktor bei der CC ist die Corporate Language, die Unternehmenssprache. Sie bietet eine Möglichkeit, sich gezielt von anderen abzuheben und die persönliche Note zu unterstreichen. Ihre Corporate Language sollte in erster Linie klar und verständlich sein. Außerdem braucht die Unternehmenssprache einen einheitlichen, individuellen Ton und sollte sich nach den Bedürfnissen der Zielgruppe richten. Beantworten Sie dafür die Frage: Was erwarten Ihre Mitglieder von Ihnen?

Je einheitlicher Sie kommunizieren, desto besser können Sie das Unternehmensleitbild transportieren. Legen Sie fest, wie potentielle Mitglieder angesprochen werden sollen, zum Beispiel, wie sich Mitarbeiter beim ersten Kontakt vorstellen und welche Serviceleistungen benannt werden sollen. Halten Sie das in einem Gesprächsleitfaden mit Textbausteinen fest. Der sollte allerdings nicht statisch eingehalten werden, weil die Gespräche sonst künstlich wirken.

Behalten Sie auch in der schriftlichen Korrespondenzen Ihren Kommunikationsstil bei: in Werbematerialien, Broschüren sowie bei der weiteren Öffentlichkeitsarbeit. Das Leitbild transportieren Sie nur authentisch, wenn es einheitlich kommuniziert wird. Wenn Sie also eine kollegiale, eher lockere Sprache gewählt haben, dann formulieren Sie auch Newsletter nicht kühl und distanziert. Für Ihr Online-Marketing befolgen Sie die Richtlinien Ihrer Corporate Communication auch im Internet: Sprechen Sie online mit Ihren Mitgliedern genau so, als würden Sie Ihnen persönlich gegenüberstehen. Beachten Sie aber, dass die Sprache in sozialen Netzwerken, wie Facebook, grundsätzlich lockerer ist als in formalen Briefen.

Sowohl bei der CC als auch bei allen anderen Faktoren der Corporate Identity gilt: Das Wichtigste ist die Einheitlichkeit. Nur wenn alle Faktoren stimmig sind und zueinander passen, kann ein überzeugendes, harmonisches Bild entstehen, das überzeugt.

1.3 Das Marketing-Konzept

Marketing bedeutet, Produkte oder Dienstleistungen auf dem Markt zu platzieren, sodass sie relevant und attraktiv für die jeweiligen Zielgruppen sind. Dies ist der Ausgangspunkt. Die Werbung ist dabei das Mittel, um dies zu erreichen. Sie ist insofern nur zweitrangig, denn am Anfang muss immer eine perfekt ausgerichtete Leistung stehen. Nur so ist Marketing erfolgreich. Um Zeit, Geld und Ressourcen nicht in ziellose Werbemaßnahmen zu investieren, ist es wichtig, das Projekt Online-Marketing strukturiert zu verfolgen. Das Marketing-Konzept ist dabei das Grundgerüst.

In diesem Kapitelabschnitt wird erläutert, was Sie beim Erstellen eines Marketing-Konzepts beachten müssen. Folgende Fragen führen Sie durch die einzelnen Abschnitte dieses Kapitels hin zu Ihrem individuellen Marketing-Konzept.

> **Grundfragen für die Erstellung eines Marketing-Konzepts**
> - Wo steht unser Haus jetzt? → Die Ist-Analyse
> - Wo möchten wir hin? → Zielbestimmung
> - Wie kommen wir zu diesem Ziel? → Marketing-Strategie
> - Mit welchen Mitteln erreichen wir dieses Ziel? → Marketing-Maßnahmen
> - Haben wir unser Ziel erreicht? → Marketing-Controlling

1.3.1 Die Ist-Analyse

Der Ausgangspunkt und damit der erste Schritt bei der Erstellung eines Marketing-Konzepts ist eine Bestandsaufnahme der aktuellen Situation: Wie viele Mitglieder, Kooperationen, Förderer etc. haben Sie? Die Ist-Analyse verrät dem Marketing-Zuständigen, wie Sie auf dem Markt positioniert ist, welche Probleme vorliegen und wo noch Potential für Verbesserungen besteht. Listen Sie die einzelnen Punkte auf, um einen umfassenden Überblick zu erhalten. Eine systematische Bestandsaufnahme berücksichtigt sowohl externe als auch interne Faktoren.

Externe Faktoren

Die Aufnahme der externen Faktoren wird als Chancen-Risiken-Analyse bezeichnet. Die Bezeichnung impliziert bereits, dass es sich hierbei um Faktoren handelt, die generell von Unternehmern nicht zu steuern sind.

Hierzu gehören zum einen rechtliche Rahmenbedingungen. Gesetze, wie beispielsweise das Heilmittelwerbegesetz (HWG), aber auch andere Regelungen zum Wettbewerbsrecht, geben den Handlungsrahmen für die Tätigkeit im Gesundheitswesen und damit auch Marketing-Bestrebungen vor (▶ Kap. 7). Ebenso beeinflussen politische Entscheidungen und Reformen die Situation, wie zum Beispiel die Gesundheitsreform. Auch gesellschaftliche Normen regulieren den Handlungsspielraum: Etwas, das zwar rechtlich in Ordnung ist, aber dem guten Geschmack widerspricht, wird nicht in die Tat umsetzbar sein. Solche Dinge können kulturell und regional bedingt sehr unterschiedlich sein.

Neben dem gesetzlichen Rahmen ist auch die Marktsituation ein Faktor, der die aktuelle Lage beeinflusst. Hierzu zählen Dinge wie die gesamtwirtschaftliche Situation, die Konjunktur und Kaufkraft, aber auch die Arbeitslosenquote. Fragen zu diesem Punkt richten sich etwa danach, inwieweit marktwirtschaftliche Faktoren es begünstigen, dass Ärzte Gelder ausgeben können.

Ein Blick auf die Mitbewerber – soweit vorhanden – gehört ebenfalls zur Bestandsaufnahme der externen Faktoren. Wie verteilt sich der Markt? Analysieren Sie, welche Service-Leistungen bereits angeboten werden und wo vielleicht sogar Defizite im

Angebot bestimmter Leistungen bestehen. Berücksichtigen Sie zudem Schwerpunkte, Vorzüge und Schwachstellen der Anderen. Manchmal können auch Gespräche sinnvoll sein, denn eventuell gibt es Anknüpfungspunkte für eine Kooperation.

Da es hier um Online-Marketing geht, sollten Sie auf Folgendes schauen:

Konkurrenzanalyse der Online-Marketing-Maßnahmen

- Welche Online-Marketing-Maßnahmen betreiben andere Organisationen? (▶ Kap. 2 und 5)
- Wie professionell finden Sie den Internetauftritt anderer Fachgesellschaften? (▶ Kap. 3)
- Wie weit sind Sie und die Anderen im Internet vertreten? (▶ Kap. 5)
- Wie weit oben sind Sie und der Mitbewerber mit verschiedenen Suchbegriffen zu Ihren Leistungen bei Google zu finden? (▶ Kap. 4)

Interne Faktoren

Handelt es sich bei den externen Faktoren um Variablen, die Sie in der Regel kaum beeinflussen können, so sind die internen Faktoren grundsätzlich veränderbar. Deswegen nennt man die Aufnahme der internen Faktoren auch die Stärken-Schwächen-Analyse. Dieser Teil ist der wichtigste der Ist-Analyse. Denn hier geht es darum, die eigenen Stärken und Schwächen auszumachen und sie später effektiv zu nutzen bzw. zu eliminieren.

Ihre besonderen Serviceleistungen

Um sich über Ihr eigenes Leistungsspektrum bewusst zu werden und Ihre USP (Unique Selling Proposition = Verkaufsargument, das Sie einzigartig macht) zu ermitteln, schreiben Sie auf, was Sie Ihren Mitgliedern zurzeit bieten: Neben der Interessenvertretung der Ärzte etwa Rechts- oder Auslandsberatung, eine Prozessvertretung, Rabatte bei Fortbildungsseminaren oder Sondertarife für beispielsweise Versicherungen oder Finanzdienstleistungen? Notieren Sie alles, was Ihnen einfällt, um Ihre USP herauszufinden.

Informationsmaterialien und Musterverträge Vom Muster-Vertrag einer Gemeinschaftspraxis über einen Arbeitsvertrag für einen Arzt in Weiterbildung bis hin zu einem Behandlungsvertrag über das Erbringen von IGeL sowie unzählige Merkblätter zu den verschiedensten Themen aus der Praxis – diese Services werden gern angenommen und sollten ebenfalls in Ihrer Auflistung stehen. In der heutigen Informationsflut sind Ihre Mitglieder bestimmt auch über stets aktuelle, jedoch komprimierte Meldungen, aus Politik, Wissenschaft sowie Gesundheitswesen dankbar. Diese lassen sich beispielsweise wunderbar über E-Mail-Newsletter (▶ Kap. 2) sowie über Social Media-Kanäle verbreiten (▶ Kap. 5).

- **Netzwerke**

Bieten Sie bestehende Netzwerke und kompetente Ansprechpartner, etwa eine Stellenbörse für Ärzte oder Studierende, Hilfe für Schwangere in der Weiterbildung oder Ärzte, die sich im Ruhestand befinden?

Zielgruppenanalyse

Mittelpunkt aller Marketing-Maßnahmen sind in Ihrem Fall die Mitglieder. Deswegen sollten Sie ihnen auch einen bedeutsamen Platz in der Bestandsaufnahme reservieren. Wer sind eigentlich Ihre Mitglieder? Listen Sie auf, wie sie sich zusammensetzen. Durch die neu gewonnene Übersicht können Sie Ihre nächste Nee-Mitglieder-Akquise gezielter angehen. Folgende Punkte sollten Sie in Ihre Statistik aufnehmen:

Mitglieder-Analyse

- Welche Altersgruppe ist am häufigsten vertreten? Achten Sie hierbei auch auf ungewöhnliche Verteilungen: Für welche Zielgruppe sind Sie besonders attraktiv? Entsprechend sollten Sie Ihr Serviceangebot sowie auch Ihre Kommunikationsmaßnahmen anpassen.
- Schauen Sie auch, wie sich Ihre Mitglieder nach Geschlechtern aufteilt.
- Wie sieht die geografische Verteilung aus?
- In welchem Status der beruflichen Karriere befinden sich Ihre Mitglieder?
- Wo sind Sie noch Mitglied?

- Welche Ämter haben Ihre Mitglieder außerdem inne? Dies könnte eventuell ein Ansatz für Kooperationsgespräche sein.
- Mitglieder werben: Finden Sie heraus, wie das Neumitglied auf Ihren Verband aufmerksam geworden ist und warum es sich für Sie entschieden hat. Vermerken Sie, von welchem Mitglied es angeworben wurde.

Viele dieser Informationen können Sie den Mitgliedsanträgen entnehmen, die die Ärzte bei ihrem Eintritt ausfüllen. Wenn Sie wissen, wer zu Ihnen kommt, können Sie auch Rückschlüsse darauf ziehen, wer nicht zu Ihnen kommt.

Kommunikation und Marketing

Nehmen Sie auch Ihre Kommunikationskanäle unter die Lupe: Welche Möglichkeiten haben Ärzte und andere Interessenten, sich über Ihre medizinisch-wissenschaftliche Fachgesellschaft bzw. Ihren Verband und die entsprechenden Leistungen zu informieren? Von Vorteil ist es, wenn sich Ihre Zielgruppe die Informationen nicht erst beschaffen muss. Prüfen Sie daher, welche Flyer und Broschüren etwa auf Kongressen und Fortbildungen auisliegen könnten und welche Informationen diese – und die auf Ihrer Website – beinhalten. Durchforsten Sie noch einmal gedanklich alle Wege, auf denen Sie mit Ärzten kommunizieren. Beachten Sie auch, dass persönliche Gespräche ein sehr wichtiger Kommunikationsfaktor sind.

Listen Sie alle Marketing-Maßnahmen auf, die Sie bisher umgesetzt haben, und bewerten Sie diese:

Überprüfung der eigenen Marketing-Maßnahmen
- Betreiben Sie Presse-Arbeit?
- Gibt es eine extra Stelle dafür oder gar eine externe Agentur, die das übernimmt?
- Verschicken Sie Presse-Informationen oder Newsletter?
- Informieren Sie darin über aktuelles aus der Gesundheitsbranche und weisen Sie konkret auf Veranstaltungen, wie Kongresse oder Vorträge, hin?

- Sind Sie selbst Gastgeber eines Kongresses?
- Haben Sie eine Präsenz im Internet?
- Erörtern Sie, welche Stärken und Schwachstellen Ihre Internetpräsenz aufweist.
- Welche weiteren Online-Marketing-Maßnahmen haben Sie bereits realisiert? Z. B. Social-Media-Maßnahmen?
- Weitere Maßnahmen mit Tipps finden Sie in den nachfolgenden Kapiteln.

■ Marketing-Budget und Mitarbeiter Know-how

Die Höhe des Marketing-Budgets und entsprechend die Man-Power für die vielfältigen Marketing-Aufgaben ist sowohl bei den medizinisch-wissenschaftlichen Fachgesellschaften wie auch bei den ärztlichen Verbänden sehr unterschiedlich: Einige große, kapitalstarke Organisationen können mehrere Mitarbeiter beschäftigen oder lagern ihre gesamte Pressearbeit an externe Agenturen aus – davon können andere, die die Pressearbeit neben anderen Aufgaben mit erledigen müssen, nur träumen.

Abhängig von Ihrem ganz individuellen Marketing-Budget, das Ihnen zur Verfügung steht, planen Sie entsprechende Maßnahmen. Denn sowohl die klassischen als auch die Online-Marketing-Maßnahmen müssen von dem Budget bezahlt werden. Um nicht in einer Kostenspirale zu versinken, kalkulieren Sie vorab die Aufwendungen verschiedener Maßnahmen. Holen Sie sich zum Vergleich Angebote von extern ein – vor allem, wenn Outsourcen einzelner Dienstleitungen, wie etwa Textunterstützung oder SEO-Optimierung, eine Option für Sie darstellt. Für Ihre Maßnahmen müssen Sie zudem eine Prioritätenliste aufstellen, denn bekanntlich reicht das Budget nicht für alles.

Überprüfen Sie die Qualifikationen Ihrer Mitarbeiter bzw. ebenfalls ihre eigenen und investieren Sie in diese. Ein Check-up lohnt sich: Über welche Kenntnisse sollten die Mitarbeiter aus der Marketing- bzw. Presse-Abteilung verfügen? Gibt es hier eventuell Nachholbedarf? Eine Lösung können günstige Inhouse-Schulungen für alle sein oder externe Seminare für Einzelne. Welche Fortbildungen oder Seminare haben Sie und Ihr Team bereits absolviert,

1

und wo liegen besondere Interessen und Fähigkeiten? Dies kann Ihnen Aufschluss darüber geben, wo vielleicht ungenutzte Ressourcen liegen, die für Ihr Marketing-Projekt genutzt werden können, oder wo noch Nachholbedarf besteht. Auch die Zusammenarbeit mit externen Dienstleistern, wie zum Beispiel Freien Journalisten und Grafikern, Agenturen, Schulungsleitern oder Computerfachmännern, sollten Sie evaluieren und Arbeiten outsourcen. Welche Geschäftsbeziehungen pflegen Sie darüber hinaus? Überlegen Sie, wie Sie bestehende Kontakte noch für andere Projekte oder eventuelle Tauschgeschäfte nutzen können.

Natürlich ist es für die Effizienz auch ausschlaggebend, wie lange der eine oder die Mitarbeiter schon in der Abteilung beschäftigt sind. Eine hohe Fluktuation kompliziert bekanntlich die Arbeit: Wenn immer wieder neue Mitarbeiter eingearbeitet werden müssen, schluckt dies in erheblichem Maße Arbeitszeit und kann die Abläufe stören. Außerdem lassen sich umfangreiche und auf einen längeren Zeitraum angelegte Marketing-Projekte besser umsetzen, wenn der Mitarbeiterstamm konstant bleibt. Dafür bedarf es ein gutes Arbeitsklima und faire Bezahlung. Ebenfalls ist ein deutlich ausgesprochenes Lob für etwa eine erfolgreich abgeschlossene Veranstaltung sehr viel Wert.

1.3.2 Zielbestimmung

Wenn Sie das IST ermittelt haben, legen Sie als Nächstes das SOLL fest. Auf Basis der Zustands-Analyse können Sie die Ziele ableiten, auf die Ihre Marketing-Maßnahmen hinauslaufen sollen. Grundsätzlich lassen sich zwei Formen von Marketing-Zielen unterscheiden:
- ökonomische Marketing-Ziele,
- psychologische Marketing-Ziele.

Ökonomische Marketing-Ziele

Ökonomische Marketing-Ziele sind solche, die sich in betriebswirtschaftlichen Kategorien ausdrücken lassen, wie Umsatz, Marktanteil, Gewinn oder Rendite (Gewinn in Relation zum eingesetzten Kapital oder Umsatz). Ein ökonomisches Marketing-Ziel wäre zum Beispiel den Umsatz, Fördergelder, Spendeneinnahmen zu erhöhen. Die ökonomischen

Marketing-Ziele sind durch betriebswirtschaftliche Analysen, einen Blick in die Buchführung, Benchmarking, Vorher-Nachher-Vergleiche gut und je nach Untersuchungszeitraum auch schnell messbar.

Psychologische Marketing-Ziele

Schwieriger zu erfassen sind die psychologischen Marketing-Ziele. Sie orientieren sich an dem Bewusstsein der Mitglieder und sind nicht direkt zu beobachten. Für den langfristigen Erfolg eines Unternehmens sind sie ebenso wichtig wie die ökonomischen Ziele. Ein psychologisches Marketing-Ziel ist es zum Beispiel, den Bekanntheitsgrad sowie den der angebotenen Leistungen zu steigern. Sie können auch einen Imagewandel mit Ihren Marketing-Maßnahmen fokussieren: Wenn Sie eine jüngere Zielgruppe, etwa Medizin-Studenten, ansprechen wollen, dann können Sie zum Beispiel Ihre Marketing-Maßnahmen verjüngen und beispielsweise auf Social Media Kampagnen setzen – also dort präsent sein, wo sich diese Zielgruppe tummelt. Aber natürlich sollen Sie nicht Ihre „alten" Hasen vergessen: Mitglieder-Bindung ist ebenfalls ein sehr wichtiges Marketing-Ziel. Treue Mitglieder sind zudem auch beste Werber für Neu-Mitglieder.

Ganz so hart trennen kann man psychologische und ökonomische Marketing-Ziele sicher nicht. Denn auch psychologische Faktoren, wie der Bekanntheitsgrad, sollen sich natürlich mittel- oder langfristig auf die betriebswirtschaftlichen Faktoren niederschlagen.

Marketing-Ziele umsetzen

Welche Marketing-Ziele Priorität haben, dass müssen Fachgesellschaften/Verbände auf Basis der Ist-Analyse individuell entscheiden. Um das Erreichen der Marketing-Ziele so gut wie möglich messbar zu machen, sollten Sie sie schriftlich festhalten:

Fragen zur Ermittlung der Marketing-Ziele
- Was soll erreicht werden? (z. B. höherer Bekanntheitsgrad, mehr Mitglieder)
- Welche Zielgruppe soll angesprochen werden? (z. B. Medizin-Studenten, Ärzte in Weiterbildung)

- Wie soll die Zielgruppe reagieren? (z. B. Mitgliedschaften abschließen, einen modernen Eindruck von der Organisation haben)
- In welchem Zeitraum sollen die Ziele erreicht werden? (z. B. innerhalb eines halben Jahres oder bis zum nächsten Jahreskongress)

Je präziser die Marketing-Ziele formuliert sind, desto besser sind die Ergebnisse später messbar.

> **Tipp**
>
> Wenden Sie bei Ihren Zielformulierungen die SMART-Regel an:
> Spezifisch – Messbar – Akzeptiert – Realistisch – Terminierbar

Legen Sie möglichst konkret fest, um wie viel Prozent etwa der Umsatz steigen soll oder wie viele neue Mitglieder Sie bis zum Monat xy gewinnen wollen. Wenn Sie eine Imageveränderung in Ihr Marketing-Konzept einbeziehen, dann legen Sie auch die Attribute fest, mit denen die Ärzteschaft Sie verbinden soll, beispielsweise „kämpferisch" oder „modern".

Wichtig ist, dass Sie realistische Ziele setzen. Besonders bei der Zeitplanung sollten Sie großzügig sein, denn Marketing ist Arbeit, die Ihre Zeit beansprucht. Es wird dauern, die Marketing-Strategie umzusetzen, und noch eine Weile – bis zu einem Jahr –, bis sich der gewünschte Effekt schließlich bei Ihrer Zielgruppe und in den Zahlen einstellt. Setzen Sie also die Ziele zwar ehrgeizig, aber realisierbar. So schützen Sie sich und Ihr Team vor Frustrationen.

1.3.3 Die Marketing-Strategie

Wenn die Ziele definiert sind, ist es an der Zeit, die Marketing-Strategie festzusetzen. Planen Sie, wie die Ziele erreicht werden sollen. Die Marketing-Strategie ist ein langfristiger Gesamtplan, nach dem alle konkreten Marketing-Maßnahmen ausgerichtet werden. Sie beinhaltet alle Entscheidungen zur Marktwahl

und Marktbearbeitung sowie Entwicklungspläne für strategische Geschäftseinheiten. Damit stellt die Marketing-Strategie gewissermaßen das Bindeglied zwischen den Marketing-Zielen und den Marketing-Maßnahmen dar.

Die Strategie spezifiziert noch einmal die festgelegten Ziele. Sie beschreibt zum Beispiel, inwieweit Wachstum erreicht werden soll: Möchten Sie Ihre Leistungen weiter ausbauen oder sich auf Ihr Kerngeschäft konzentrieren? Hieraus ergeben sich auch Prioritäten. Legen Sie fest, wofür die zur Verfügung stehenden Ressourcen genutzt werden sollen. Prüfen Sie, in welche Bereiche investiert werden soll und aus welchen Segmenten vielleicht Mittel abgezogen werden können. Marketing-Strategien können auch auf den Wettbewerb ausgerichtet sein. Legen Sie fest, inwieweit Sie sich von anderen Organisationen abgrenzen wollen und wie Sie das erreichen können.

Auch das Leitbild wird im hohen Maße in der Marketing-Strategie definiert. Überlegen Sie, wie die Ärzteschaft Sie wahrnehmen und welche Besonderheiten und spezielle Kompetenzen sie mit Ihnen verbinden sollten. In allen Unternehmungen sollte sich dieses (neue) Selbstverständnis widerspiegeln. Dieses Leitbild prägt das Image und hilft, sich in der Gesundheitsbranche zu positionieren. (Mehr zum Leitbild erfahren Sie in ► Abschn. 1.2.)

1.3.4 Marketing-Maßnahmen

Nachdem die Ziele und die Marketing-Strategie festgelegt sind, ist der nächste Schritt, die konkreten Marketing-Maßnahmen anzuvisieren. Die Maßnahmen oder auch Marketing-Instrumente sind die eigentlichen Werkzeuge, mit denen Sie auf den Markt einwirken. Diese Instrumente stammen aus dem Marketing klassischer Konsumgüter und können modifiziert auf dem Medizinmarkt angewendet werden. Die „Vier Ps des operativen Marketings" sind:

- Product (Produkt),
- Price (Preis),
- Placement (Vertrieb/Distribution),
- Promotion (Kommunikation).

Product Der Bereich „Product" (Produkt) umfasst alle Entscheidungen über das Leistungsprogramm.

Hier muss der klassische Produktbegriff auch auf den Bereich der Dienstleistungen ausgeweitet werden. Konkrete Marketing-Maßnahmen sind in diesem Sinne Innovationen sowie Verbesserungen und Veränderungen der bisherigen Leistungen, die auf die Bedürfnisse der Zielgruppe zugeschnitten sind. Bestehende Lücken im Angebot zu füllen und das Angebot damit attraktiver für neue Mitglieder zu machen gehört ebenso dazu.

Price Die Kategorie „Price" (Preis) zielt auf die Preispolitik eines Unternehmens ab, also auf die Konditionen, zu denen die Produkte bzw. Dienstleistungen den Kunden angeboten werden. Der Gesundheitsmarkt ist diesbezüglich gewissermaßen ein Sonderfall, da Organisationen – außer über den Mitgliedsbeitrag – nicht für einzelne Leistungen bezahlt werden oder mit irgendwem abrechnen können.

Placement Dieser Bereich fokussiert auf die Vertriebs- und Distributionskanäle eines Unternehmens. Es geht also um alle Maßnahmen, die nötig sind, um die Auslieferung der Leistung an die jeweilige Zielgruppe zu gewährleisten. Je nach Leistung erhalten Mitglieder diese vom Verband/Fachgesellschaft oder durch die externen Dienstleister, etwa in der Kanzlei bei Juristen bei einer Rechtsberatung, im Gericht bei einer Prozessvertretung oder an dem Ort, wo die angebotenen Seminare stattfinden.

Promotion Die Kategorie „Promotion" beinhaltet die gesamte Kommunikation zwischen der Organisation und bestehenden sowie potentiellen Mitgliedern. Es ist die Aufgabe der Kommunikation, Interessierte über die Leistungen zu informieren und sie dazu zu bewegen, sie in Anspruch zu nehmen. „Promotion" umfasst eine Reihe von Maßnahmen und Kommunikationsmittel, die Sie sorgfältig danach auswählen sollten, wie Sie welche Zielgruppe ansprechen möchten.

Eine Möglichkeit ist die klassische Schaltung von Anzeigen – jedoch in entsprechenden Fachmedien, zum Beispiel der Ärzte Zeitung oder Facharzt-spezifische Publikationen. Eruieren Sie, ob es auch lokale Fachmedien gibt, etwa um ein bestimmtes Seminar in Berlin zu bewerben. So vermeiden Sie Streuverluste, da in der Regel nur diejenigen das Medium

konsumieren, die in dem entsprechenden Einzugsgebiet arbeiten.

> **Tipp**
>
> Und denken Sie auch hier an die Werbemöglichkeiten online: Prüfen Sie, ob eine Anzeigen-Schaltung oder Werbe-Banner auf Fachportalen sinnvoll sein könnte.

Der Nachteil bei Anzeigen liegt darin, dass sich die Ärzte nicht persönlich angesprochen fühlen. Anders ist das etwa beim Direktmarketing. Hierbei können Sie in Form von Briefen oder E-Mails Ihre Mitglieder personalisiert ansprechen (▶ Kap. 2). Eine Steigerung hiervon ist die direkte Kommunikation im persönlichen Gespräch, etwa bei einem Kongress – auch zur Gewinnung neuer Mitglieder. Image-Botschaften wirken von Angesicht zu Angesicht noch authentischer. Und natürlich können hier zusätzlich die verschiedensten Online-Marketing-Maßnahmen für eine zielgruppenspezifische Ansprache zum Einsatz kommen – von Social Media (▶ Kap. 5) bis zum eignen Blog (▶ Kap. 6)

Um breite Aufmerksamkeit zu erhalten, suchen Sie den Weg über Multiplikatoren, zum Beispiel Journalisten, die Ihre Botschaften verbreiten. Dafür ist Öffentlichkeitsarbeit (PR) ein wirksames Mittel, beispielsweise mit Presse-Mitteilungen zu Neuigkeiten für die Ärzteschaft, Beschlusslagen aus den Jahrestagungen, neue Studien, überraschende Urteile für die Praxis oder Einladungen zu eigenen Veranstaltungen (▶ Kap. 2).

> ⊙ **Auch der Umgang und die Kommunikation mit Mitarbeitern, Lieferanten, externen Dienstleistern etc. zählen zu Marketing-Instrumenten. Sie alle sind Kommunikatoren. Nutzen Sie also auch hier die Möglichkeit, Ihr Image zu transportieren (Empfehlungsmarketing im ▶ Kap. 5).**

Die Auswahl der Marketing-Instrumente richtet sich vor allem nach den Ergebnissen der Ist-Analyse sowie der Marketing-Strategie: Was müssen Sie verbessern, um für die Zielgruppe attraktiv zu sein? Welche Leistungen möchten Sie bevorzugt kommunizieren? Besonders im Bereich der Kommunikation entscheidet die präferierte Zielgruppe über die Auswahl der Werbemittel. Planen Sie, wie das Budget auf die unterschiedlichen Instrumente aufgeteilt werden soll. Auch hier arbeiten Sie wieder mit Prioritäten: Sondieren Sie, welche Maßnahmen für Ihre Ziele am erfolgversprechendsten sind, und wägen Sie dann Kosten und Nutzen ab.

> **Tipp**
>
> Je nach Marketing-Budget kann die Unterstützung eines Marketing-Profis bereits in dieser planerischen Phase sehr hilfreich sein. Dabei kann es sich ja auch um einen erfahrenen Freelancer handeln.

Mitarbeiter in die Marketing-Umsetzung einbeziehen

Beziehen Sie das gesamte Team in Ihr Marketing ein. Denn sie stehen tagtäglich mit Ihren Mitgliedern und Partnern in Kontakt und transportieren das Leitbild und damit die Marketing-Botschaft. Es genügt daher nicht, sie nur über das Intranet oder über Mitarbeiterzeitschriften zu informieren, welche Aktionen Sie gerade betreiben. Sie müssen das Leitbild verinnerlichen und richtig weitervermitteln. Mit einer eigenen positiven Einstellung zum Marketing prägen Sie das gesamte Betriebsklima. Dies ist wichtig, denn je freundlicher und positiver der Umgang unter den Mitarbeitern ist, desto größer wird auch der persönliche Einsatz der Angestellten sein, wenn es um die Umsetzung der Marketing-Maßnahmen geht. Und: Wenn die Atmosphäre zwischen den Mitarbeitern stimmt, dann färbt sich das auch auf die Mitglieder ab.

1.3.5 Marketing-Controlling

Ein wichtiger Schritt bei allen Marketing-Projekten ist das Marketing-Controlling. Hier geht es darum, die festgesetzten Maßnahmen zu steuern und letztlich zu prüfen, ob sie den gewünschten Erfolg gebracht haben. Schauen Sie am Ende des eingeplanten Zeitraums, ob sich Ihre Ziele verwirklicht haben: Ist die Mitgliederanzahl gestiegen? Bieten

Sie mehr Leistungen in Ihrem Portfolio an? Soweit es möglich ist, überprüfen Sie auch Imagefaktoren: Hat sich das neue Leitbild in den Köpfen der Mitarbeiter und Mitgliedern festgesetzt? Einstellungen und Eindrücke der Mitarbeiter und Ärzteschaft können Sie durch eine Umfrage am Ende Ihres Kontrollzeitraums erheben. Wenn Sie vor der Umsetzung der Marketing-Maßnahmen eine Befragung durchgeführt haben, können Sie die gleichen Fragen am Ende noch einmal stellen: Hat sich das Image Ihrer Zielgruppe verändert? Sind die Mitarbeiter zufriedener? Auf diese Weise finden Sie nicht nur heraus, inwieweit sich Ihre Marketing-Ziele erfüllt haben, sondern gewinnen unter Umständen gleich ein paar Ansatzpunkte für zukünftige Projekte.

Obwohl Controlling so ein wichtiger Bestandteil des Marketings ist, fällt es oftmals hinten runter. Zumindest hat das die Studie „Trendmonitor – Klinikmarketing" für den Kliniksektor ergeben: Fast 80 Prozent haben kein Marketing-Controlling in ihrer Klinik. Die Gründe dafür sind nicht bekannt. Die anderen mageren 20 Prozent setzen Controlling in einigen der aufgeführten Formen ein:

- Auswertung mit der Geschäftsführung, kennzahlengestützt
- Budgetplanung, Budgetkontrolle, Statistik und Jahresbericht mit Kennzahlen
- Kostenkontrolle, zum Beispiel durch Kosten- und Leistungsrechnung
- Controlling nach Kampagnenverlauf, Veranstaltungen, Anzeigenschaltungen
- enge Zusammenarbeit zwischen Marketing und Controlling
- Kontrolle der Zielvorgaben des Marketing-Konzepts
- Presseauswertung
- Befragungen der unterschiedlichen Klinik-Bereiche, zum Beispiel über Feedbackbögen
- Webcontrolling mit Google Analytics

Das Controlling ist – wie beispielhaft in der Auflistung aufgeführt – mehr als eine simple Vorher-Nachher-Analyse der betriebswirtschaftlichen Zahlen: Es ist ein kontinuierlicher Prozess, der alle Marketing-Maßnahmen einer Organisation begleitet. Wenn Sie also beispielsweise eine Zeitplanung von einem Jahr für Ihr Marketing-Projekt angelegt haben, dann beginnen Sie frühzeitig mit dem Controlling und

1

schauen Sie einmal im Quartal auf den Zwischenstand. Überwachen Sie, ob alle Maßnahmen termingerecht umgesetzt werden, und haben Sie auch ein Auge darauf, ob sie den gewünschten Effekt erzielen. Falls Projekte nicht so laufen wie geplant, können Sie durch frühzeitiges Umdenken und -lenken Zeit und Kosten sparen. Denn auch die sollten Sie stets im Blick behalten. Nicht selten kommt es vor, dass Projekte mehr kosten als anfangs geplant und auf einmal das Budget sprengen.

▪ **Marketing-Konzept nicht in Stein meißeln**

Grundsätzlich haben die jeweils Verantwortlichen das Marketing-Konzept mit Bedacht angefertigt und sollten es nach Möglichkeit auch so einhalten. Dennoch gilt es, das Konzept zwischenzeitlich zu überprüfen und flexibel auf Veränderungen zu reagieren. Es könnten nicht nur unvorhergesehene Kosten auftreten, die es zu überdenken gibt, sondern auch andere Dinge, die vorher nicht abzuschätzen waren. Vielleicht lassen sich einige Maßnahmen nicht realisieren, oder es stellt sich heraus, dass der Zeitrahmen nicht realistisch eingeschätzt wurde. Außerdem können sich die politischen und rechtlichen Rahmenbedingungen ändern, die starken Einfluss auf die Marktsituation und Ihren Handlungsspielraum ausüben. Auch innerbetriebliche Veränderungen können Einfluss auf Ihren Marketing-Plan nehmen: Wenn Personalressourcen wegbrechen, können gleichzeitig benötigte Zeit und Know-how verloren gehen. Sollten solche Dinge eintreten, modifizieren Sie Ihr Konzept und passen Sie es den veränderten Gegebenheiten an. Halten Sie jedoch schriftlich fest, dass und vor allem aus welchen Gründen Sie das Konzept verändert haben, damit Sie aus Fehleinschätzungen lernen können oder andere Kollegen – etwa bei ungeplanten Vertretungen oder Mitarbeiterwechsel – nachvollziehen können.

Verfolgen Sie das abgestimmte Ziel, aber bleiben Sie flexibel. Zielvorstellungen und Konzept festzusetzen ist wichtig, das Marketing-Konzept sollte nicht als starres Korsett begriffen werden. Wenn Maßnahmen nicht funktionieren, sie nicht den gewünschten Effekt erzielen oder Ihnen neue, gute Möglichkeiten begegnen, dann planen Sie um. Es wäre schade um nicht genutzte Ressourcen oder fehlinvestiertes Geld. Behalten Sie aber auch im Hinterkopf, dass sich Änderungen nicht von heute auf morgen einstellen und es einige Zeit dauern kann, bis Ihr Konzept Früchte trägt.

Interview mit Dennis Makoschey, Geschäftsführer der Arbeitsgemeinschaft der Wissenschaftlichen Medizinischen Fachgesellschaften (AWMF)

1. 1962 wurde die AWMF gegründet – inwieweit spielt das Thema Marketing für Fachgesellschaften eine Rolle und hat in den Jahren an Bedeutung gewonnen?

„Das Marketing für Fachgesellschaften ist in den letzten Jahren immer wichtiger geworden. Allerdings nicht in dem eigentlichen Sinne des Begriffes: Wir wollen keine Bedürfnisse wecken, um dann ein Produkt zu verkaufen. Fachgesellschaften geht es vor allem um Information, Wissensvermittlung, Aufklärung und Transparenz im Sinne von Öffentlichkeitsarbeit. Entscheidend ist es für sie, Wissen über und Verständnis für die eigene Rolle und Bedeutung im Gesundheitswesen zu schaffen und darüber das notwendige Vertrauen zu den Aktivitäten einer wissenschaftlichen Medizin und ihren Akteuren aufzubauen. Während es in früheren Jahren für viele Fachgesellschaften häufig vor allem darum ging, erfolgreiche Fachkongresse oder Fortbildungen anzubieten, ist es heute auch unverzichtbar, die eigene gesellschaftliche Relevanz sichtbar zu machen – von den wissenschaftlichen Anliegen bis hin zur Versorgung. Die Gefahr ist heute groß, ansonsten im Gesundheitswesen nicht angemessen berücksichtigt zu werden.“

2. Inwieweit ist das Thema Online-Marketing bei den Fachgesellschaften und den Ärzten angekommen?

„Ein professioneller Internet-Auftritt gehört heute zum Standard jeder Fachgesellschaft – idealerweise mobil optimiert, da viele Ärzte nur noch mobil aufs Internet zugreifen. Viele Organisationen ergänzen diesen außerdem durch ein Push-Element, wie einen elektronischen Newsletter. Ein geschlossener Mitgliederbereich und die Vernetzung mit der Mitgliederdatenbank ermöglicht über diesen Kanal häufig auch die unmittelbare Kommunikation mit den eigenen Mitgliedern. Darüber hinaus setzen immer mehr Fachgesellschaften auch auf die viralen Effekte im Netz und sind mit einem eigenen Facebook-Account, seltener auch auf Twitter, aktiv. Man sollte da aber realistisch bleiben: Ärzte selbst sind auf Facebook und anderen sozialen Netzwerk bislang zumindest eher wenig aktiv. Das wird sich mit den nachwachsenden Generationen sicherlich ändern – ebenso wie die Mediennutzung selbst einem permanenten dynamischen Wandel unterworfen ist. Das heißt auch: Wir müssen kontinuierlich beobachten, welche Medien wofür und von wem wann genutzt werden und uns darauf immer wieder neu einstellen."

3. Inwieweit nutzen Sie und Ihre Mitgliedsgesellschaften Online-Marketing? Und kommen dabei Online-Marketing-Instrumente zum Einsatz?

„Der Einsatz dieser Instrumente ist von Fachgesellschaft zu Fachgesellschaft sehr unterschiedlich. Am häufigsten wird Online-Marketing im Umfeld von Kongressen eingesetzt: Zum Bekanntmachen der Veranstaltung und Lustmachen zur Teilnahme. Der direkte Weg zur Online-Anmeldung ist dann auch nicht mehr weit. Immer mehr Organisationen setzen außerdem Video und Bewegtbild ein, um Experten aus dem Fach sichtbar und greifbarer zu machen. Vielfach werden gerade diese Videos oft sehr intensiv von potenziell an dem Fach, der Fachgesellschaft oder einem Fachkongress Interessierten geklickt. Grundsätzlich gilt auch für alle Online-Aktivitäten der Fachgesellschaften: Es geht darum, die eigenen Fachkollegen, angrenzende Fächer, Patienten und Entscheidungsträger zu informieren, aufzuklären und zu überzeugen."

4. Zu Ihren Aufgaben gehört der Transfer wissenschaftlicher Erkenntnisse in die ärztliche Praxis – über welche Kanäle geschieht dieser? Nutzen Sie dafür Online-Marketing-Instrumente?

„Dieser erfolgt über digitale oder gedruckte Publikationen, Fachkongresse und Fortbildungen sowie über Leitlinien. Diese drei Bereiche gehören daher auch zu den Schlüsselaufgaben jeder Fachgesellschaft. Genau daraus generieren diese Organisationen dann auch ihre aktive Öffentlichkeitsarbeit, für die sie je nach Ziel und Zielgruppe digitale Kanäle und Instrumente einsetzen."

5. Sie haben einen Facebook- und Google+-Account – warum haben Sie sich für diese entschieden und wie intensiv nutzen Sie diese?

„Wir haben die Seiten seinerzeit eingerichtet, um auf diesen Kanälen eine Präsenz zu haben, wir schöpfen deren Potenzial momentan aber sicherlich nicht aus. Man muss sich aber auch die Frage stellen: Welches Potenzial bergen diese Kanäle überhaupt für eine Organisation wie die AWMF oder aber unsere Mitgliedsgesellschaften. Einfach nur ‚dabei' zu sein bringt nicht viel. Auch bei diesen Aktivitäten muss von vornherein klar sein, welches Kommunikationsziel und welche Zielgruppe erreicht werden sollen. Sicherlich lässt sich der ärztliche Nachwuchs über diese Kanäle sehr gut erreichen – dieser ist für die AWMF zwar ebenfalls sehr wichtig, er wird aber in der Regel nicht von ihr, sondern direkt über unsere Mitgliedsgesellschaften angesprochen."

Klassisches Marketing mit dem Internet verknüpfen

© Springer-Verlag GmbH Deutschland 2017

A. Köhler, M. Gründer, *Online-Marketing für medizinische Gesellschaften und Verbände,*
Erfolgskonzepte Praxis- & Krankenhaus-Management, DOI 10.1007/978-3-662-53469-4_2

Es gibt verschiedene Kommunikationsmittel, um auf seine medizinisch-wissenschaftliche Fachgesellscha+ft oder seinen Verband und die entsprechenden Leistungen aufmerksam zu machen. Das gängigste ist bisweilen der eigene Internetauftritt. Was eine gute Website an Inhalt, Gestaltung und Usability mitbringen muss und wie man Suchmaschinenoptimierung erfolgreich nutzt, um von neuen potentiellen Mitgliedern weit oben in der Trefferliste von Suchmaschinen gefunden zu werden, erfahren Sie in den nachfolgenden Kapiteln (▶ Kap. 3 und 4).

Nun geht es erst einmal um klassische Marketing-Instrumente: um die Basics, und wie diese sich ebenfalls ins Internet integrieren und mit den neuen Social-Media-Marketing-Maßnahmen kombinieren lassen – vom E-Mail-Newsletter über Presse-Informationen, die per E-Mail, Twitter und Facebook verbreitet werden, bis hin zu Image-Filmen, die mögliche Mitglieder bei YouTube finden. Die Social Media Plattformen stellen wir Ihnen in ▶ Kap. 5 vor.

2.1 Presse-Arbeit

Sie bieten eine neue Service-Leistung oder mit einem kürzlich gewonnen Kooperationspartner spannende Fortbildungs-Seminare an? Sie möchten über die Ergebnisse der Jahrestagung sowie über neue Erkenntnisse einer abgeschlossenen Studie informieren? All diese Neuigkeiten können Sie über eine Presse-Mitteilung per E-Mail und Fax – je nach Thema – ganz klassisch an die Tagespresse sowie Publikums- oder Fachmedien schicken wie auch als Information an Ihre Mitglieder, weitere Kontakte aus dem ambulanten und stationären Sektor, Kooperationspartner, andere Verbände oder Fachgesellschaften sowie an Ihre Kontakte aus Politik und Wirtschaft.

2.1.1 Erfolgreiche Presse-Mitteilungen schreiben

Damit Medien über den Inhalt Ihrer Meldung berichten, müssen Sie sie an einen Redakteur im zuständigen Ressort – also vor allem Gesundheit und zusätzlich auch Lokales – schicken. Dieser schaut sich das Thema an und entscheidet, ob die Information in dem Medium erscheint. Journalisten erhalten täglich bis zu 100 Presse-Mitteilungen. Daher widmen sie ihnen nur kurz Aufmerksamkeit bzw. sortieren sie knallhart aus. Das bedeutet für Sie: Ihre Presse-Meldung muss auf den ersten Blick überzeugen.

Spannende Headline   Die Überschrift ist die erste Information, die den Redakteuren ins Auge sticht. Formulieren Sie sie daher knackig und interessant. Wichtig ist, dass Sie in der Überschrift direkt die Neuigkeit aufnehmen („Studie xy: 98% der Ärzte sind online"). Müssen Journalisten erst im Text nachsehen, um welches Thema es sich handelt, wandert Ihre Meldung schnell in den Papierkorb.

Das Wichtigste zuerst   Eine klassische Presse-Information beginnt mit den wichtigsten Informationen. Die fünf W-Fragen gehören in den ersten Absatz: Wer macht was, wann, wo, und warum? Beispielsweise: „Die xy-Gesellschaft (wer?) veranstaltet einen Informationstag (was?). Am 24. September 2017 von 9–16 Uhr (wann?) klärt xy Ärzte über neue Behandlungsmöglichkeiten bei Diabetes (warum?) in die xy-Straße (wo?) auf. Hintergrundinformationen, beispielsweise Daten und Fakten über die Volkskrankheit, die den Anlass Ihrer Veranstaltung begründen, können Sie im zweiten und dritten Absatz einbauen. Am Ende sollte ein kurzes Profil mit Kontaktdaten und Links für weitere Informationen stehen (▶ „Checkliste: Gute Presse-Mitteilung").

Kurze, verständliche Sätze   Falls Sie eine PI an die Publikumspresse richten wollen, bedenken Sie: Die meisten Laien verstehen keine medizinischen Fachausdrücke. Verzichten Sie weitestgehend auf komplizierte Formulierungen, Fachtermini und unnötige Füllwörter. Falls Sie doch einen medizinischen Begriff verwenden, erklären Sie ihn so gut wie möglich. Auch der Journalist wird es Ihnen danken.

Sachlich und objektiv   Verzichten Sie auf platte Werbetexte, die voll von anpreisenden Lobeshymnen auf Ihre Organisation und Ihre Leistungen sind. Vermeiden Sie Superlative wie „einzige", „beste/ sicherste Methode" oder „garantierter Erfolg" – zumal Sie dann auch mit dem Heilmittelwerbegesetz in Konflikt kommen. Die Leser erwarten von der Presse eine sachliche Auskunft. Verfassen Sie daher Ihre Presse-Mitteilung möglichst objektiv und neutral.

E-Mail-Anhänge   Seien Sie sehr behutsam mit Anhängen. Generell sollten Sie die Presse-Mitteilung direkt in die Mail schreiben und nicht als Anhang versenden – schon gar nicht als PDF. So erschweren Sie Journalisten die Arbeit. Mehrere Argumente sprechen gegen Anhänge: Viele Systemverwalter löschen aufgrund der Spamgefahr automatisch E-Mails mit Anhängen. Große Dateianhänge, vor allem Graphiken, können den Posteingang blockieren. Hinzu kommt der Zeiteffekt, weil ein Anhang mindestens einen Klick mehr bedeutet und die Datei erst heruntergeladen werden muss. Fügen Sie lieber entsprechende Links ein, wenn Sie auf eine Studie hinweisen oder Bilder mitschicken möchten. Geben Sie dazu noch Größe, Umfang und Dateiformat an.

Exklusive Informationen persönlichen Presse-Kontakten anbieten   Aus Ihrer Netzwerkarbeit besteht bestimmt zu einigen Redakteuren ein persönliches Verhältnis. Diese Kontakte sollten Sie gut pflegen und auch nutzen: Rufen Sie den Redakteure bei Neuigkeiten an, bieten Sie ihm eine Information vorab und exklusiv an und laden Sie ihn persönlich zu Ihren Presse-Veranstaltung ein. Falls es verhindert ist, weiß der Redakteur natürlich, dass Sie ihm Materialien für eine gute Berichterstattung zusenden werden.

> **Tipp**
>
> Belästigen Sie Journalisten nicht! Fordern Sie keine Lesebestätigung an. Rufen Sie auch nicht an, um zu fragen, ob er die Presse-Mitteilung erhalten hat. Bei 100 Mails pro Tag ist eine genervte Antwort garantiert.

Checkliste: Gute Presse-Mitteilung
- Enthält Ihre Überschrift die Kernaussage der Meldung? Ist sie interessant formuliert?
- Steht die Hauptinformation im ersten Satz, spätestens jedoch im ersten Absatz?
- Enthält der erste Absatz alle W-Fragen: wer, was, wann, wo und warum?
- Ist der Text objektiv und nicht werblich?
- Verwenden Sie Fachausdrücke? Wenn ja, haben Sie diese erläutert?
- Konzentrieren Sie sich auf ein Thema?

- Ist Ihr Text interessant? Lassen Sie ihn von einer unbeteiligten Person gegenlesen.
- Haben Sie ein Profil erstellt und einen Ansprechpartner mit allen Kontaktmöglichkeiten genannt?
- Sind weiterführende Links mit tatsächlichen Mehrwert eingefügt?

Medizinischer Experte für Journalisten

Ärzte können die Möglichkeit nutzen, auch ohne Presse-Informationen oder bezahlte Anzeigen in die Medien zu kommen: nämlich als Experte in Artikeln oder Hörfunk- und TV-Sendungen. Diese benötigen Journalisten ständig für eine qualifizierte Berichterstattung. Mehr Chancen von Redaktionen als Interviewpartner ausgewählt zu werden, haben in der Regel Ärzte, die sich spezialisiert haben, führendes Mitglied in einer ärztlichen Fachgesellschaft oder im Verband sind sowie bei Kongressen referieren. (Wie Sie Ihre eigene Reputation stärken, erfahren Sie im ▶ Kap. 5.) Teilen Sie diese Bereitschaft auch Ihren Presse-Kontakten sowie PR-Agenturen oder Institutionen mit, die dies dokumentieren, zum Beispiel listet die Stiftung Gesundheit „Medienärzte" auf.

2.1.2 Social-Media-Kanäle nutzen – mit Crossposting Zeit sparen

Mit dem klassischen Versand der Presse-Information ist es in Zeiten von Online-Marketing jedoch nicht getan. Zuerst stellen Sie die Presse-Information auf Ihre Website. Legen Sie ein Archiv an, aus dem sich Journalisten bedienen können. Für eine größere Verbreitung nutzen Sie kostenlose Presse-Portale, wie beispielsweise openPR, PRCenter oder medcom24 speziell für Medizin- und Gesundheitsthemen, in denen Sie Ihre Meldung auch mit Logo und Bildern einstellen können.

Darüber hinaus setzen Sie ebenfalls die neuen Social-Media-Marketing-Instrumente (▶ Kap. 5) ein: Verbreiten Sie die Meldung ebenfalls per Twitter und Facebook. Um Arbeit zu sparen, funktioniert das auch schon gekoppelt. Statt Ihre News zu twittern und zusätzlich noch bei Facebook zu posten, können Sie dies automatisch erledigen lassen.

2

Aktivieren Sie dafür einfach die Twitter-Anwendung unter https://facebook.com/twitter für Ihre Facebook-Seite. Von nun an wird Twitter Ihre News nicht nur an Ihre Twitter-Follower senden, sondern auch automatisch auf Ihre Facebook-Seite stellen.

Ebenso können Sie Ihre Facebook-Aktivitäten an anderen Orten darstellen, zum Beispiel auf Ihrer Website. Das geht recht einfach mit dem Facebook-„Seiten-Plug-in". Mehr Informationen dazu finden Sie unter https://www.facebook.com/badges.

Ein weiterer Dienst fürs Crossposting, auf dem Sie Meldungen für drei Kanäle, also etwa Facebook, Twitter, Google+ oder LinkedIn, gleichzeitig und kostenlos eistellen können, ist beispielsweise Hoot-Suite. Um lediglich Links zu verbreiten eignet sich der Dienst buffer mit dem kostenlosen Account. Beim Dienst ifttt (if this then that, seit dem Jahr 2010 in Betrieb) lassen sich Meldungen mit mehr als 250 verschiedenen Kanälen verbinden – die Anzahl ist für Ihre PR-Zwecke jedoch nicht notwendig.

2.1.3   Medienecho anlegen

Damit Sie eine Übersicht über die Verbreitung und den Abdruckerfolg Ihrer Presse-Informationen haben, ist es sinnvoll, ein Medienecho zu führen. Nach Stichwörtern online suchen kann das Presseteam selbst übernehmen oder Sie aktivieren einen kostenlosen Alert. Bei der Print-Auswertung ist das nicht möglich, weil Sie sonst alle Medien vorliegen haben müssten. Dafür können Sie einen professionellen, aber auch kostenpflichtigen Ausschnittdienst beauftragen, der die Print- und Online-Medien (Web-Monitoring) nach Ihren Meldungen durchforstet. Entsprechende Artikel („Clippings"), Hörfunk- oder TV-Mitschnitte als Podcast stellen Sie dann unter „Medienecho" in Ihren Presse-Bereich auf Ihre Website bzw. verlinken zu den entsprechenden Publikationen.

🄴 **Für eine Veröffentlichung auf Ihrer Website empfiehlt es sich, eine schriftliche Erlaubnis der Verlage zu haben, damit Sie keine**

Urheberrechte verletzen oder Lizenzentgeltforderungen für die weitere Verbreitung und Vervielfältigung der Print-Publikationen erhalten. Anbieter, wie z. B. PMG Presse-Monitor, haben dafür Rahmenverträge mit Verlagen vereinbart, wofür Sie je nach Nutzung eine Gebühr zahlen.

In Ihrem Medienecho sollte zudem auch professionell erstelltes druckfähiges Bild- und Videomaterial in gängigen Formaten zur Verfügung stehen (▶ Abschn. 2.2). Machen Sie zudem Ihre Bereitschaft, Interviews zu geben, deutlich. Ermöglichen Sie Journalisten zudem, sich in Ihren Presse-Verteiler eintragen und auch streichen zu können – diesen Wunsch müssen Sie respektieren. Erstellen Sie dafür ein Formular mit Pflichtangaben, wie Medium, Vorname, Nachname und E-Mail-Adresse. Entsprechend müssen Sie auch einen Verweis in der Datenschutzerklärung auf Ihrer Website vermerken (Musterbeispiel: ▶ Kap. 3). Im Formular sollte noch ein Kästchen zum Anklicken sein, wie der jeweilige Journalist die Presse-Mitteilung erhalten will – als HTML- oder Nur-Text-Dokument oder als Alternative per RSS-Newsfeed (▶ Kap. 3).

2.1.4   Umgang mit Journalisten

Bei der Zusammenarbeit mit der Presse sollten Sie einige Dinge beachten, um erfolgreich zu sein. Journalisten leben in einer anderen Denk- und Sprachwelt als Ärzte. Schließlich müssen sie komplexe Sachverhalte einem meist nicht-medizinisch bewanderten Publikum – ausgenommen der Fachpresse – vermitteln, und das noch in einer spannenden Geschichte.

Wenn Sie als Pressesprecher – oder als Verbandvorstand – ein Interview geben, stellen Sie sich vor, Sie würden den Inhalt Ihrem Nachbarn erzählen: Sprechen Sie langsam, deutlich und mit Atempausen. Versuchen Sie, komplizierte Sachverhalte kurz und mit einfachen Wörtern zu erklären. Im Rundfunk oder Fernsehen steht selbst für einen Hauptbeitrag im Schnitt etwa 20 Sekunden pro O-Ton Zeit zur Verfügung, um das Wichtigste zu vermitteln.

Bieten Sie dem Journalisten an, Texte auf sachliche Richtigkeit zu überprüfen. Fordern Sie dies aber nicht ein oder schreiben gar den Text um. Journalisten müssen Sachverhalte vereinfachen und aus Platzgründen verkürzen. Selbstverständlich können Sie darauf bestehen, Ihre Zitate vor der Veröffentlichung zu autorisieren.

Journalisten haben einen Redaktionsschluss im Nacken, zu dem Texte fertig sein müssen. Melden Sie sich also schnellstmöglich zurück, wenn ein Journalist versucht, Sie zu erreichen: Egal, ob gerade Mittagspause oder Feierabend ist.

Jede Geschichte braucht ein Gesicht. In Magazinen werden oftmals die Hauptdarsteller abgebildet, aber gerne werden auch die Experten mit Fotos gezeigt. Dafür sollten Sie ein geeignetes Foto in Druckauflösung (300 dpi) bereithalten bzw. gleich in den Pressebereich zum Download online integrieren. Am besten sogar im Hoch- und Querformat – das erleichtert auch dem Layouter die Arbeit. Hinweise, wie ein gutes Foto aussehen sollte, finden Sie im ▶ Abschn. 2.2.

2.1.5 Das Fernsehinterview

Wenn dann ein TV-Sender aufgrund einer Presse-Mitteilungen oder der Expertenauskunft-Bereitschaft um einen Interviewtermin bittet, versuchen Sie das auch zu ermöglichen. Sonst war das eventuell schon das letzte Mal, dass diese Redaktion Sie angefragt hat. Instruieren Sie auch entsprechend Ihre Mitarbeiter in der Geschäftsstelle, weil viele Anrufe und Anfragen dort eingehen.

Wenn der Termin dann vor der Tür steht, wird es aufregend: Da rückt ein Team aus TV-Redakteur, Kameramann und Tonassistent an, um kompetente Antworten einzuholen. Doch bevor es heißt „Kamera läuft", beherzigen Sie folgende Tipps:

- Ihr Aussehen ist eher nebensächlich. Bleiben Sie natürlich und verstellen Sie sich nicht, schließlich sollen Sie sich wohlfühlen. Sie müssen also nicht schnell zum Friseur, aber sauber und knitterfrei sollte der Kittel des Arztes oder das Hemd vom Pressesprecher/Vorstand schon sein.
- Ihre Wirkung begründet sich durch Ihre Kompetenz. Machen Sie sich vertraut mit dem von der Redaktion angekündigten Thema. Je mehr Fakten Sie parat haben, desto sicherer gehen Sie ins Interview.

- Schauen Sie sich, wenn möglich, vorab eine Ausgabe der Sendung, für die Sie interviewt werden, an, um Aufmachung, Stil und Sprache besser einschätzen zu können.
- Sorgen Sie dafür, dass Sie während des Interviews ungestört sind – also dass kein Telefon klingelt oder Mitarbeiter durch das Bild laufen.
- Versuchen Sie, so kurz wie möglich auf die Fragen zu antworten. Aber sprechen Sie unbedingt in ganzen Sätzen.
- Verwenden Sie bei einem Format für Laien möglichst kein Fachvokabular. Erklären Sie komplizierte Sachverhalte an anschaulichen Beispielen.
- Auch wenn es zu Beginn schwerfällt: Ignorieren Sie die Kamera! Sprechen Sie nicht direkt in die Kamera, sondern unterhalten Sie sich mit Ihrem Bezugspunkt, dem Redakteur. Das wirkt auch für die Zuschauer entspannt und professionell.
- Nehmen Sie für solche Situationen an einem Medientraining oder speziellen Seminar zum TV-Interview teil. Dann fühlen Sie sich gewappnet, wenn ein Fernsehteam anrückt.

2.2 Visuelle Marketing-Maßnahmen

Der Mensch ist ein visuelles Wesen. Sobald wir Bilder sehen, bilden wir uns eine Meinung und verbinden meistens Gefühle mit dem Gesehenen. Schauen wir uns beispielsweise ein Foto vom Meer an, verknüpfen das Viele mit Erholung, Strand und Urlaub – außer wenn man wasserscheu ist. Auch etliche Entscheidungen werden über das Auge getroffen: beim Einkaufen von Kleidung, bei der Auswahl von Essen oder bei der Suche nach einem Urlaubshotel. Sprechen die Bilder uns an, entscheiden wir uns dafür, im umgekehrten Fall dagegen.

2.2.1 Ansprechende Bilder produzieren

Auch User, die sich auf Ihrer Website informieren, werden sich Ihre Bilder anschauen. Nutzen Sie daher die Chance, mit guten Fotos Ihre Organisation und das Team ins rechte Licht zu rücken und damit einen positiven Eindruck zu vermitteln. Investieren Sie daher in professionelle Fotos (▶ „Checkliste: Wie sehen gute Fotos aus?").

Checkliste: Wie sehen gute Fotos aus?
- Verwenden Sie keine privaten Urlaubsbilder der Mitarbeiter.
- Mitarbeiterfotos sollten einheitlich und mit gleichem Hintergrund erstellt werden.
- Das Bild braucht eine gute Qualität. Investieren Sie lieber in einen Fotografen, bevor Sie selbst die Bilder knipsen. Zudem sind eine professionelle Kamera sowie eine gute Belichtung notwendig.
- Das Bild sollte möglichst klare Konturen und wenig Motivelemente aufweisen – weniger ist oftmals mehr.
- Lassen Sie in jedem Fall Einzelbilder der Vorstands- und Leitungsebene machen. Benennen Sie die abgebildeten Personen mit vollem Namen und Funktion. Zusätzlich gibt es die Möglichkeit eines Gruppenfotos, zum Beispiel der einzelnen Landesverbänden.
- Lassen Sie Ihren Hauptsitz von außen und ggf. als Luftaufnahme fotografieren, den Empfangsbereich sowie Konferenzräume. Für etwas Farbe im Bild sorgt beispielsweise eine Vase mit frischen Blumen.
- Unbedingt müssen die Bildrechte geklärt sein, damit es im Nachhinein nicht zu teuren Geldforderungen kommt: Hat der Fotograf der Veröffentlichung zugestimmt? Und sind die Personen auf den Fotos mit der Publikation einverstanden?

2.2.2 Organisation mit einem Imagefilm vorstellen

Noch mehr als ein Foto wirkt das bewegte Bild auf den Betrachter. Vor allem, wenn dabei Menschen im Blickpunkt stehen und lebendig und authentisch eine Botschaft vermitteln. Hinzu kommt beim Film noch der Ton: das gesprochene Wort, beim Imagefilm ein Kommentator sowie Statements der Vorstände oder Kurzinterviews und passend unterlegte Musik. Ein gut gemachter Imagefilm, Berichterstattungen und Erklärstücke gehören zu den Online-Marketing-Maßnahmen dazu.

- **Mögliche Video-Arten:**
- Präsentieren Sie mittels eines Imagefilms Ihren Verband und Ihr Leistungsspektrum.

- Erstellen Sie von Ihren Hauptversammlungen Videos, um Interessierten Einblicke in die Vorträge und Diskussionen zu geben.
- Produzieren Sie Erklärfilme, wie beispielsweise „Die Wahrheit über das Tarifeinheitsgesetz" des Marburger Bundes.
- Filmen Sie Interviews mit dem Vorstand oder Mitgliedern, Botschaften an besondere Zielgruppen und Stellungnahmen, etwa zu Gesetzesvorhaben.
- Vermitteln Sie Themen in Kurz-Reportagen mit entsprechenden Protagonisten, wie Ärzte der Generation Y.
- Erstellen Sie kurze Trailer, um Veranstaltungen zu bewerben.

Richten Sie für Ihre Filme einen YouTube-Kanal ein. Stellen Sie die Videos ebenfalls auf Ihre Website ein – das ist auch für das Ranking in Suchmaschinen dienlich –, aber auch bei entsprechenden Portalen, wie YouTube, myvideo, dailymotion oder sevenload. Die Plattforen funktionieren dabei wie eine Suchmaschine: Gibt ein User Stichworte bei Google oder direkt auf den Plattformen ein, wird er automatisch zu entsprechende Videos weitergeleitet. Das Gute: Hier fallen keine weiteren Kosten für die uneingeschränkte Verbreitung an, anders als zum Beispiel für Fernsehwerbung. Der Verbreitungsgrad ist beachtlich und der Nutzwert für User hoch, dadurch steigen der Bekanntheitsgrad.

- **Videos weiter auf dem Vormarsch**

Das Bewegtbild wird für das digitale Marketing in den nächsten zwei Jahren nahezu unverzichtbar sein, so das Ergebnis einer Befragung unter 100 deutschen Agenturen des Bundesverbands Digitale Wirtschaft (BVDW). Ein Grund für den Einsatz von Bewegtbildwerbung ist die positive Steigerung der Markenbekanntheit. 70 Prozent der befragten Agenturen gehen davon aus, dass Bewegtbildformate für das digitale Marketing eine hohe bis sehr hohe Bedeutung besitzen.

Und die User-Perspektive? Laut dem Digitalverband Bitkom schauen sich Verbraucher Videos im Internet an – 40 Millionen Deutsche tun das per Stream. Dagegen speichert nur gut jeder vierte Internetnutzer (27 Prozent) Videos zunächst per Download, um sie anschließend anzuschauen. Vor allem Videoportale sind bei Internetnutzern beliebt. Gut jeder Zweite (53 Prozent) schaut Videos über Portale, wie YouTube, Clipfish oder Vimeo. Fast die Hälfte der Nutzer (46 Prozent) ruft bereits gesendete Beiträge und Sendungen in Online-Mediatheken von Fernsehsendern ab. Gut jeder Dritte (37 Prozent) sieht zumindest hin und wieder das aktuelle Fernsehprogramm als Livestream über eine Internetverbindung. Jeder Fünfte (19 Prozent) nutzt On-Demand-Portale für Serien und Spielfilme, wie Watchever, Maxdome oder Amazon Prime Instant Video. Viele Streaming-Nutzer schauen regelmäßig Videos im Netz. Zwei von fünf (40 Prozent) machen dies mindestens mehrmals pro Woche, jeder Siebte (14 Prozent) sogar täglich. Dabei bevorzugen Streaming-Nutzer kostenlose Videodienste (78 Prozent). Dennoch zahlt bereits fast jeder Sechste (17 Prozent) für kostenpflichtige Angebote.

Die Nachfrage ist also vorhanden. Wie schon bei den Fotos sollten Sie sich auch hier professionelle Hilfe hinzuziehen, damit Sie ein überzeugendes Ergebnis bekommen. Investieren Sie daher auch lieber einmalig etwas mehr Geld, anstatt ein zweitklassiges Resultat in Kauf zu nehmen. Die Kosten für die Skripterstellung, den Drehtag sowie anschließend eine ordentliche technische Aufbereitung in HD mit guter Schnitttechnik und Tonqualität liegen bei Minimum 3500 Euro – oftmals sind die Preise verhandelbar. Bevor jedoch ein Auftrag erteilt wird, sollte ein Brainstorming im Team stattfinden und anschließend ein ausführliches Beratungsgespräch mit der Produktionsfirma.

- **Folgende Punkte sollten Sie für eine Produktion beachten:**
  - Bevor das Dreh-Skript geschrieben wird, müssen das Ziel und die Botschaft des Films feststehen. Das Resultat muss ein stimmiges Bild ergeben.
  - Imagefilme haben unterschiedliche Längen – von einer bis über zehn Minuten. Drehen Sie ansonsten lieber mehrere kurze Filme, etwa für unterschiedliche Themen. Eine Studie hat ergeben, dass gut 10 Prozent der Betrachter von Online-Filmen nach 10 Sekunden bereits das Video wegklicken, wenn es sie nicht interessiert. Rund 34 Prozent steigen innerhalb von 30 Sekunden aus. Doch knapp 50 Prozent sind immer noch nach einer Minute dabei.
  - Planen Sie mindestens einen bis zwei Drehtage ein. Instruieren Sie dafür alle Mitarbeiter, damit es nicht zu Unterbrechungen kommt.
  - Holen Sie bereits vorher schriftliche Genehmigungen für die Bildrechte von Mitarbeitern ein, sofern diese gefilmt werden.
  - Sichern Sie sich von der Filmagentur die Rechte und den Quellcode zur Weiterverwendung. Weisen Sie die Filmagentur darauf hin, dass sie GEMA-freie Musik für die musikalische Unterlegung verwenden soll. Ansonsten müssen Sie an die Gesellschaft für musikalische Aufführungs- und mechanische Vervielfältigungsrechte Gebühren zahlen.
  - Die Videos sollten in HD-Qualität produziert werden. Sie müssen zudem auch auf kleinen Monitoren wirken, etwa von Smartphones.

(Weitere Tipps zum Verhalten vor der Kamera finden Sie im ▶ Abschn. 2.1.5)

- **Erklärfilme für Patienten**

Neben einem Imagefilm eignen sich Videos besonders gut für Erklärungen, zum Beispiel dazu, wie genau eine Untersuchungs- oder Behandlungsmethode funktioniert. Mit betroffenen Protagonisten, die im O-Ton berichten, wirken diese Videos noch persönlicher.

Laut Bitkom hat sich bereits mehr als ein Drittel der Internetnutzer (37 Prozent) ab 14 Jahren Video-Anleitungen im Internet, auch „Tutorials" genannt, angesehen. Das entspricht etwa 20 Millionen Nutzern. Tutorials sind bei allen Altersgruppen ähnlich beliebt. Dabei geht's um ganz alltägliche Hinweise, wie einen Rotweinfleck entfernen oder die Waschmaschine anschließen, aber auch bei speziellen Fragen – ebenfalls aus dem medizinischen Bereich.

2.2.3 Banner- und Video-Werbung

Im Jahr 2015 sind in Europa satte 36,2 Mrd. Euro in die Online-Werbung geflossen. Das hat der Interactive Advertising Bureau Europe (IAB), der Dachverband der Online Werbewirtschaft, mit dem AdEx Benchmark ermittelt. Damit sind im europäischen Wirtschaftsraum erstmlig mehr Geld für Internetwerbung als für klassische Fernsehwerbung (33,3 Mrd. Euro) ausgegeben worden. Eine

Entwicklung, die zu erwarten war. Deutschland hat dabei für Display, Video, Mobile und Suchmaschinenwerbung 5,79 Mrd. Euro ausgegeben, liegt allerdings trotz seiner wirtschaftlichen Größe deutlich hinter dem britischen Markt (11,83 Mrd. Euro).

Die Zahlen machen deutlich, dass sich viele Portale über Werbeeinnahmen finanzieren – wenn nicht ein anderer Geldgeber, etwa ein Pharmaunternehmen, hinter dem Angebot steckt. Die Social Media Plattformen haben ihre ganz eigenen unterschiedlichsten Werbemöglichkeiten, dessen Vorstellung hier den Rahmen sprengen würde. Portale bieten Online-Werbeformen in verschiedenen Formaten und Größen, statisch oder animiert an, um mehr Aufmerksamkeit zu erregen, z. B. alt bekannte Full Banner, Skyscraper oder Flash Layer. Als GIF- oder Flash-Datei werden diese dann in die jeweilige Website eingebunden. Klickt der Besucher auf das Banner, führt ihn das automatisch auf die Website des Werbenden. Nach Häufigkeit des Anklickens (Cost-per-Click/CpC-Modell) oder aber des Einblendens (Cost-per-Thousand-Impressions/CPM-Modell) entstehen für den Werbenden Kosten.

Sie können Banner- oder Videowerbung zum Beispiel bei (Fach-)Gesundheitsportalen buchen, etwa um Veranstaltungen zu bewerben. Es gibt auch eine Kombination aus beidem: das In-Banner-Video. Hier werden im Banner Videoelemente integriert, die vom Nutzer auf Klick abgespielt werden können. Jedoch hat sich eine Vielzahl der User bereits an klassische Bannerwerbung gewöhnt und ignoriert diese. Selbst aufmerksamkeitserregende, aufploppende Banner werden schnell und eher genervt weggeklickt statt genauer angeschaut. Während also die Bannerwerbung rückläufig ist, boomt die Videowerbung aufgrund der stark im Web 2.0 und in Social Media verankerten Entwicklung von Online-Videos. Dank Smartphones, schneller Verbindungstechnik und Internetflatrates zu stetig sinkenden Tarifen ist das Internet jederzeit verfügbar und in den Alltag integriert. Mit Videowerbung in Gesundheitsportalen (▶ Kap. 5) kann eine direkte Zielgruppenansprache im Netz (Online Targeting) erreicht werden, und damit gibt es weniger Streuverluste als beispielsweise bei Fernsehwerbung. Zudem ist die Akzeptanz seitens der User entsprechend hoch: 66 Prozent der befragten Nutzer einer Studie zum Thema Online Video Viewing der Online Publishers Association gaben an, schon einmal Online-Video-Werbung im Internet gesehen zu haben. Jedoch ist auch die Länge eines Spots entscheidend: 46 Prozent akzeptieren eine Videolänge bis 20 Sekunden, optimal ist eine Länge von 10 Sekunden. Immerhin: 17 Prozent finden jeweils auch 46–60 und auch mehr als 60 Sekunden in Ordnung. Falls Sie in diesem Segment Werbepotential für Ihre Organisation sehen, lassen Sie sich von einer Mediaagentur beraten und holen Sie sich auch zur Umsetzung professionelle Hilfe.

2.3   Presseinstrument Veranstaltungen

Jahrestagungen, Hauptversammlungen, Kongresse, Seminare, Workshops – es gibt allerlei Veranstaltungen, die ärztliche Verbände und ebenso medizinisch-wissenschaftliche Fachgesellschaften regelmäßig anbieten und entsprechend organisieren müssen. Je nach Anlass und Zielgruppe sind diese Events ideale Plattformen, um sich bei der Zielgruppe und in der Öffentlichkeit zu präsentieren, den Bekanntheitsgrad zu steigern, das Image weiter auszubauen und es zu pflegen, neue Mitglieder zu gewinnen und den bestehenden Stamm zu festigen. Zudem lassen sie sich wunderbar medial mit Online-Marketing-Instrumenten bewerben und begleiten. Als Veranstaltungsbeispiel soll nun der „Tag der offenen Tür" dienen. Mit solch einem Event können Sie hervorragend die Öffentlichkeit über Ihr Fachgebiet informieren sowie Ärzte von Ihrer Organisation und Services überzeugen. Die Bereitschaft, solch ein Event zu veranstalten, verschafft Ihnen ein positives Image, denn Sie zeigen sich offen, zugänglich und kommunikationsbereit.

Anlässe für einen Tag der offenen Tür
- Vorstellung neuer Räumlichkeiten nach Eröffnung oder Umbau
- Jubiläum
- Welt-Gesundheitstage, z. B. Tag der Herzgesundheit
- Vorstellung des neuen Vorstands/ Ergebnisse großer Studien
- neue Behandlungsmöglichkeiten/neue technische Geräte

Benennen Sie den Anlass wie ein Motto – das weckt mehr Interesse:

- Frisch gestrichen! Neue Räumlichkeiten der xy
- Roboter zu besichtigen – neue Lasertechnik
- Jubiläumsfeier: Seit 75 Jahren sind wir Ihr Partner für Ihre Gesundheit

2.3.1 Frühzeitig planen und organisieren

Auf Grund Ihrer anderen eigenen Veranstaltung, ist Ihnen der Aufwand, den solch ein Event mit sich bringt, sicher schon bewusst. Dennoch möchten wir an dieser Stelle kurz die Planung und Durchführung eines Events in den eigenen Räumlichkeiten – wenn möglich – darstellen.

Es kommt zunächst darauf an, welchen Rahmen Ihr Anlass fordert: Eine Geräte-Vorstellung bedarf nicht so viel Aufwand wie eine Feierlichkeit zum 50-jährigen Jubiläum. Als Erstes bestimmen Sie im Team einen Mitarbeiter, der für die Organisation der Veranstaltung federführend zuständig ist sowie einen Vertreter. Legen Sie dem Anlass entsprechend ein genaues Budget fest. Es ist wichtig, dass der Zuständige die Kosten im Laufe der Vorbereitungen stets im Auge behält und den Verantwortlichen unterrichtet.

Das Minimum an Service stellen Getränke und Snacks dar: Wasser, Kaffee, Tee, Säfte und Kekse, vielleicht auch verschiedene Kuchen oder Häppchen, sollten Sie bereithalten. Alles Weitere kommt vornehmlich bei besonderen Anlässen vor. Ein Büfett wird bei einem Tag der offenen Tür in der Regel nicht erwartet. Das würde zudem einen erheblichen Mehraufwand und Kosten bedeuten. Denn dafür muss ein Catering-Service samt Essen ausgesucht werden: Sie müssen Preise vergleichen, brauchen ausreichend Geschirr und Besteck, Servietten, Stehtische, Tischdecken, Dekoration und auch externe Servicekräfte, falls nicht nur Selbstbedienung geplant ist.

Checkliste für die Planung
Fertigen Sie eine Bestands- und entsprechende Einkaufsliste an:
- Haben Sie genug Gläser? Becher? Besteck? Tabletts? Servietten?
- Gibt es Kekse, Kuchen, belegte Brötchen, eine deftige Suppe mit Baguette oder gar Häppchen?

- Verteilen Sie die Essensvorbereitung im Team oder organisieren Sie einen Caterer?
- Getränke einkaufen: Wasser, Säfte, verschiedenen Teesorten, Kaffee, Milch, Zucker und Softgetränke.
- Bei einem feierlichen Anlass, wie einem Jubiläum, können Sie alkoholfreien Sekt zum Anstoßen anbieten, denn Alkohol passt nicht zum Gesundheitsimage.
- Band oder Fußstopper besorgen, um die Eingangstür stets offen zu halten, wenn Sie keine elektrische Schiebetür haben.
- Technikcheck: Was wird gebraucht? PC/Laptop, Beamer mit Netzkabel, Rednerpult, Mikrofon, Verlängerungskabel, Mehrfachsteckdose, Fernbedienung mit Laserpointer?
- Besitzt die Presseabteilung eine gute Kamera? Im besten Fall mit Blitzgerät? Brauchen Sie dafür Batterien oder gibt es einen Akku? Wir empfehlen für professionelle Bilder einen Fotografen zu engagieren?

Weitere Vorbereitungen, die getroffen werden müssen:

- Einladungen gestalten, über die unterschiedlichen Kanäle versenden und auf die Homepage stellen,
- Namensschilder erstellen mit entsprechender Funktion zum besseren Kennenlernen,
- Beschilderung für innen und außen (Toilette, kein Zutritt, Parkplätze),
- Programm planen,
- Eröffnungsrede schreiben,
- Listen zum Auslegen vorbereiten, in die sich Interessenten eintragen können, die Infomaterial per E-Mail wünschen, sofern es nicht ausliegt,
- Reinigungspersonal beauftragen, das am Tag vor der Veranstaltung und danach besonders gründlich alle Räume putzt.

- **Termin mit Bedacht auswählen und rechtzeitig bekannt geben**

Um einen möglichen Zeitraum festzustecken, suchen Sie einen Termin zwischen Frühjahr und Herbst. In der dunklen Jahreszeit bleiben die Menschen lieber zu Hause, wenn Sie nicht unbedingt raus müssen. Damit möglichst viele Personen an Ihrer Veranstaltung teilnehmen, eignet sich am besten ein Samstag von etwa 10 bis 18 Uhr. Achten Sie darauf, dass Ihr Termin nicht in der Ferienzeit liegt oder mit anderen lokalen Ereignissen kollidiert, beispielsweise mit einem Straßenfest oder dem großen Flohmarkt. Auch eine interessante Fernsehausstrahlung, wie ein wichtiges Fußballspiel, kann Ihre Besucherzahlen negativ beeinflussen. Schauen Sie dafür am besten in einen örtlichen Veranstaltungskalender, im Internet oder in einem Stadtmagazin nach. All diese Hinweise muss die Bundesregierung offensichtlich nicht berücksichtigen: Trotz hochsommerlichen Temperaturen und in den Sommerferien gelegen, kamen 2016 mehr als 100.000 Besucher zum Tag der offenen Tür.

Sobald der Termin steht, versenden Sie zeitnah die Einladungen. Mit viel Vorlaufzeit können sich potentielle Besucher diesen Tag vormerken und freihalten. Alle leitenden Mitarbeiter mit Außendarstellung sowie die Organisatoren sollten natürlich an diesem Tag anwesend sein. Laden Sie großzügig ein. Bitten Sie um Zu- oder Absage, damit Sie die ungefähre Anzahl der Besucher abschätzen können.

Sie können auf verschiedenen Wegen einladen:

Druck und Versand   Für ganz besondere Gäste und wichtige Mitglieder und Partner lassen Sie qualitativ ansprechende Einladungskarten drucken. Verschicken diese auf dem klassischen Postweg. Das wirkt deutlich mehr als eine E-Mail.

Falls keiner im Team die Gestaltungsaufgabe übernehmen kann, kalkulieren Sie bei der Budgetplanung externe Grafikleistungen, Druck- und Portokosten mit ein.

Verteilen und auslegen   Machen Sie Aushänge im Plakatformat und legen Sie Handzettel (Flyer) aus. Verteilen Sie diese in der Umgebung an Haushalte und Passanten. Nach Absprache können Sie sie auch auf Messen/Kongresse und in nahe gelegenen Arztpraxen, Kliniken, Pflege-Einrichtungen, Fitnessstudios, Einkaufszentren o. a. auslegen.

Kostengünstige Rundmail   Mit dem Einverständnis Ihrer bestehenden Kontakte können Sie eine Einladungs-E-Mail verschicken – das ist kaum mit Kosten verbunden.

Hinweis auf Website und in Signatur   Machen Sie auch auf der Startseite Ihrer Website auf Ihre Veranstaltung aufmerksam. Für weitere Informationen gibt es einen Link. Der führt zu einer PDF-Datei, in der genaue Zeiten und das Programm aufgelistet sind.

Ebenfalls können Sie diesen Hinweis in Ihre E-Mail-Signatur aufnehmen. Vergessen Sie aber nicht, diese nach dem Termin wieder zu entfernen!

Mundpropaganda   Alle Mitarbeiter helfen mit, indem sie die Werbetrommel rühren.

Presse informieren   Benachrichtigen Sie in jedem Fall die lokale Presse, wie Anzeigen- und Wochenblätter, über Ihren Tag der offenen Tür. Gegebenenfalls können Sie sogar eine Anzeige schalten und dazu eine redaktionelle Berichterstattung über Ihre Veranstaltung im Nachhinein oder über Ihre Organisation aushandeln. Falls die örtliche Presse keine Zeit für einen Besuch vor Ort hat, bieten Sie von sich aus einen Text für die Nachberichterstattung sowie Fotomaterial zur Auswahl an.

Schreiben Sie nicht nur Ihre Adresse auf die Einladung, sondern fügen Sie eine Wegbeschreibung als Graphikelement hinzu.

Nachdem Anlass, Motto, Rahmen und Termin stehen, geht es an die Programmplanung. Der Tag muss nicht straff durchorganisiert sein, aber eine grobe Struktur als roten Faden sollten Sie erstellen. Empfehlenswert ist eine kurze Ansprache, in der Sie darlegen, warum dieses Event stattfindet. Brauchen Sie dafür ein Präsentationssystem? Ist ein Mikrofon vorhanden? Geben Sie auch Ihren Gästen die Möglichkeit, zu Wort zu kommen, um beispielsweise Fragen zu stellen, und lassen Sie sie auch anderweitig in Aktion treten. Wichtig ist, dass nicht langweilig präsentiert wird, sondern dass Besucher die Aktionen hautnah und aktiv erleben – durch Sehen, Anfassen, Schmecken und Mitmachen. Denken Sie auch familienfreundlich und richten Sie eine Ecke mit Spielzeug oder Möglichkeiten zum Malen für Kinder ein – Mitarbeiter können die kleinen Gäste beispielsweise auch schminken. Damit es nicht zu Missverständnissen kommt, markieren Sie deutlich, welche Räume zu besichtigen sind und welche nicht. Schließen Sie dann die entsprechenden Türen und Schränke ab.

Legen Sie genau fest, wer wofür am Veranstaltungstag zuständig ist:

- Gäste begrüßen, ggf. Garderobe abnehmen
- Gäste betreuen und herumführen
- Info-Material sortieren, auffüllen
- Getränke-Service: leere Flaschen wegräumen, neue hinstellen, nachschenken, Kaffee kochen

- Kuchenbuffet: Geschirr wegräumen und für Nachschub sorgen
- Kinderbetreuung: Basteln oder Schminken
- Manöverkritik am nächsten Tag: Was war gut, was ist schiefgelaufen? Welche Anregungen, welches Feedback gab es von Gästen? Halten Sie das Besprochene in Checklisten fest oder ergänzen Sie bestehende für den nächsten Tag der offenen Tür.

Und hier die Verknüpfung zum Internet: Ihren Tag der offenen Tür können Sie wunderbar auf allen Online-Marketing-Instrumenten, wie Ihrer Website und den Social-Media Plattformen, bewerben und dokumentieren.

2.4 E-Mail-Kommunikation

Das amerikanische Marktforschungsunternehmen Radicati Group geht 2015 von 2,6 Milliarden E-Mail-Nutzern, 1,7 Milliarden aktiven E-Mail-Accounts und 205 Milliarden verschickten E-Mails pro Tag aus – bis Ende 2019 sollen es schon 246 Milliarden Mails sein. Wenn auch nicht in diesem Ausmaß, so spielt auch für Sie die E-Mail-Kommunikation eine zentrale Rolle für die Kommunikation zwischen Ihnen und Ihren Mitgliedern, Ärzten, Partnern und intern mit Ihren Mitarbeitern.

Die Vorteile liegen auf der Hand: E-Mails erreichen schnell den Empfänger, sind kostengünstig und zeitlich unabhängig von der Bearbeitung. Jedoch sind auch Nachteile zu benennen: Die vielen E-Mails heutzutage im Posteingang, mit zum Teil irrelevanten Mails sowie lästigem und potentiell gefährlichem Spam, müssen tagtäglich aufs Neue gesichtet, aussortiert und beantwortet werden. Je nach anfallender Menge kann das viel Zeit kosten. Damit zumindest die von Ihnen verfassten Mails für die Empfänger direkt als relevant eingestuft werden, halten Sie sich beim Verfassen an folgende Regeln.

Betreffzeile Schreiben Sie mit wenigen Stichwörtern oder einem Schlüsselwort, worum es in der E-Mail geht. Zudem sollte die Relevanz für den Empfänger sofort deutlich werden: Ist diese Mail wichtig oder kann die Bearbeitung warten? Schreiben Sie darüber hinaus mit hinein, ob mit dieser Mail

eine Arbeitsanweisung verbunden ist oder der Inhalt lediglich zur Kenntnis (zK) genommen werden soll. Wenn diese Mail zeitnah bearbeitet werden muss, gehört der Hinweis „dringend" oder „wichtig" bereits in die Betreffzeile mit hinein. Bei den meisten E-Mail-Diensten ist zudem die Einstufung mit hoher Priorität möglich – der Mailversand erfolgt dann mit einem roten Ausrufezeichen.

Textinhalt Schreiben Sie Mails so kurz wie möglich. Die wichtigsten Informationen sollten für den Empfänger auf den ersten Blick erfassbar sein: Worum geht's? Besteht Handlungsbedarf? Wie dringend ist die Mail? Beim internen Mailverkehr dürfen es auch Stichwörter sein, solange es verständlich bleibt. Mit Mitgliedern und Partnern achten Sie auf einen höflichen Stil wie bei einem klassischen Geschäftsbrief – zu knappe Formulierungen können bereits als unhöflich oder gar als Desinteresse empfunden werden. Schreiben Sie dennoch keine langen Schachtelsätze und vermeiden Sie unnötige Füllwörter, Schnörkel, Doppeldeutigkeiten oder missverständliche Ironie. Ans Ende einer jeden E-Mail gehört Ihre Signatur mit vollständigen Kontaktdaten des jeweiligen Ansprechpartners. Falls Sie Anhänge mitsenden, weisen Sie im Text darauf hin und geben Sie Handlungsanweisungen dafür an.

Gestaltung Für eine bessere Übersicht fügen Sie Leerzeilen zwischen den Abschnitten ein. Es gilt: ein Gedanke, ein Absatz. Mit der HTML-Variante gibt es auch Gestaltungsmöglichkeiten, die für mehr Aufmerksamkeit sorgen, wie beispielsweise auffällige Schriftarten, Farbe, Formatierungen oder Graphiken – vergeuden Sie damit aber nicht zu viel Zeit. Die Verwendung ist nur sinnvoll, wenn man weiß, dass die Empfänger diese auch lesen können – oftmals blockieren Spamfilter HTML-Mails. Sonst werden Formatierungen gar nicht oder gestört angezeigt. Das sieht unschön aus und kann verwirren. Im Nur-Text-Format sind keine Gestaltungen, jedoch Links möglich, die Zustellung ist aber gesichert.

Ein Thema, eine E-Mail Es empfiehlt sich, pro Thema eine E-Mail zu verfassen. Denn manche nutzen Mails als Aufgabenliste und arbeiten sie nach und nach ab. Zudem können Inhalte durcheinandergeraten, wenn Sie beispielsweise an eine Mitarbeiterin verschiedene Arbeitsaufträge schicken. Hier bedarf es ansonsten einer klaren optischen Trennung sowie einer genauen Absprache oder eben Erfahrungswerte, die dafür oder dagegen sprechen.

Eine E-Mail, ein Empfänger?   Sobald eine E-Mail an mehrere Empfänger versendet wird, besteht die Gefahr, dass sich keiner mehr verantwortlich fühlt – anders als bei einem einzigen Mailempfänger mit direkter Ansprache. Ausnahme: ein Sachverhalt, verschiedene Zuständigkeiten. Befinden Sie sich beispielsweise in der Planung für die Jahreshauptversammlung und Sie haben verschiedenen Aufgaben an drei Ihrer Mitarbeiter zu delegieren, kann es wegen möglichen Überschneidungen oder Vertretungsgründen sinnvoll sein, die eine Mail gleichzeitig an alle drei zu schicken. Die jeweilige Zuständigkeit können Sie mit @Name markieren.

Cc-Mail (Carbon-Copy) – Kopie   Steht ein Empfängername im Cc-Feld wird symbolisiert, dass diese E-Mail sich nicht direkt an diesen Benutzer wendet, sondern lediglich zur Beachtung bzw. zur Kenntnisnahme an ihn versendet wurde. Daher sind Cc-Mails nur dann richtig eingesetzt, wenn Sie jemanden über eine Vereinbarung oder einen Sachverhalt in Kenntnis setzen möchten, für den Empfänger aber kein weiterer Handlungsbedarf besteht. Zudem muss derjenige auch tatsächlich in dem Vorgang involviert sein, sonst ist selbst das Lesen unnötiger Arbeitsaufwand. Einigen Mitarbeitern fällt diese Entscheidung schwer, weil Sie Kollegen mit einem Informationsausschluss nicht ausgrenzen möchten. Cc-Mails werden aus verschiedenen Gründen verschickt:

- Political Correctness (lieber zu viele statt zu wenige),
- Übertragung der Verantwortung auf andere,
- Fehlervermeidung, indem andere Kollegen reagieren könnten (Absicherung),
- erhöhtes Mitteilungsbedürfnis gegenüber Kollegen oder dem Vorgesetzten,
- Druckausübung, sofern die Cc-Mails an den Vorgesetzen mitgeschickt werden,
- Gedankenlosigkeit bezüglich des Empfängerkreises.

Die Einträge im Cc-Feld werden im Gegensatz zum Bcc-Feld bei allen Empfängern angezeigt. Vereinbaren Sie intern, wie bei Ihnen mit Mailkopien umgegangen werden soll.

Bcc-Mail (Blind-Carbon-Copy) – Blindkopie   Mails zusätzlich an Bcc-Empfänger zu verschicken ist ein heikler Punkt. Überlegen Sie vor dem Absenden ganz bewusst, ob nicht doch eine offizielle Cc-Kopie denkbar wäre, wenn überhaupt. Denn wie es ein blöder Zufall will, versendet die inoffizielle Person die E-Mail weiter oder verplappert sich mit entsprechenden Inhalten daraus und verrät sich damit. Für den offiziellen Empfänger ein „slap in the face" und für den Absender ein Vertrauensbruch. Denn wenn der Gedanke an Bcc-Mails kommt, handelt es sich ja meist um schwierige oder persönliche Angelegenheiten. Setzen Sie das Klima damit nicht unüberlegt aufs Spiel.

> **Tipp**
>
> Eine Ausnahme bildet ein großer Empfängerkreis mit externen Mail-Adressen: Bcc kann man benutzen, um die E-Mail-Adressen der verschiedenen Empfänger zu verstecken bzw. zu schützen, etwa bei einer Rund-Mail für einen Veranstaltungshinweis.

Wer hat alles Zugang zum E-Mail-Account?   Versenden Sie vertrauliche Informationen, stellen Sie vorher sicher, wer alles Zugang zu dem jeweiligen Account hat. Also am besten sollte die Mail an eine personalisierte Adresse gehen, den Empfänger also direkt und ausschließlich erreichen und nicht an eine info-E-Mail-Adresse geschickt werden, zu denen auch andere Zugang haben

E-Mails weiterleiten   Hier gilt besondere Vorsicht. E-Mails sollten generell nicht über mehrere Personen und Stellen weitergeleitet werden. Das kann für den ursprünglichen Autor, aber auch für das Unternehmen peinlich und gar schädlich werden, vor allem, wenn intern ein lockerer Umgangston herrscht oder Details über Projekte und Personen nicht für Außenstehende gedacht waren. Leiten Sie Mails also nur nach sorgsamer Prüfung des Inhalts weiter.

Reaktionszeit Antworten Sie idealerweise innerhalb von 24 Stunden auf eine geschäftliche E-Mail – eilige Presseanfragen sollten Sie möglichst umgehend beantworten. Falls Ihnen das nicht möglich ist, bestätigen Sie zumindest kurz den Erhalt und geben Sie einen Zeitrahmen an, wann Sie voraussichtlich antworten werden. Diese erste Empfangsbestätigung kann auch automatisch erfolgen.

Lesebestätigung en und Prioritäten Seien Sie sparsam mit dem Versenden von Lesebestätigungen. Bei den meisten stößt das eher negativ auf. Ebenso sollten Sie in der Regel keine Prioritäten für die Mails festlegen, die je nach Kategorie – niedrig, normal oder hoch – mit einem Symbol markiert werden. Bei ganz dringenden Fällen können Sie eine hohe Priorität festsetzen. Allerdings sollten Sie dann überlegen, ob Sie vielleicht doch lieber zum Telefonhörer greifen sollten.

Schutz vor Spam Spammer gelangen über verschiedene Methoden an E-Mail-Adressen: Über die öffentliche Angabe der Adresse auf Ihrer Website oder in Adress-Verzeichnissen, die häufig mittels Software automatisch durchsucht werden. Oder wenn Sie Ihre Daten bei Online-Dienstleistern angeben und diese Ihren Kontakt an Dritte weiterverkaufen. Ein weiterer Weg ist das simple Erraten Ihrer Adresse, etwa angeglichen an Ihre Domain oder wenn man die Systematik des Aufbaus kennt: Nachname@Firma.de. Und schließlich durch Adresshandel, sobald Spammer Ihre Adresse ergattert haben.

> **Tipp**
>
> — Schützen Sie Ihre Mail auf Ihrer Website durch entsprechende Schreibweisen (at statt dem @-Zeichen) oder durch nicht-kopierbare Graphikformatierungen.
> — Machen Sie in Netzwerkprofilen Ihre Adresse nicht standardmäßige sichtbar, also nur für bestätigte Kontakte.
> — Zu Newsletter-Bestellungen oder für die Kommunikation in Foren richten Sie sich separate Mail-Adressen ein und verwenden Sie nicht Ihre Haupt-E-Mail-Adresse.

2.5 Direktmarketing

Eine Form der Ansprache zu Werbezwecken, etwa Hinweise auf Veranstaltungstermine oder Seminare, ist das Direktmarketing. Dies geschieht über einen Brief, auch Mailing genannt. Häufig liegen dem Anschreiben Fachinformationen, in Form eines Flyers oder Newsletters bei (▶ Abschn. 2.5) Per E-Mail, Fax, Telefon oder gar per SMS über das Mobiltelefon (Mobile Marketing) ist das nur mit vorheriger ausdrücklicher Zustimmung der Empfänger gestattet. Der Gesetzgeber hat das Gesetz gegen den unlauteren Wettbewerb (UWG) im Jahr 2009 verschärft. Die normale Kommunikation mit den Mitgliedern ist von den Regelungen des UWG nicht betroffen. Der Faxversand eignet sich etwa für eine Terminankündigung, jedoch nicht für vertrauliche Mitglieder-Informationen, etwa Zugangsdaten zum Mitgliederbereich, da nicht gesichert ist, dass nur die betreffende Person darauf Zugriff hat.

> **Tipp**
>
> Fragen Sie bei der Aufnahme der neuen Mitglieder in Ihrem Anmeldeformular, ob Sie sie über besondere Aktionen, Termine, etc. über etwaige Kommunikationswege informieren dürfen. Falls es einen Streitfall geben sollte, haben Sie dadurch die schriftliche Einverständniserklärung vorliegen.

Für Brief-Mailings brauchen Sie den Namen für die persönliche Ansprache und eine aktuelle Anschrift Ihrer Mitglieder/Interessierten sowie idealerweise weitere Informationen, wie das Alter oder das Geschlecht. Je detaillierter die Daten sind, desto effektiver wird die Werbemaßnahme. Denn das beste Anschreiben kann keinen Erfolg haben, wenn die Adressen veraltet sind und es die Zielgruppe nicht erreicht. Zudem sollte die beworbene Leistung der Zielgruppe entsprechen: Eine Einladung zu einem Infotag mit Tipps zur Neuniederlassung macht für „alte Hasen" keinen Sinn.

▪ Anlässe zur Kontaktaufnahme finden
Um Mitglieder nicht zu häufig zu beschicken und um zusätzlich Portogeld zu sparen, schauen Sie, welche Briefe oder auch Rechnungen Sie ohnehin an sie

senden. Zu diesen Anlässen bietet sich eine zusätzliche Information an.

> **Tipp**
>
> Mit einem Standardbrief der Post können Sie drei Bögen Papier verschicken. Das gilt nur für normales Papier – je dicker die Seiten, desto schwerer. Wiegen Sie lieber vorher ab, als dass die Post höheres Porto nachfordert.

Der Zeitpunkt der Mailings sollte sich jedoch nicht nur ausschließlich nach Ihren Rechnungsterminen richten. Greifen Sie auch aktuelle Anlässe in Ihren Werbebriefen auf. Beispielsweise finden jährlich fachspezifische Gesundheitstage bundesweit statt, die Sie als Aufhänger nutzen können. Neben freundlichen Weihnachts- oder Neujahrsgrüßen sowie zu Praxisjubiläen bietet sich zudem einmal im Jahr eine besondere Gelegenheit: der Geburtstag. Schicken Sie einen Brief oder eine hübsche Karte und gratulieren Sie. Damit präsentieren Sie sich aufmerksam und freundlich.

- **Werbebriefe ansprechend formulieren**

Im Gegensatz zu x-beliebigen Werbebrief-Versendern haben Sie bei Ihren Schreiben eine höhere Aufmerksamkeit, denn immerhin sind Ihre Mitglieder von sich aus Ihrem Verband bzw. Ihrer Fachgesellschaft beigetreten. Behalten Sie dennoch beim Formulieren die Empfehlungen eines Werbebriefs im Hinterkopf.

Überlegen Sie zuerst: Was interessiert meine Zielgruppe? Was sind ihre Bedürfnisse? Was wollen sie aktuell lesen? Dazu braucht der Werbebrief einen aktuellen Aufhänger. Die Betreff-Zeile übernimmt dabei die Funktion einer Überschrift. Beim ersten Überfliegen des Textes nehmen die Leser vor allem diese Zeile wahr. Hier muss der Grund für Ihren Brief auftauchen – kurz und knackig formuliert. Gliedern Sie den Text außerdem in Absätze mit Zwischentiteln. Auch sie werden beim ersten Überfliegen wahrgenommen. Das gilt ebenfalls für fettgedruckte Schlüsselwörter. Sie fallen den Lesern in die Augen, allerdings nur, solange nicht der halbe Brief fettgedruckt ist. Heben Sie nicht mehr als ein oder zwei Wörter pro Absatz hervor, sonst geht der gewünschte Effekt verloren.

Nach dem Querlesen der Überschrift, der Zwischentitel und der Schlüsselwörter bleiben die Augen der Leser zum Schluss des Textes stehen: beim „PS". Untersuchungen haben ergeben, dass dies im Allgemeinen der erste Satz ist, der vollständig gelesen wird, obwohl er am Ende steht. Hier sollte der Nutzen oder eine klare Aufforderung formuliert sein. Ein herkömmliches PS mit Nebensächlichkeiten ist für diesen Platz verschenkt.

Nun zur Umsetzung. Das Wichtigste: Sprechen Sie die Empfänger mit ihrem Namen an. So können Sie verhindern, dass die Leser den Brief gleich wieder aus der Hand legen. Deshalb muss der Einstieg spannend sein und schnell zur Sache kommen. Lassen Sie alle einleitenden Formulierungen weg, benennen Sie direkt nach der Anrede das Thema und wecken Sie das Bedürfnis Ihrer Zielgruppe, etwa sich einen Vortrag anhören zu wollen. Behalten Sie beim Formulieren die AIDA-Formel von Elmo Lewis im Hinterkopf:

> **Die AIDA-Formel**
> - **Attention:** Die Aufmerksamkeit des Kunden anregen.
> - **Interest:** Das Interesse für das Produkt wecken.
> - **Desire:** Der Wunsch, das Produkt zu besitzen, ist vorhanden.
> - **Action:** Der Kunde kauft wahrscheinlich das Produkt.

Auch wenn Ärzte lange Schachtelsätze sowie Fremd- und Fachwörter gewöhnt sind, machen Sie Ihnen das Lesen leicht und angenehm. Für die Sprachwahl gibt es eine bereits bewährte Formel: **KISS – keep it short and simple**, also kurz und für jeden verständlich. Je einfacher der Text ist, desto angenehmer lässt er sich lesen. Nur simple Formulierungen dringen sofort durch. Daher streichen Sie lange Schachtelsätze sowie Fremdwörter und zu viel Fachsprache. Achten Sie darauf, „Wir"-Formulierungen aus Ihren Werbebriefen zu reduzieren. Es geht nicht um Sie („Wir machen", „Wir haben" oder „Wir bieten"), sondern um Ihre Mitglieder. Also machen Sie sie neugierig und benennen entsprechend deren Vorteile. Sobald Ihr Entwurf steht, lassen Sie mindestens eine nicht-involvierte Person das Schreiben auf Verständlichkeit und Werbewirksamkeit prüfen.

2.6 Digitale News und Print-Newsletter

Wohl fast jeder bekommt heutzutage regelmäßig einen Newsletter in sein E-Mail-Postfach, beispielsweise von einem Verlag oder ein Kundenmagazin von seiner Krankenkasse oder Bank in seinen Briefkasten nach Hause geschickt. Nach Angaben von Unternehmen dienen die Newsletter und Magazine zu 90 Prozent der Imagepflege, zu 88 Prozent der Kundenbindung und zu 65 Prozent der Verkaufsförderung. Auch Sie können sich diese Kundenbindungsinstrumente zu Nutze machen. Interessant ist hier zu einem die Ausrichtung „Business to Consumer" (B2C). Das heißt, Unternehmen richten sich an ihre Endverbraucher sowie mit Kooperationspartnern „Business to Business " (B2B).

2.6.1 E-Mail-Newsletter

Die einfachste und am wenigsten aufwändige Kommunikationsvariante ist ein E-Mail-Newsletter im HTML- oder Nur-Text-Format. Das Unternehmen Absolit hat sich Art und Größe von insgesamt 40.421 deutschsprachigen E-Mail-Serienbriefen angesehen: Die meisten Newsletter (64 Prozent) werden im HTML-Format mit Bildern verschickt, 5 Prozent versenden einfach formatierte HTML-Mails ohne Bilder, 27 Prozent nutzen das einfache Textformat, und 4 Prozent der Unternehmen entscheiden sich für das PDF-Format im Anhang. Das Volumen beträgt zwischen 100 Kilobyte (KB) bis hin zu 1,3 Megabyte (MB). In der Regel sollten Newsletter 1 bis 2 MB nicht überschreiten, damit sie das Postfach der Empfänger nicht blockieren.

▪ Aufbau und Inhalt

Sofern Ihre gesendete E-Mail nicht vom Spam-Filter des Empfängers blockiert wurde und dank aktueller E-Mail-Adresse in den Posteingängen der Empfänger gelandet ist, gilt es nun, die Aufmerksamkeit der Leser zu erhalten: durch eine eindeutige Absenderadresse und durch eine spannende Betreffzeile. Im Adressfeld ist Ihre Absenderadresse zu sehen. Diese sollte als Spezifizierung Ihren Namen enthalten, keine technische Information – wie eine Nummer – und kein leeres Feld (Spam-Verdacht). Mit einer Betreffzeile wie „Newsletter vom 13. September" verschenken Sie nicht nur wertvollen Platz, sondern vor allem Ihre Chance, Interesse zu wecken, die Mail zu öffnen, geschweige denn zu lesen. Übrigens wird das Datum ohnehin standardmäßig in der Mailbox angezeigt. Entscheiden Sie sich für das stärkste Thema aus dem Newsletter. Formulieren Sie einen kurzen Satz, bei dem die wichtigsten Wörter am Satzanfang stehen. Denn das Ende von zu langen Betreffzeilen wird in der Mailbox nicht mehr angezeigt.

Laut der Newsletter-Studie von Jakob Nielsen liegt die durchschnittliche Verweildauer nach dem Öffnen eines Newsletters bei 51 Sekunden. Sie müssen also zuerst für schnelle Orientierung sorgen. Beginnen Sie mit der persönlichen Anrede und einem Inhaltsverzeichnis, denn 67 Prozent lesen die Einleitungstexte nicht – kommen Sie also gleich zur Sache. Begrenzen Sie die Anzahl Ihrer Themen auf drei bis maximal sechs. Auch wenn Ihnen viele Themen zur Verfügung stehen, entscheiden Sie sich lieber für drei starke statt für sechs schwache Themen. Nur 19 Prozent lesen den Newsletter komplett. Formulieren Sie daher knackige Überschriften, als Eyecatcher beispielsweise in Großbuchstaben, sowie Kurztexte mit Kernaussagen. Für weiterführende Informationen setzen Sie Links. Einzelne Themen können Sie durch Linien, Leerzeilen oder eine Reihe von Sonderzeichen optisch deutlich trennen.

Vor jedem neuen Versand darf die Kontrolle nicht fehlen: Stimmt die Absenderadresse? Erzeugt die Betreffzeile genug Relevanz, um den Newsletter anzuklicken? Ist die Themenauswahl und -anordnung gelungen? Sind die Überschriften ansprechend formuliert? Gibt es Fehler in der Darstellung oder gar Rechtschreibfehler? Funktionieren alle Links? Wenn alles in Ordnung ist, klicken Sie auf „Senden".

▪ An- und Abmeldung

Geben Sie Ihren Empfängern die Möglichkeit, sich niederschwellig an- und abzumelden – auch wenn Sie natürlich jeden Leser behalten möchten. Für beides kann eine Seite auf der Website dienen. Bei der Neuanmeldung tragen sich Interessierte mit ihrer E-Mail-Adresse ein und klicken auf „Senden".

Zu ihrer eigenen Sicherheit müssen sie den künftigen Empfang Ihres Newsletters nochmals über einen Link bestätigen. Bieten Sie hier und im Newsletter direkt zudem eine Weiterempfehlung an. Abmelden können sich User ebenfalls auf diese Weise oder indem Sie nach Erhalt der Newsletter-Mail an eine Unsubscribe-Adresse die Stornierung richten.

- **Erfolgsmessung des Versands**

Wie bereits erläutert, bieten HTML-Varianten Gestaltungsmöglichkeiten mit Hintergrundfarben, Formatierungen, Graphiken und Bildern. Die Erstellung ist somit viel aufwändiger, jedoch haben Sie mit dieser Form die Möglichkeit, zu erfassen, wie viele Empfänger Ihren Newsletter tatsächlich geöffnet haben (Öffnungsrate) und wie viele dieser Empfänger welche Links Ihres Newsletters angeklickt haben (Klickrate).

Laut einer Studie der Newsmarketing GmbH liegt die durchschnittliche Öffnungsrate von Newslettern bei 33,8 Prozent, die Klickrate bei 7,5 Prozent. Um die Öffnungsrate zu messen, binden Sie in Ihren Newsletter eine offene oder versteckte Graphik ein, etwa Ihr Logo. Diese wird beim Öffnen des Newsletters vom versendenden Server nachgeladen. Die Anzahl der Zugriffe auf diese Datei zeigt dann die Anzahl der registrierten Öffnungen. Auch bei der Klickrate zählt der Server, wie oft der Link angefordert wurde. Durch die Messungen erhalten Sie interessante Einblicke in das Verhalten Ihrer Empfänger, beispielsweise welche Rubrik besonders häufig geklickt wurde oder an welchem Versandtag Sie eine besonders hohe Öffnungsrate hatten. So können Sie entsprechende Optimierungen vornehmen.

2.6.2 Print-Newsletter

Gedruckte Newsletter oder gar Zeitschriften mit ausführlichen Artikeln stellen eine Lektüre für zu Hause dar. Sie werden in der Regel per Post zu den Mitgliedern nach Hause geschickt oder auf Kongressen ausgelegt und dort persönlich überreicht.

Die Themenbandbreite reicht von Neuigkeiten aus der Gesundheitspolitik, der Medizintechnik, der Forschung und Wissenschaft über Symptome, Ursachen und Behandlungsmöglichkeiten verschiedener Erkrankungen bis hin zu spezifischen Informationen aus Ihrer Organisation, wie Neuigkeiten, Personenvorstellungen, Services, Terminankündigungen, Seminaren etc. Achtung: Wenn Ihr Newsletter quartalsweise erscheint, muss diese Meldung mindestens drei Monate lang interessant und darf kein alter Hut sein. Ziel ist es, sich als kompetenter und vertrauensvoller Gesundheitspartner zu präsentieren und Mitglieder zu informieren und zu binden.

> **Grundsätze bei der eigenen Produktion eines Newsletters**
>
> Grundsätze des Schreibens
> - Themenauswahl nach Relevanz.
> - Schreiben Sie kurze und verständliche Sätze.
> - Benutzen Sie viele Verben – sie beleben den Text.
> - Vermeiden Sie Hilfsverben (können, sollen etc.) und Passiv-Sätze.
> - Suchen Sie nach knackigen Überschriften – diese werden von etwa doppelt so vielen Menschen gelesen wie der Text.
> - Verwenden Sie Zwischentitel, um den Leseanreiz zu erhöhen.
>
> Grundsätze des Gestaltens
> - Übersicht und Orientierung mit einer klaren Struktur, einem Inhaltsverzeichnis und Mut zur weißen Fläche – weniger ist oftmals mehr.
> - Themen hierarchisch anordnen – das Wichtigste steht oben bzw. auf der ersten Seite.
> - Wiederkehrende Themenrubriken einführen wie „Praxis-Tipp des Monats" oder „Aus der Rechtsprechung".
> - Bilder und Graphiken lockern Texte auf.
> - Zu jedem Graphikelement gehört eine Bildunterschrift.
> - Schreiben Sie kurze Texte.

Im Gegensatz zum E-Mail-Newsletter sind jedoch die graphischen und redaktionellen Arbeiten zeitaufwändig und die Gesamtleistungen, der Farbdruck und der Postversand als Kostenpunkt nicht zu unterschätzen. Von Vorteil ist es natürlich, wenn einer Ihrer Mitarbeiter Kenntnisse und ein Händchen für die graphische Gestaltung des Layouts hat – dafür brauchten Sie dann aber auch entsprechende Graphikprogramme, wie InDesign oder QuarkExpress, sowie redaktionelle Erfahrungen. Aufgrund des Umfangs und Aufwands übernimmt die Layoutarbeiten jedoch in der Regel eine Agentur oder ein freier Graphiker. Redaktionell können Sie freie Journalisten unterstützen. Kosten fallen zudem noch für den Druck an. Dabei ist ein Farbdruck deutlich teurer als ein Schwarz-Weiß-Druck, aber er wirkt auch professioneller und anschaulicher.

Abgabepflicht an die Künstlersozialkasse
Für die Erstellung von Broschüren, Newslettern, Kundenmagazinen oder Onlinetexten greifen PR-Abteilungen zur Unterstützung auch auf selbstständige Designer und Texter zurück. Dabei ist es wichtig, zu wissen, dass für Honorare an selbstständige Künstler und Publizisten 4,8 Prozent (in 2017; jährliche Änderung) Sozialabgaben an die Künstlersozialkasse (KSK) fällig werden, wenn diese Aufträge „regelmäßig" vergeben werden. Die Beiträge der KSK erhalten selbstständige Künstler als Sozialversicherungszulagen, so wie sie bei Angestellten die Arbeitgeber tragen. Als Künstler gelten Graphiker, Texter, Publizisten und Musiker, die eine dieser Tätigkeiten erwerbsmäßig ausüben oder lehren.
Um richtig kalkulieren zu können, berücksichtigen Sie den jeweils aktuellen Prozentsatz bei den Angeboten selbstständiger Künstler. Auf die Mehrwertsteuer werden keine Beiträge fällig, lediglich auf die Honorare. Regelmäßigkeit liegt bereits vor, wenn einmal jährlich eine Leistung in Anspruch genommen wird. Das muss jedoch mehrere Jahre in Folge geschehen. Das einmalige Erstellen einer Website fällt nicht darunter, die regelmäßige Webpflege hingegen schon.
Die höchstmögliche Strafe für Verstöße gegen die Abgabepflicht liegt bei 50.000 Euro.
Sie wird jedoch nicht ohne Weiteres erteilt.
Im Normalfall wird zu einer Nachzahlung aufgefordert. Nur wenn keine Einigung erzielt wird, kommt es zu Bußgeldern – meist in deutlich geringerem Umfang.

Newsletter können einen beliebigen Umfang haben, beispielsweise zwischen 4 bis zu etwa 40 Seiten und erscheinen meist vierteljährlich. Das ist laut der dapamedien Verlags KG mit 49 Prozent die häufigste Erscheinungsweise von branchenübergreifenden Kundenmagazinen. 31 Prozent veröffentlichen monatlich, 14 Prozent zweimonatlich und 6 Prozent wöchentlich oder alle 14 Tage. Verschicken Sie den Newsletter an Ihre Mitglieder, Kooperationspartner, Interessenten, die Presse und legen Sie diese in Ihren Konferenzräumen aus sowie auf Workshops, Kongressen, Messen, Seminaren etc.

Um dieses klassische Print-Marketinginstrument mit dem Internet zu verknüpfen, versenden Sie diese zudem (sofern Ihnen dafür die Erlaubnis vorliegt) an Ihre Mitglieder per E-Mail als PDF oder mit einem Link, der zur entsprechenden Rubrik auf Ihrer Website führt. Alternativ zur gedruckten Newslettern können Sie natürlich auch nur eine Webversion erstellen, also ein ePaper. Oder Sie nutzen die redaktionellen Kapazitäten für die Erstellung eines Blogs. Ausführliche Informationen und Tipps zur Umsetzung dazu finden Sie im ▶ Kap. 5. Ebenfalls können Sie natürlich über Ihre eigene App Informationen verbreiten (▶ Abschn. 2.6).

2.7 Die eigene App

Die mobile Internetnutzung liegt im Trend: Die Verbreitung von Touchscreen-Smartphones ist immens. Weit mehr als die Hälfte der mobilen Surfer nutzt Software-Anwendungen, sogenannte Apps. Das Wort „App" kommt von „Applikationen" – nicht etwa vom Namen des Herstellers und derzeitigen Marktführers „Apple", wie man vermuten könnte.

Im Apple App Store waren nach Angaben des Statisktik-Portals statista im Juni 2016 mehr als 2 Millionen Apps verfügbar. Die meisten Apps mit rund 2,36 Millionen bot der Google Play Store. Der Amazon Appstore kam zum Zeitpunkt der Erhebung auf 600.000 Apps – und bei allen Anbietern steigt das Angebot fortlaufend weiter. Die Apps sind in verschiedene Kategorien sortiert: Laut statista zählten im Oktober 2016 Spiele, Business, Bildung, Lifestyle und Unterhaltung zu den Top 5. Apps zu Gesundheit und Fitness erreichen den 9. Platz. Im Schnitt haben Smartphone-Besitzer rund 21 Apps auf ihrem

Mobiltelefon. Rund 17 Prozent der Befragten gaben an, mehr als 31 Apps installiert zu haben.

▪ Gesundheits-Apps für Patienten

Die Gesundheits-Apps für Smartphones sprechen hauptsächlich medizinische Laien an. So ist beispielsweise die App „Erste Hilfe (auffrischen)" eine Anleitung, um im Ernstfall Erste Hilfe leisten zu können. Hier wird nicht vorausgesetzt, dass die Nutzer eine korrekte Diagnose, zum Beispiel „Schlaganfall", stellen. Sie können anhand von sechs Leitsymptomen auswählen, mit welcher Situation sie es zu tun haben. Mit Hilfe von Bildern und Graphiken werden die Nutzer dann Schritt für Schritt zu den richtigen Maßnahmen geführt: stabile Seitenlage, Herz-Lungen-Wiederbelebung, Atemkontrolle, lebensrettender Handgriff oder Maßnahmen bei Verletzungen.

Zudem gibt es viele Smartphone-Apps, die das Handy zum Gesundheitstagebuch avancieren lassen: Die Nutzer können ihre Vitalfunktionen, ihren Pulsschlag, den Blutdruck oder auch ihren Schwangerschaftsverlauf dokumentieren und die Entwicklungen überwachen. Das gleiche eignet sich auch für viele Erkrankungen, die User mittels Tagebuch z. B. zu Blutzuckerwerten, Medikamentenanwendung, Notizen zum Wohlbefinden selbst im Blick behalten. Dazu gibt es mittlerweile auch Apps mit zusätzlicher Hardware, wie Blutdruckmanschette, Fieberthermometer, Pulsarmband oder Schrittzähler. All diese dokumentierten Informationen können User in das Arzt-Patienten-Gespräch einbeziehen und dem Arzt die Werte zeigen. Zudem können diese Daten via Bluetooth oder WLAN übertragen werden.

Ebenfalls können Gesundheits-Apps als Therapiebegleiter zum Einsatz kommen, etwa in Form eines Gesundheitstagebuchs (siehe auch Wearables ▶ Abschn. 2.6.1). Die Patienten dokumentieren damit ihre Vitalfunktionen, wie ihren Pulsschlag und den Blutdruck, und überwachen die Entwicklungen. Verbreitet sind auch Applikationen, bei denen Nutzer den eigenen Kalorienbedarf und -verbrauch in einer Übersicht oder als Tagesplanung festhalten. Die Funktion errechnet den individuellen Kalorien-Tagesbedarf des Anwenders und zeigt ihm Statistiken, an denen er sehen kann, wie sich seine Essgewohnheiten und das Gewicht verändert haben. Besonders für Diabetiker, Übergewichtige und Herz-Kreislauf-Erkrankte ist das eine gute Kontrollmethode. Die Werte können

die Patienten dann in das Beratungsgespräch mit dem Arzt einbeziehen und ihnen den Verlauf zeigen.

Darüber hinaus gibt es Apps, die speziell auf den Standort der User zugeschnitten sind. Der „Allergiehelfer" informiert die Nutzer über die aktuelle Luftbelastung durch Pollen, UV-Strahlen und Feinstaub. Dabei gibt es sowohl die Möglichkeit, die aktuelle Belastungslage abzurufen, als auch eine Zwei-Tages-Voraussage. Nutzer können ihre Städte individuell festlegen oder die Angaben für ihren durch GPS ermittelten Standort abrufen. Besonders für Menschen mit Heuschnupfen oder allergischem Asthma können die Informationen hilfreich sein.

> **Tipp**
>
> Bei mehreren der aufgeführten Beispiele wäre Ihre medizinisch-wissenscahftliche Fachgesellschaft ein denkbarer Herausgeber/Entwickler oder Partner der gesundheitsbezogenen Apps, mit der Sie auf sich aufmerksam machen können.

▪ Apps für Ärzte

Die Beispiele zeigen, dass Gesundheits-Apps eine Vielzahl von Nutzern finden – sowohl Patienten als auch Mediziner. Laut der DocCheck-Befragung zum Thema „Mobile Endgeräte und Apps" mit 638 Personen aus medizinischen Fachkreisen nutzen Ärzte vor allem „Arznei aktuell" und „Medikamente (Rote Liste)" sowie facharztspezifische Apps (Kittel-Coach – Fachwissen für Klinik und Praxis, erweiterbar durch Checklisten für verschiedene Fachgebiete, wie Neurologie [gratis], Innere Medizin [49,99 Euro] oder Anamnese und klinische Untersuchung [32,99 Euro]). Darüber hinaus stehen den Professionals weitere Applikationen zur Verfügung, wie medizinische Kalkulationsprogramme/Formelrechner, verschiedene medizinische und diagnostische Apps, Abrechnungstools, Datenbanken und Literatur, wie der Pschyrembel, sowie ein Kongresskalender. Und weitere Apps-Entwicklungen sind bereits in Arbeit.

▪ Apps von Fachgesellschaften

Mehrere Fachgesellschaften bieten Ihren Mitgliedern ebenfalls diesen mobilen Service. So soll zum Beispiel die DGVS Leitlinien App schnell, umfassend und interaktiv über Leitlinien in der Gastroenterologie informieren und die DGVS GIT App soll übersichtlich Behandlungspfade gastrointestinaler Tumore darstellen, wobei die interaktive Menüführung es ermöglichen soll, schnell zu einer Therapieempfehlung zu gelangen. Und die DDG bietet mit ihren Pocket Guidelines alle wichtigen Informationen zu Diagnostik, Therapie und Begleiterkrankungen des Diabetes mellitus in einer App.

Ebenfalls gibt es natürlich Angebote für Laien, wie die DZG-App, die Zöliakiebetroffene Hilfe bei der Auswahl geeigneter Produkte bietet und somit Unterstützung beim Essen außer Haus leistet. Basis dafür sind die Datenbanken der DZG, sodass mit den Aufstellungen glutenfreie Lebensmittel, Nahrungsergänzungsmittel, Kosmetikprodukte und Arzneimittel gefunden werden. Ein weiteres Beispiel ist die schmerzApp der DGSS zu allen relevanten Schnell-Informationen und Kurzartikel zu den vielen unterschiedlichen Aspekten von Schmerz, Schmerzerkrankungen und Schmerztherapien. Grundlage der schmerzApp sind über 50 Beiträge, an deren Erstellung rund 40 SchmerzexpertenInnen beteiligt waren.

2.7.1 Wearables – Miniaturcomputer am Körper

Das Smartphone war nur der Anfang. Mit den sogenannten Wearables – Miniaturcomputer, die am Körper getragen werden – hat bereits die nächste Stufe der technologischen Evolution begonnen, so die BITKOM-Studie „Zukunft der Consumer Electronics – 2016". Bekannt sind vor allem die Smartwatches. Im nächsten Schritt wandert die Technologie auch in die Kleidung, wo Sensoren integriert sind, dass T-Shirts beim Sport die Atem- und Herzfrequenz messen. Für die Produktkategorien Smartwatches, Smart Glasses (intelligente Brillen, in denen in das Sichtfeld des Anwenders z. B. Zusatzinformationen zu beliebigen Themen eingebunden sind), vernetzte Kleidung sowie Fitness-Tracker (z. B. Schrittzähler) geht IHS Technology 2015 bereits von einem weltweiten Umsatz von 7,7 Milliarden Euro aus. Das größte Wachstum ist bei den Smartwatches zu erwarten, mit denen bis 2017 mehr als 11 Milliarden Euro umgesetzt werden sollen. Smart Glasses steht der große Sprung noch bevor. Bis 2017 wird ein Umsatz

von knapp drei Milliarden Euro erwartet. Fitness-Tracker sind bereits auf einem hohen Niveau von rund einer Milliarde Umsatz und wachsen stabil um sechs Prozent. Smarte Textilien stehen noch am Anfang und stellen im Vergleich zu den anderen drei Produktkategorien das kleinste Marktsegment dar. Bis 2017 wird ein weltweiter Umsatz von 155 Millionen Euro erwartet. Es bleibt also spannend, welche neuen Entwicklungen uns in den nächsten Jahren erreichen und wie diese dann im Medizinmarkt angewendet werden.

2.7.2 Tablet-PCs im Klinik- und Pflege-Alltag

An dieser Stelle werfen wir noch einen Blick auf ein weiteres, etwas größeres mobiles Endgerät: Neben Smartphones steckt ebenfalls Potential in Tablets zur Anwendung im Gesundheitsmarkt. Tablet Computern gelang der Durchbruch 2010. Nach Absatz- und Umsatzrekorden in den ersten Jahren gab es 2014 rückläufige Verkaufszahlen, so Ergebnisse der Studie „Zukunft der Consumer Electronics – 2016" von BITKOM. Dann hat sich der Markt stabilisiert. 2016 wurden etwa 7,7 Millionen Geräte in Deutschland verkauft. Das abgeschwächte Wachstum bei Tablet Computern hat mehrere Gründe: Die Hersteller sorgen mit Software-Updates auch bei älteren Geräten dafür, dass sich die Lebenszyklen für Tablets verlängern. Hinzu kommt, dass immer mehr Kunden zu einem größeren Smartphone, einem sogenannten Phablet, statt einem Tablet greifen und sich Familienmitglieder häufig einen Tablet Computer teilen.

In einer Studie der amerikanischen Medizin-Software-Firma Epocrates unter 350 Kliniken haben 60 Prozent der Ärzte angegeben, dass sie in Betracht ziehen, mit dem iPad zu arbeiten. Viele Eigenschaften des iPads können sich im Klinik-Alltag als nützlich erweisen. Beispiel Visite: In Zeiten zunehmender IT-Durchdringung ist das klassische Klemmbrett mit Block und Stift am Krankenbett überholt. Daten über Medikation oder Patientenakten werden teilweise schon elektronisch verwaltet, Stichpunkte und Aufzeichnungen, die bei der Visite manuell gemacht werden, müssten in einem zweiten Arbeitsschritt erst an einer „Computer-Station" eingepflegt werden. Das iPad ist konzipiert, in der Hand benutzt zu werden, insbesondere bei wenig Schreibaufkommen. Nach Angaben von Apple hat es eine Akku-Laufzeit von zehn Stunden. Noch liegt die Herausforderung in der Organisation der Dokumentationsprozesse, weil für die iPad-Benutzung die Papierakte gänzlich verschwinden muss, und entsprechend muss dafür eine geeignete IT-Infrastruktur gegeben sein.

In Deutschland basteln Software-Hersteller ebenso bereits an Applikationen, die den Klinik-Alltag unterstützen sollen. So hat ein Unternehmen beispielsweise eine App entwickelt, mit der Arztbriefe, Befunde, Laborberichte und andere Patienten-Informationen abgerufen werden können. Der Einsatz des iPads bei der Visite ermöglicht es außerdem, Röntgenbilder direkt am Krankenbett anzusehen. Die Möglichkeit, mobil auf die Patientendaten zugreifen zu können, verkürzt die Informationswege, spart Zeit und durch die Digitalisierung zudem Papieraufkommen. Auch sind Daten mit weniger Aufwand ergänzbar.

Die Berliner Charité und die Telekom Heathcare Solutions haben die digitale Visite in einer wissenschaftlichen Pilotstudie untersucht. Drei Stationsteams der Neurologischen Station am Campus Mitte machten den Test: Welche Vor und Nachteile hat der Tablet-PC gegenüber dem guten, alten Visitenwagen voller Akten? Die Neurologie wurde ausgewählt, weil sie als interdisziplinäre Abteilung auf komplexe Diagnoseverfahren und zeitaufwendige Datenbearbeitung angewiesen ist. Das Ergebnis: Der Einsatz eines Tablets führt zu einer messbaren qualitativen und quantitativen Verbesserung der Arbeitsabläufe im klinischen Alltag: Ergebnisse medizinischer Untersuchungen lassen sich schneller prüfen. Durchschnittlich 40 Sekunden spart ein Arzt beim Nachschauen von medizinischen Befunden in der elektronischen Patientenakte gegenüber dem Befragen der Akte aus Papier. Die Folge: Die Visite nahm zwar nicht weniger Zeit in Anspruch, die Ärzte nutzten die gesparte Zeit aber für einen intensiveren Kontakt mit den Patienten und auch für mehr Austausch mit Kollegen. Laut Telekom haben sich mittlerweile 35 Kliniken für die mobile Datenerfassung per iPad mini entschieden und die Nachfrage sei so groß, dass man kaum hinterher komme.

Ebenfalls stehen für den Pflegesektor erste Produkte zur Verfügung: Von der Firma imatics gibt es ein iPad-App zur Pflegeanamnese nach dem Pflegekonzept AEDL (Aktivitäten und existentielle Erfahrungen des Lebens). Mit dieser Applikation kann die Pflegeanamnese entsprechend dem AEDL-Strukturmodell in Form von visuell-interaktiven Formularen durchgeführt werden. Ein Arzt kann zum Beispiel die Dekubitusstellen eines Patienten dokumentieren, indem er in der Applikation auf die entsprechende Stelle der Graphik tippt, die einen menschlichen Körper abbildet. Wenn ein Patient zum Beispiel einen Dekubitus an der rechten Ferse hat, tippt der Arzt auf die rechte Ferse in der Abbildung auf dem Display. Auf diese Weise können Veränderungen im Krankenbild mit wenigen Fingertipps dokumentiert werden.

Die Entwicklungen von iPad-Apps im Gesundheitsmarkt gehen rasch voran. Erste Test-Projekte zeigen, was möglich sein kann. Studien und Praxisentwicklungen zeigen, dass immer mehr Desktop-PCs durch Mobilgeräte ersetzt werden. Derzeit werden allerdings noch Themen wie die Vereinbarkeit mit dem Medizinproduktegesetz, hygienische Aspekte, also die Möglichkeit der Desinfektion der iPads, diskutiert. Laptops wurden jedoch in früheren Studien wegen Tastatur und Lüfter als Keimschleuder entlarvt. Dagegen sind Tablets wesentlich geeigneter für den Einsatz im Krankenhaus. Denn sie sind leicht, unkompliziert zu reinigen – wie etwa Stethoskope – und stellen somit keine Übertragungsquelle für nosokomiale Erreger dar. Auch Datenschutzaspekte sind noch zu klären: Denn gerade bei den sensiblen Daten im Gesundheitswesen spielen Sicherheitsaspekte, wie Datenverschlüsselungen, Rechte- und Passwortverwaltung oder automatische Sperrung, wenn ein mobiles Gerät verlegt wird oder ganz verloren geht, eine immens wichtige Rolle.

2.8   Spezialisten über Online-Suchverzeichnisse finden

Branchenbücher verstauben immer mehr in den privaten Bücherregalen. Bereits im Jahr 2008 stellte das Marktforschungsunternehmen GfK das schleichende Versinken des klassischen Telefonbuchs in die Bedeutungslosigkeit fest. Denn zwei Drittel der Befragten bevorzugen das Internet für die Arztsuche. Daher bieten einige Fachgesellschaften eine eigene Spezialisten-Suche auf Ihrer Website an oder kooperieren mit Online-Verzeichnissen. Wenn Sie keinen Rahmenvertrag für all Ihre Mitglieder haben, weisen Sie Ihre Mitglieder auf die Möglichkeit und Nutzen eines Eintrages in Online-Verzeichnisse hin und geben Sie Ihnen folgende Informationen an die Hand.

- **Information für Ärzte: Ihr Eintrag in Online-Suchverzeichnissen**

Ein Grundeintrag mit Kontaktdaten in Online-Verzeichnissen kostet wenig Aufwand und in der Regel kein Geld. Auch für detailliertere, praxisspezifische Angaben mit Fotos sind die Preise im Vergleich zu Anzeigen in manchen Branchenbüchern oder in lokalen Zeitungen gering.

Grundeintrag – Der Begriff „Grundeintrag" stammt aus dem ärztlichen Berufsrecht und meint Titel, Name, Fachdisziplin und Adresse. Ursprünglich war vorgeschrieben, dass der Grundeintrag – insbesondere in klassischen Telefon-/ Branchenbüchern – jedem Arzt kostenlos offenstehen muss.

Standardeintrag – Im Gegensatz dazu ist der „Standardeintrag" eine Erfindung der Anbieterseite ohne feste Definition. Hierbei wird oftmals erst in den Angeboten oder sogar im Kleingedruckten ein kostenmäßiger Unterschied erklärt.

Lesen Sie daher Angebote ganz genau durch. Wer steckt hinter dem Angebot? Was ist gratis, und welche Leistung kostet wie viel? Wird Ihnen bei einem Verzeichniseintrag über den Grundeintrag hinaus ein deutlicher Mehrwert geboten, wie zum Beispiel die Angabe der Spezialisierung oder die Möglichkeit, Praxis-Bilder hochzuladen, ist eine Gebühr in Ordnung. Ansonsten nehmen Sie lieber Abstand vom Angebot (▶ „Checkliste: Wie seriös ist das Angebot?").

Indem Sie über Ihre Kontaktdaten hinaus Therapieschwerpunkte, Zusatzbezeichnungen und weitere Praxis-Besonderheiten und Services angeben, unterscheiden Sie sich von Ihren Kollegen in der näheren Umgebung. Das kann der ausschlaggebende Grund sein, warum sich ein neuer Patient für Sie entscheidet. In jedem Fall sollten Sie Basis-Informationen, wie Öffnungszeiten und eine Anfahrtsbeschreibung benennen. Schließlich wollen Patienten wissen, ob Ihre Praxis gut mit öffentlichen Verkehrsmitteln zu erreichen ist, ob Parkplätze vorhanden sind oder ob auch Rollstuhlfahrer problemlos zu Ihnen kommen

können. Wenn Sie oder ein Mitarbeiter auch Gebärden- oder eine Fremdsprache beherrschen, geben Sie das unbedingt mit an. Mittlerweile können Mediziner auch Fotos der Praxis-Räume, der Mitarbeiter oder von ihnen selbst sowie komplette Imagefilme in das Suchportal einstellen. Patienten haben so die Möglichkeit, sich schon vor dem ersten Besuch ein Bild zu machen.

Womit können Sie noch trumpfen? Bieten Sie zum Beispiel einen besonderen Patientenservice an, wie etwa Abend- oder Wochenendsprechstunden, Hausbesuche oder Services im Wartezimmer, beispielsweise Getränke, eine Kinderspielecke oder Wartezimmer-TV? Garantieren Sie vielleicht Wartezeiten bis 15 oder 30 Minuten? Gibt es die Möglichkeit, Termine unabhängig von Ihren Sprechzeiten online zu vereinbaren oder erinnern Sie per SMS an Vorsorge- und bestehende Termine? Welche Individuellen Gesundheitsleistungen (IGeL) haben Sie im Angebot? Welches Qualitätsmanagementsystem ist implementiert? Solange es Ihnen sinnvoll erscheint, nutzen Sie die gesamte Angebotspalette von möglichen Angaben, die Sie machen können, voll aus – umso besser werden Sie von neuen Patienten oder gar Patientengruppen gefunden.

Übersicht Arzt-Suchverzeichnisse

- www.abfragen.de
- www.aerzte-im-netz.de
- www.aok-arztnavi.de
- www.arzt-atlas.de
- www.arzt-auskunft.de
- www.arztdatei.de
- www.deutsche-medizinerauskunft.de
- www.d-medico.de
- www.docinsider.de
- www.esando.de
- www.imedo.de
- www.jameda.de
- www.medfuehrer.de
- www.med-kolleg.de
- www.praxisportal.de
- www.qaulimedic.de
- www.sanego.de
- www.vdek-arztlotse.de
- www.weisse-liste.de

Neben privaten Betreibern bieten auch die Kassen-ärztlichen Vereinigungen (KVen) regionale Arztsu-chen im Internet an. Jede KV eines Bundeslandes hat dabei ihre eigene Arztsuche. Der Nachteil: Wer in Zwickau einen Arzt auf der Website der KV Sachsen sucht, bekommt mögliche Treffer aus Gera nicht ange-zeigt. Das ist zwar nahe gelegen, aber eben in Thü-ringen. Um die Ärzte aus Gera einzusehen, müssen Patienten auf der Seite der KV Thüringen suchen.

Die Fülle an Angeboten erschwert Ihnen zunächst einmal die Entscheidung, in welches Such-verzeichnis Sie sich überhaupt eintragen sollen. Nicht jeder Anbieter hält, was er verspricht – entwe-der stimmt die Qualität und Aktualität der Einträge nicht, oftmals auch nicht die Angabe der Anzahl der aufgelisteten Adressen. Ein Gütekriterium für das Verzeichnis ist der Grad der Verbreitung: Finden Sie das Verzeichnis beispielsweise mehrfach im Inter-net, wie etwa eingebunden in führenden Gesund-heitsportalen (▶ Kap. 5), oder nutzen es Kranken-kassen auf ihrer Website oder sogar ebenfalls deren medizinische Call-Center-Agents für die Patienten-navigation, wie es zum Beispiel bei der Arzt-Aus-kunft und Arzt-Auskunft Professional der Stiftung Gesundheit der Fall ist? Die Vorab-Recherche kann gut eine Ihrer MFA übernehmen. Entscheiden Sie sich dann für zwei, drei Verzeichnisse, in die Sie sich mit den gewünschten Kriterien eintragen lassen können und die Ihren Vorstellungen von Güte und Usability entsprechen.

Für Patienten ist es neben den vielfältigen Infor-mationen zu Arzt und Praxis wichtig, dass sie sich schnell und einfach auf der Portalseite zurechtfinden. Dabei sollte die graphische Gestaltung ansprechend und übersichtlich sein, die inhaltliche Substanz klar strukturiert und laiengerecht sowie bundesweit ver-fügbar. Positiv ist es auch, wenn das Portal unabhängig von Interessen einzelner Firmen oder Verbänden ist.

Checkliste: Wie seriös ist das Angebot?
- Ist das Verzeichnis tatsächlich verfügbar?
- Wenn der Firmensitz im Ausland liegt, beispielsweise auf den Seychellen oder in Rumänien, sollten Sie hellhörig werden!
- Ist ein korrektes Impressum vorhanden? (▶ Kap. 3)
- Hat es ausreichend viele Inhalte bzw. stimmt die Anzahl mit der Angabe der Betreiber in etwa überein?

- Wie weit ist das Verzeichnis verbreitet? Positiv zu werten ist es, wenn andere Portale und beispielsweise Krankenversicherungen für dieses Verzeichnis zur Nutzung entschieden haben.
- Hat das Angebot seriöse Partner?
- Spricht das Verzeichnis die gewünschte Patientenschaft an?
- Sind Artikel und Werbung im Umfeld des Verzeichnisses seriös oder boulevardesk?
- Führt das Angebot im Internet womöglich in wenigen Klicks zu zweifelhaften Angeboten?
- Sind Patienten dienliche Informationen enthalten (Therapieschwerpunkte, Telefon, Fax, E-Mail, Sprechzeiten, Anfahrt sowie Angaben zur Barriere-freiheit der Praxis)?
- Datenschutz: Sind die Adressdaten im Netz gegen automatisiertes Abgreifen von Spammern usw. geschützt?
- Wirbt der Verzeichnisbetreiber womöglich sogar eine Seite weiter mit dem Verkauf Ihrer Adresse (Adress-Broking)?
- Sind kostenlose und kostenpflichtige Bestandteile klar gekennzeichnet?
- Bei kostenpflichtigem Angebot: Ist das Preis-Leis-tungs-Verhältnis plausibel?
- Wie lang ist die Vertragsbindung bzw. Kündigungsfrist?

■ **Dubiose Eintragsofferten**

Falls Sie ungerechtfertigte Rechnungen für nicht-zu-ordenbare Verzeichniseinträge erhalten, sollten Sie nicht bezahlen. Machen Sie darauf auch Ihre Mit-arbeiter aufmerksam. Über Rechnungen hinaus werden hin und wieder – manchmal auch als richtige Welle – dubiose Angebote per Brief, Fax oder E-Mail an Ärzte verschickt, sich in Adress-Verzeichnisse einzutragen – bei E-Mails etwa mit einem dubiosen Angebot und der falschen Behauptung, der Empfän-ger hätte bereits per Opt-In zugestimmt, das heißt, der Arzt hätte zuvor den E-Mail-Versand gestattet.

Manchmal lehnen sich offenbar unseriöse Anbie-ter in der Aufmachung an etablierte Marken an, etwa durch die Kombination bestehender Internet-Adres-sen mit der Endung „.net" oder Zusätze wie „-online", „-Deutsche-" usw. Vorliegende Angebote enthalten manchmal auch keine sinnhafte Leistung, und die oft hohen Entgelte stecken im Kleingedruckten.

Bei einer neueren Masche machen Unterneh-men mit Sitz im Ausland Ärzten unseriöse Offerten mit Einträgen in vermeintlichen Suchportalen. Die

Anschreiben erwecken den Eindruck, es bestünde bereits eine Geschäftsbeziehung. In den Vereinbarungen ist festgeschrieben, dass ausländisches Recht gelte. Damit werden die Betrugsopfer in Unsicherheit versetzt, ob ein eventueller Zahlungsanspruch nach diesem fremden Recht in Deutschland durchzusetzen ist. Vorsicht ist besser als Nachsicht: Prüfen Sie Angebote genau und unterschreiben Sie nicht leichtfertig. Sollte das dennoch passiert sein, empfiehlt der Verein „Medizinrechtsanwälte e.V." auch bei „Auslandsbeteiligung" nicht zu bezahlen und gegebenenfalls Anzeige zu erstatten. Gerade im EU-Ausland gelten ähnliche Rechtsgrundsätze wie in Deutschland. Hier gebe es klare Kriterien, wann ein Angebot als betrügerisch gilt. Steht der Preis erst im Kleingedruckten und vermittelt das Angebot den falschen Eindruck, es bestünde bereits eine Geschäftsbeziehung, kommt kein Vertrag zustande. Das Geld zurückzuerhalten ist eher beschwerlich.

Die gemeinnützige Stiftung Gesundheit aus Hamburg hat mit dem Verein der Medizinrechtsanwälte, Lübeck, in der Vergangenheit die Versender unseriöser Eintrags-Offerten erfolgreich verklagt und zugunsten von rund 500 Ärzten die Erstattung von unrechtmäßig erhobenen Gebühren gerichtlich durchgesetzt.

Interview mit Hans-Jörg Freese, Leiter Verbandskommunikation/Pressesprecher vom Marburger Bund Bundesverband

1. Welche Bedeutung hat Ihrer Meinung nach das Thema Online-Marketing für Fachgesellschaften und Verbände?
„Der Internetauftritt ist immer auch die elektronische Visitenkarte eines Verbandes. Aus unseren Erhebungen wissen wir, dass sich unsere Mitglieder in der Regel vorab ausführlich auf unserer Website informieren, bevor sie beitreten. Dabei stellen wir fest, dass der Zugriff von mobilen Endgeräten auf unsere verschiedenen Webangebote stetig zunimmt. Unsere Klientel sitzt nicht mehr vor dem Desktop-PC und ruft gezielt eine Seite auf, um sich dann geduldig durch das Angebot zu klicken. Gerade die jüngeren Ärzte

sind permanent online und gehen über Smartphone und Tablet ins Netz. Sie wollen schnelle, zuverlässige und gut aufbereitete Informationen, wo auch immer sie sind und wann auch immer sie wollen. Für uns ist ganz klar: Die Bedeutung von Online-Marketing ist hoch und wird steigen."

2. Welche Online-Marketing-Maßnahmen nutzt der Marburger Bund und wie intensiv?
„Wir nutzen diverse Formen des Online-Marketings und entwickeln diese kontinuierlich weiter. Das gilt auch für die Weiterentwicklung des Internetangebots. So haben wir im letzten Jahr das Responsive Webdesign unserer Website angepasst, eine App für Klinikärzte zur übersichtlichen und einfachen Zeiterfassung aufgesetzt und unsere Aktivitäten im Social-Media-Bereich auf Facebook und Twitter ausgebaut. Wir sehen alle Online-Aktivitäten vor allem auch als imagebildende Maßnahmen, um zu informieren und potenzielle Mitglieder mit attraktiven, nützlichen Angeboten und Inhalten zu überzeugen. Insofern ist der nächste Relaunch bereits vorprogrammiert. Im digitalen Zeitalter ändern sich die Dinge rasend schnell. Darauf müssen wir adäquat reagieren."

3. Welche Online-Marketing-Maßnahmen würden Sie künftig gerne nutzen/weiter ausbauen?
„Was die digitale Kommunikation betrifft, ist man nie fertig. Ob Websites, Apps, Videoclips oder Social Media – wir werden im nächsten Jahr diese Bereiche weiter intensivieren und ausbauen. Eine gedruckte Broschüre oder Zeitung behält zwar ihren hohen Wert als Informationsmedium und hat zweifellos eine eigene Wertigkeit. Die Bedeutung eines Printproduktes tritt aber hinter den vielfältigen Möglichkeiten der digitalen Informationsmedien zunehmend zurück."

4. Zu ihren Mitgliedern gehören auch junge Ärzte sowie Medizin-Studenten – inwieweit erwartet diese Zielgruppe Online-Kommunikation?
„Diese Zielgruppe erwartet eine schnelle Online-Kommunikation auf allen Ebenen, weil sie selbst dauerhaft online ist. So haben wir eine eigene Facebook-Seite für Medizinstudierende und für alle angehenden Ärztinnen und Ärzte mit www.mb-studenten.de und www.aerzte-weiterbildung.de zielgruppenspezifische Websites, um alle Informationen schnell auffindbar und übersichtlich anbieten zu können. Die digitalen Gewohnheiten gerade der Jüngeren verändern sich aber stetig – die Kommunikation untereinander verlagert sich inzwischen mehr auf Messenger-Dienste, Facebook spielt für viele der Medizinstudierenden nur noch die zweite Geige. Die Online-Kommunikation muss diesen unterschiedlichen Herangehensweisen Rechnung tragen – das macht die zielgruppengerechte Ansprache nicht immer einfach."

5. Welche Maßnahmen haben Sie bereits für diese zielgruppenspezifische Ansprache genutzt?

„Für unsere Karrieremesse DocSteps haben wir zur Bewerbung und Anmeldung eine eigene Website (www.docsteps.de) eingerichtet und kommunizieren selbstverständlich über Facebook, Twitter, Newsletter und mit eigenen Filmen via YouTube. Neben all den digitalen Angeboten und der rasanten Entwicklung im Online-Bereich darf man aber eines nicht vergessen: Der persönliche Kontakt ist und bleibt für eine gute Mitgliederbetreuung immens wichtig. Mit unseren 14 Landesverbänden sind wir ideal aufgestellt und haben dadurch unsere Ansprechpartner bundesweit vor Ort bei den Ärztinnen und Ärzten. Veranstaltungen unserer Landesverbände und unsere Karrieremesse DocSteps sind hier nur ein weiterer Baustein, um angehende Mediziner persönlich zu erreichen, sie kompetent zu informieren, zu beraten und zu hören, wo der Schuh drückt."

Die Verbands-Website

© Springer-Verlag GmbH Deutschland 2017
A. Köhler, M. Gründer, *Online-Marketing für medizinische Gesellschaften und Verbände*,
Erfolgskonzepte Praxis- & Krankenhaus-Management, DOI 10.1007/978-3-662-53469-4_3

Das Internet ist der Ort, wo Menschen im 21. Jahrhundert nach Informationen suchen. Wenn sich heute jemand über die Themen oder Positionen eines Verbandes informieren will – oder eine Telefonnummer braucht – wird er annehmen, das er sie online findet. Der richtige Ort für all diese Informationen ist eine eigene Website, als Verbands-Zentrale im Internet.

Sicher hat Ihr Verband bereits eine Website? Dann können Sie sich im Folgenden weitere Tipps und Anregungen holen, wie Sie Ihre Internetpräsenz laufend verbessern können. Wollen Sie eine Website neu erstellen oder planen Sie einen kompletten Relaunch? Bleiben Sie auf jeden Fall Ihrer Linie treu: Nutzen Sie Ihr bereits bestehendes Marketing-Konzept, und verwenden Sie auch bei Ihrer Internetpräsenz Ihr Corporate Design (▶ Kap. 1): Logo, Farben und der Gesamteindruck der Website müssen zu Ihrer Corporate Identity passen.

Aber was macht eine „gute" Website aus? Und was unterscheidet sie von einer „schlechten"? Verbands-Websites sollten immer darauf aus sein, Informationen für ihre definierten Zielgruppen verständlich zur Verfügung zu stellen – etwa mit dem Ziel, neue Mitglieder zu gewinnen, politische und wissenschaftliche Statements zu verbreiten oder Spenden zu akquirieren.

Beachten Sie bereits ab den ersten Planungsschritten vor allem drei Grundsätze: Ihre Internetpräsenz sollte informativ, benutzerfreundlich und ansprechend gestaltet sein. Im Folgenden erhalten Sie Anregungen und nützliche Hinweise, Ihre Verbands-Website rechtssicher, publizistisch wertvoll und nutzerfreundlich zu erstellen.

3.1   Nutzen einer Verbands-Website

Die Vorteile einer festen Internetpräsenz mögen heutzutage auf der Hand liegen – dennoch nutzen viele Betreiber nur einen kleinen Teil der Chancen, die das Medium bietet. Eine Website ermöglicht:

Aktualität   Informationen im Internet können schnell und einfach verändert und aktualisiert werden – vor allem, wenn die Seite mit einem Content-Management-System erstellt wurde (▶ Abschn. 3.2). So können Sie Ihre Zielgruppen stets auf dem Laufenden halten.

Verfügbarkeit   Knapp zwei Drittel der Internetnutzer in Deutschland suchen im Internet nach medizinischen Informationen – von zu Hause, über Laptops oder unterwegs über Smartphones oder Tablet-PCs. Mit einer Website schaffen Sie für Ihren Verband und seine Themen eine eigene Anlaufstelle im Internet.

Multimedialität   Auf der Website können Sie nicht nur Texte und Fotos veröffentlichen, sondern auch multimediale Inhalte wie Videos und Tondateien, zum Beispiel zu Informations- und Aufklärungszwecken (▶ Kap. 2), oder Mitschnitte von Veranstaltungen und Pressekonferenzen.

Reichweite   Das Internet stellt seine Informationen weltweit zur Verfügung, und das in Echtzeit. Für Verbände mit internationalen Interessen oder Partnern ist dies ein erheblicher Vorteil gegenüber klassischen Kommunikationsmethoden, deren Verbreitung deutlich langsamer und begrenzter war.

Kommunikation   Über Ihre Verbands-Website können Ihre Mitglieder und andere Menschen jederzeit Kontakt zu Ihnen aufnehmen. Mit wenigen Klicks ist ein Kontaktformular ausgefüllt oder eine E-Mail verfasst. Über eine Kommentarfunktion können Leser sich mit Ihnen und anderen Lesern austauschen – wobei Sie hier die rechtlichen Einschränkungen beachten müssen (▶ Kap. 7).

3.2   Wahl der Internet- und E-Mail-Adresse

Über die Internet-Domain, das heißt die Internetadresse der Website, identifiziert sich der Verband. Sie ist sehr wichtig für die Suche nach ihm im Internet. Leider ist es schwierig geworden, sich eine kurze, aussagekräftige www-Adresse zu sichern. Viele begehrte Adressen sind schon vergeben – das gilt auch und gerade für Abkürzungen, die oftmals ja von anderen Institutionen ebenfalls beansprucht werden. Je länger eine Internetadresse ist, desto wahrscheinlicher ist es, dass sie noch verfügbar ist. Die Regel lautet jedoch: Die Domain muss eindeutig sein. Vermeiden Sie es also, willkürlich Keywords aneinanderzureihen.

Beantragt wird eine Domain bei der DENIC (bzw. über einen Webprovider wie Strato oder 1&1,

die den Prozess mit der DENIC für Sie übernehmen). Dies ist die Registrierungsbehörde für alle deutschen Domains, also jene mit der Endung „de". Hier gilt das „First-come-first-serve"-Prinzip. Das heißt, wer zuerst kommt, bekommt die gewünschte Adresse. Um sicherzugehen, dass Sie keine Geschäftsbezeichnungen und Namensrechte verletzen, wählen Sie am besten den Verbands-Namen bzw. dessen geläufige Abkürzung, beispielsweise www.abc-verband.de oder www.abcv.de.

Wenn Sie einen freien Domain-Namen ausgewählt haben, sollte Ihre Agentur Ihnen diesen in allen Varianten und Top-Level-Domains sichern. Das heißt, nicht nur die Endung de, sondern auch com, net, org sollten Sie buchen, ebenso alle Varianten mit und ohne Bindestriche, wie beispielsweise www.abc-verband.de und www.abcverband.de. Sie schützen sich damit vor dem Risiko, dass missgünstige Menschen diese Domains buchen und damit Ihre Webpräsenz stören. Eine Domain kostet im Jahr nur wenige Euro. Entscheiden Sie sich für eine Adresse als Haupt-Domain und leiten Sie alle sekundären Adressen auf diese um. Eine Website doppelt zu betreiben sollten Sie schon aus Gründen der Suchmaschinenoptimierung (▶ Kap. 4) vermeiden.

> **Tipp**
>
> Über das Such-Tool unter www.denic.de können Sie prüfen, ob die von Ihnen gewünschte Internetadresse noch frei ist. Wenn Ihre Web-Agentur die Registrierungsvorgänge abwickelt, sollten Sie unbedingt darauf achten, dass Ihr Verband als Eigentümer der Domain eingetragen wird (und nicht die Agentur).

3.3   Die Website-Gestaltung

Die Website ist Ihr Aushängeschild im Internet. Machen Sie sich im Vorfeld einer Neuerstellung oder eines Relaunchs Gedanken, welche Inhalte und welche Struktur die Website aufweisen soll. Das damit befasste Team sollte genau wissen, worum es geht, und an einem Strang ziehen. Wen und was wollen Sie genau mit Ihrer Internetpräsenz erreichen, und welche Informationen sollen diese Zielgruppen

erreichen? Suchen Sie Bilder und Grafiken aus, die Sie in die Website einbinden wollen. Auf Basis dieser gesammelten Inhalte legen Sie dann eine Seitenstruktur fest. Wie viele Unterseiten muss die Website haben, um alle Inhalte darstellen zu können? Suchen Sie eine logische Struktur mit nachvollziehbaren Verzweigungen. Die Zielgruppen müssen sich auf der Seite intuitiv zurechtfinden.

> **Tipp**
>
> Holen Sie sich auch Anregungen zum Layout und Aufbau im Internet bei der Konkurrenz. Sie werden schnell die erfolgreichen Websites identifizieren können.

Überlegen Sie sich zudem, ob Sie die personellen Ressourcen haben, die Website vollständig im Haus zu erarbeiten und später zu betreuen, oder ob Sie dies zumindest teilweise einer Agentur überlassen.

3.3.1   Webdesigner oder Agentur?

Die grundlegende technische und funktionale Einrichtung ebenso wie das Design wird in der Regel von einem selbstständig arbeitenden Webdesigner oder einer Agentur gemacht – es sei denn, Sie halten diese Kompetenzen im Hause vor oder möchten sie aufbauen. Der Vorteil, wenn Sie einen Webdesigner beauftragen: Er ist in aller Regel günstiger als eine Agentur. Der Nachteil: Es besteht häufig keine Vertretungsfähigkeit, wenn dieser alleine arbeitet und dann krank wird oder in Urlaub ist.

Achten Sie bei der Auswahl darauf, dass Ihnen der jeweilige Anbieter tatsächlich zuhört und auf Ihre Bedürfnisse eingeht. Sie sollten sich gut beraten fühlen. Wichtig ist zudem, dass der Dienstleister Ihr Team professionell in die Pflege der Website einweist und Sie damit zu unabhängigem Handeln befähigt. Zudem sollte sich der Anbieter mit gesundheitsbezogenen Websites auskennen, deren rechtliche Besonderheiten berücksichtigen und auch Ihre speziellen Zielgruppen beachten. Suchen Sie daher nach Webdesignern und Agenturen, die sich grundsätzlich auf gesundheitsbezogene Websites spezialisiert haben. Weiterhin kooperieren einige Agenturen

3

mit externen Experten, beispielsweise der Stiftung Gesundheit, die Gesundheits-Websites zertifiziert (▶ Abschn. 3.7.4). Diese stellt den Webdesignern einen Kriterienkatalog zur Verfügung, mit dem diese eine rechtssichere und publizistisch wertvolle Website erstellen, die zudem auch nutzerfreundlich ist.

In den wenigsten Fällen ist ein einzelner Webdesigner oder auch eine Agentur Experte in jedem Gebiet – auch wenn eine Komplettlösung natürlich die bequemste ist. Suchmaschinenoptimierung ist beispielsweise ein wichtiger Bestandteil einer erfolgreichen Internetpräsenz. Über das dazugehörige Spezialwissen verfügt aber nicht jede Agentur – selbst wenn sie es behauptet. Es gibt SEO-Spezialisten, die Ihre Texte und Bilder optimieren, sodass Google Ihre Website unter den ersten Treffern listet (▶ Kap. 4).

3.3.2 CMS oder HTML?

Lassen Sie die Internetpräsenz zeitgemäß mit einem Content-Management-System (CMS) bauen statt statisch in HTML (Hypertext Markup Language, Programmiersprache). Ein CMS trennt strikt Layout und Inhalte. Das Layout ist dabei der äußere Rahmen der Website. Die Inhalte sind die Texte, Bilder und Grafiken. Diese werden in der Regel oft verändert, ausgetauscht oder ergänzt – was mittels CMS problemlos die Mitarbeiter der Kommunikationsabteilung oder ein anderer Zuständiger übernehmen können.

Tipp
Die Mitarbeiter der Kommunikationsabteilung sollten gründlich in das CMS eingewiesen werden. Damit können Sie die redaktionelle Pflege der Website vollständig im Haus organisieren. So vermeiden Sie zeitaufwändige Abstimmungen und Reibungsverluste mit einer externen Agentur oder einem Webdesigner und sparen gleichzeitig Geld.

Eine einfache CMS-Website von einem freien Webdesigner anfertigen zu lassen kostet ab 500 Euro. Eine Verbands-Website wird diesen Rahmen wohl deutlich sprengen, denn die Anforderungen in Umfang und Funktionalitäten sind meist deutlich höher. Der Preisgestaltung sind nach oben hin keine Grenzen gesetzt. Keinesfalls aber muss der teuerste Anbieter der beste für Ihr Krankenhaus sein. Zuverlässigkeit und Vertrauenswürdigkeit sind die wichtigsten Kriterien. Vereinbaren Sie ein Beratungsgespräch, prüfen Sie anschließend die konkret angebotenen Leistungen und vergleichen Sie diese mit mindestens ein oder zwei anderen Angeboten.

Achten Sie zudem darauf, dass der gewählte Dienstleister bei Ihrer Website ein gängiges CMS-Programm verwendet, wie beispielsweise Typo3, Wordpress oder Joomla. Einige Agenturen benutzen eigene CMS-Programme. Das zeugt zwar davon, dass sie auf diesem Gebiet sehr versiert sind, der Nachteil für Sie als Kunde ist aber, dass Sie an dieses Programm gebunden sind. Möchten Sie eines Tages die Agentur wechseln, muss schlimmstenfalls Ihre Website wieder mit hohem Aufwand auf ein neues CMS-Programm umgestellt werden.

Bei der Auswahl des CMS-Programms kommt es darauf an, was sie von Ihrer Website später erwarten. Auf welche Standards legen Sie Wert? Wie nutzerfreundlich soll Ihre Seite werden? Können Ihre Mitarbeiter die Seite später mit einfachen Handgriffen pflegen und aktualisieren, ohne die Agentur jedes Mal hinzuzuziehen? Möchten Sie technisch aufwändigere Formulare oder Multimedia-Inhalte einbinden, benötigen Sie einen geschlossenen Mitgliederbereich oder einen Veranstaltungskalender mit Buchungssystem? Lassen Sie sich von Ihrer Agentur beraten, welche Lösung für die Ansprüche an Ihre Website die beste ist.

Möchten Sie doch einmal das Layout ändern, weil Sie beispielsweise Ihr Corporate Design einer Auffrischung unterziehen, erweist sich der (neben der bequemen Pflege) zweite große Vorteil eines CMS: Die Agentur muss nun nur den äußeren Rahmen, also das Layout, ändern. Die Inhalte bleiben an der gleichen Stelle und müssen nicht zwingend bearbeitet werden. Bei einer nach altem Stil erstellten statischen HTML-Seite müsste in einem solchen Fall jede einzelne Seite eigens geändert werden. Dies verursacht enormen Aufwand und damit verbundene hohe Kosten.

3.3.3 Strukturierung der Website

Layout   Sehen Sie sich verschiedene Websites an. Es gibt viele Möglichkeiten für das Grundlayout, etwa zentrierte und responsive Layouts. Bei zentrierten Layouts wird der Rahmen der Website auf eine bestimmte Größe festgelegt, beispielsweise 700 Pixel. Das bedeutet, dass die Breite der Website immer gleich bleibt, unabhängig von der Größe des Bildschirms. Auf einem großen Monitor kann die gesamte Website angezeigt werden – auf einem kleinen Laptop oder gar einem Smartphone hingegen ist die Website seitlich abgeschnitten. So müssen die Nutzer die Internetseite hin und her bewegen, um die Inhalte komplett zu lesen. Das ist für die Besucher kompliziert und nervenaufreibend.

Moderne Websites passen sich selbstständig dem Bildschirm an, auf dem sie aufgerufen werden – die sogenannten responsiven Designs. Diese sind flexibel gestaltet und gleichen sich größentechnisch an das jeweilige Endgerät an. So können die Nutzer die Inhalte sowohl auf großen Monitoren als auch auf einem Smartphone oder Tablet-Computer problemlos lesen – in Zeiten immer weiter steigender mobiler Internetnutzung ein wesentlicher Vorteil. Je kleiner der Bildschirm des Endgerätes ist, umso länger wird der Textfluss. Die Nutzer müssen jedoch nur nach unten und nicht noch zur Seite scrollen, um den gesamten Inhalt zu erfassen. Der Nachteil: Das responsive Design ist sehr modern und basiert auf aktuellsten technischen Standards. Ältere Browser haben oft Schwierigkeiten, es korrekt darzustellen. Dieser Nachteil wird jedoch im Laufe der Jahre immer weiter abnehmen.

Navigation Die Navigationsleiste befindet sich bei den meisten Websites oben oder auf der linken Seite. Der Mensch ist ein Gewohnheitstier. Die Besucher Ihrer Internetpräsenz werden also zuerst oben oder links nach einer Orientierung suchen. Sie können dies auch kombinieren, indem Sie die Hauptnavigation oben platzieren und die Unterpunkte auf der linken Seite. Eine weitere Möglichkeit sind Navigationsleisten, bei denen die Unterpunkte sichtbar werden, wenn die Nutzer mit der Mouse über den Menüpunkt fahren (Mouse-over) oder diesen anklicken.

Zu einer optimalen Orientierung kann unter langen Texten immer ein Link „nach oben" eingebunden werden. Dies erleichtert den Nutzern die Bedienung der Seite – genauso wie ein Link zur Startseite, der auf jeder Unterseite vorhanden sein sollte.

So finden die Besucher mit einem Klick zurück zum Anfang.

Kopf- und Fußzeile Weiterhin verfügen die meisten Websites über sogenannte Kopf- oder Fußzeilen. Im Fuß stehen in der Regel die gängigen und wichtigsten Links wie Impressum, Kontakt, Suche, Hilfe, während die Kopfzeile meist als Gesicht der Klinik dient. Das Logo des Verbands sollte dort platziert sein. Dies schafft bei den Nutzern einen Wiedererkennungswert, und die wichtigsten Daten sind mit einem Blick zu erkennen. Das ist besonders wichtig, wenn die Besucher über Google direkt auf eine Unterseite gelangen, also die Startseite gar nicht zu Gesicht bekommen.

Umfang Die Anzahl der Unterseiten, also der gesamte Umfang einer Website, variiert und ist abhängig von den Inhalten, die Sie auf die Seite einbinden wollen und wie ausführlich Sie diese beschreiben. Welche Inhalte beispielsweise in Frage kommen, lesen Sie im nachfolgenden Abschnitt.

3.4 Inhalte einer Verbands-Website

Aussagekräftige und verständliche Inhalte sind das A und O einer guten Website. Die Besucher Ihrer Internetpräsenz möchten sich umfangreich über Ihren Verband, seine Tätigkeiten und Positionen informieren. Durch informative Texte und anschauliche Bilder sowie eventuelle weitere Service-Leistungen können Sie das Informationsbedürfnis des Lesers stillen. Aber gerade Internetpräsenzen von medizinischen Verbänden unterliegen auch rechtlichen Anforderungen und Beschränkungen. Daher achten Sie darauf, die gesetzlichen Regelungen umzusetzen, die in ▶ Kap. 7 näher erläutert werden. In diesem Abschnitt sind Inhalte gelistet, die auf einer guten Verbands-Website nicht fehlen sollten.

3.4.1 Was gehört auf eine gute Verbands-Website?

Das wichtigste an einer guten Internetpräsenz sind die Inhalte und die Nutzerfreundlichkeit (Usability). Nutzer müssen sich intuitiv zurechtfinden – gute, aber versteckte Inhalte verfehlen ihren Nutzen. Daher erstellen Sie vorher ein Inhaltskonzept, eine Sitemap und einen Projektplan:

Website-Inhalte und Umsetzung

- Welche Informationen suchen die Zielgruppen auf Ihrer Website?
- Gliedern Sie die Inhalte. Welche Texte, Bilder und Grafiken geben die Themen, Tätigkeiten und Positionen des Verbands präzise wieder?
- Sind die Inhalte bereits aufbereitet, oder müssen Sie die Texte noch zielgruppen- und internetgerecht verfassen? Brauchen Sie eventuell externe Hilfe? (Zeit- und Kostenaspekt)
- Welche Ressourcen müssen Sie für die Erstellung der Inhalte einplanen? Welche Kosten fallen später für die laufende Pflege und Aktualisierungen an?
- Wer übernimmt die Aktualisierungen, beispielsweise Terminankündigungen, und achtet darauf, dass veraltete Inhalte entfernt werden?

Wenn Sie mit Ihrer Website sehr disparate Zielgruppen erreichen wollen, sind eventuell getrennte Bereiche für die Gruppen notwendig, um Frustrationen bei den Nutzern zu vermeiden: Eine Trennung in Mitglieder, Presse und die breite Öffentlichkeit etwa wäre mühelos umsetzbar und für alle Nutzer gut nachvollziehbar.

Startseite   Führen Sie auf der Startseite, auch Homepage oder Frontpage genannt, in das Themengebiet ein, und bringen Sie den Besucher auf den richtigen Weg zu seinem eigentlichen Ziel. Die ganz essenziellen Informationen sollten hier bereits auf den ersten Blick verfügbar sein: Wer sind Sie? Was machen Sie? Wie kann man Sie erreichen? (◘ Abb. 3.1)

Stellen Sie sich beim Strukturieren der Seite und beim Verfassen der Texte die Menschen vor, die Ihre Website das erste Mal aufsuchen. Diese sollen mit wenigen Blicken schon grob abschätzen können, ob sie bei Ihnen die Informationen finden werden, die sie suchen, und sie sollten sehr

schnell eine Vorstellung entwickeln können, wie sie zu dieser Information gelangen könnten. Ist die Startseite informativ und übersichtlich aufgebaut, werden die Besucher sich auch weiterführend auf Ihrer Website informieren. Schreiben Sie hier relevante und gut optimierte Texte (▶ Kap. 4) über den Verband und seine Tätigkeiten. Zudem ist es für die Nutzer praktisch, wenn Sie Ihre Adresse und Kontaktdaten direkt auf der Startseite finden. Auch einen Link zum eventuell vorhandenen Veranstaltungskalender können Sie auf der Startseite einbinden.

Über uns   Hier können Sie den Verband selbst präsentieren. Stellen Sie den Vorstand und die weiteren Gremien vor, mit Fotos und Zuständigkeiten und idealerweise und Lebensläufen. Schreiben Sie etwas zum Selbstverständnis, zu der Geschichte und historischen Entwicklung der Institution, zu den Zielen und Tätigkeiten, zum Mitgliederstamm, geben Sie die Satzung wieder. Achten Sie jedoch darauf, dass dies alles nicht zu technokratisch klingt – Sie selbst sind mit Herz und Seele dabei, versuchen Sie, dieses Gefühl zu vermitteln!

Service für Mitglieder   Mitglieder und potenzielle Mitglieder gehören sicher zu den wichtigsten Besuchern Ihrer Website. Sie möchten erfahren, was Ihr Verband ihnen zu bieten hat, und suchen Informationen über seine Tätigkeiten. Stellen Sie daher Hinweise zu den Vorteilen einer Mitgliedschaft bereit, sowie natürlich, welche Pflichten sich dadurch ergeben (auch und besonders die finanziellen). Zudem sollten auch potenzielle Mitglieder einen Einblick in die Tätigkeiten des Verbands bekommen können, etwa durch einen öffentlich verfügbaren Newsletter. Und machen Sie es ihnen leicht, Mitglied zu werden: Mit einem online ausfüllbaren oder herunterladbaren Mitgliedsantrag, den man nicht lange suchen muss, sowie Kontaktdaten für Fragen speziell zur Mitgliedschaft.

Für die Bestandsmitglieder sind die Neuigkeiten über die Tätigkeiten des Verbandes von besonderer Bedeutung. Alle exklusiv für Mitglieder zur Verfügung gestellten Informationen und Services können Sie in einen geschlossenen Bereich einlagern, der nur mit einem speziellen Login verfügbar ist. Aber Achtung: Auch der geschlossene Bereich

○ **Abb. 3.1** Screenshot: Startseite einer Website eines Berufsverbandes mit Mitglieder-Bereich. Mit freundlicher Genehmigung des VDOE BerufsVerband Oecotrophologie e.V.

sollte nutzerfreundlich gestaltet sein! Oft vergessen Website-Betreiber gerade hier die Usability, weil sie es mit einer Zielgruppe zu tun haben, die „Insider" ist.

Service für die Presse Für viele Verbände ist der Kontakt zur Presse von besonderer Wichtigkeit. Bieten Sie Pressevertretern in einem eigens für sie eingerichteten Bereich (ohne Login!) alles, was für die Berichterstattung von Interesse sein könnte. Dazu zählen nicht nur die Presseinformationen des Verbands, sondern vor allem auch Bildmaterial: das Verbandslogo und Bilder des Vorstands, eventuell auch von Veranstaltungen, in Druckqualität. Verlinken Sie die Satzung und den Newsletter sowie andere wichtige Dokumente. Und geben Sie einen Pressekontakt an, mit Kontaktdaten und Namen.

Kontakt Kontaktformulare sind ein unkomplizierter Weg für Nutzer, an den Verband heranzutreten. Dies ist in der Regel der einzige Ort Ihrer Website, an dem Nutzer selbst ihre Daten versenden. Um Anfragen zu beantworten, ist es notwendig, dass die Besucher in dem Formular ihre E-Mail-Adresse angeben. Fragen Sie jedoch keine unnötigen Informationen ab, wie Adresse und Wohnort. Diese Daten benötigen Sie zur Beantwortung der Anfragen nicht. Um die Patienten namentlich anzusprechen, wenn Sie eine Antwort formulieren, können Sie auch ein Namensfeld in das Kontaktformular einbinden. Kennzeichnen Sie dann aber Pflichtfelder, beispielsweise mit einem Stern. So wissen die Besucher, welche Felder Sie in jedem Fall ausfüllen müssen, damit die Nachricht verschickt wird. Vergessen die Patienten, eine E-Mail-Adresse anzugeben, sollten Sie in einer

3

Fehlermeldung darauf hingewiesen werden („Ihre Nachricht konnte nicht versendet werden. Bitte geben Sie eine gültige E-Mail-Adresse ein.").

Legen Sie unter dem Kontaktformular ein Kästchen zum Datenschutz an. Setzen die Nutzer ein Häkchen in das Feld, bestätigen sie, die Datenschutzbestimmungen gelesen zu haben. So sichern Sie sich ab, dass die Besucher damit einverstanden sind, dass Sie ihre Daten erhalten. Erst wenn sie den Datenschutzbestimmungen zustimmen, können sie die Nachricht versenden.

Überlegen Sie zudem, ob Sie sogenannte Captchas einsetzen wollen. Das ist eine Sicherheitsabfrage, bei der die Besucher einen Zahlen- oder Buchstabencode in ein Feld eingeben müssen, damit die Nachricht versendet werden kann. Dadurch verhindern Sie, dass Sie Spam-Mails über das Kontaktformular erhalten. Gleichzeitig verringern diese Captchas allerdings die Barrierefreiheit der Website, da beispielsweise sehbehinderte Nutzer sie meist nicht überwinden und somit über das Formular keinen Kontakt mit Ihnen aufnehmen können. (Mehr Tipps zu barrierefreien Websites finden Sie im ▶ Abschn. 3.7.)

Bedenken Sie aber: Nicht alle Nutzer mögen Online-Formulare. Vielleicht haben ältere Menschen keine E-Mail-Adresse oder möchten gerne telefonisch Kontakt aufnehmen. Daher sollten Sie unter dem Navigationspunkt „Kontakt" immer auch Adresse und Telefonnummer angeben.

Anfahrt   Eine Karte und eine Wegbeschreibung für Besucher ist mittlerweile fast Standard in Internet, zumindest für Institutionen, die auf Besucherverkehr ausgelegt sind. Dies wird auch für die Geschäftsstellen vieler Verbände gelten. Achten Sie dabei jedoch bei der Einbindung auf die Urheber- oder Verwertungsrechte. Auf vielen Websites finden Sie Kartenausschnitte von Google-Maps. Diese können Sie völlig legal folgendermaßen in Ihre Website einbinden:

> **Google-Maps in die eigene Website einbinden**
> 1. Geben Sie unter www.google.de/maps Ihre Adresse ein und verschieben Sie den Kartenausschnitt so, wie er auf Ihrer Website erscheinen soll.
> 2. In der linken oberen Ecke, links neben dem Suchfeld können Sie das Hauptmenü öffnen – der Button sieht aus wie drei waagerechte Striche. Wählen Sie im Menü den Punkt „Karte teilen oder einbetten".
> 3. Es öffnet sich ein Fenster. Im Tab „Karte einbetten" können Sie die einzubettende Karte anpassen, z. B. die Größe einstellen.
> 4. Wenn alles eingestellt ist, kopieren Sie den oben im Fenster angezeigten HTML-Code, um ihn in Ihre Website einzubinden.
> 5. Fügen Sie den Code in die relevante Seite, beispielsweise die Unterseite „Anfahrt", in Ihrem Web-Editor an die Stelle ein, an der die Anfahrtsskizze auf der Website stehen soll.

Die Nutzung von Google-Karten ist grundsätzlich gebührenfrei. Zwar nimmt Google seit 2012 Geld für die Einbindung von Karten, doch gilt dies erst ab einer Schwelle von 25.000 Seitenabrufen am Tag. Wenn Ihre Website diese Zugriffszahlen erreicht, müssen also extra Kosten eingeplant werden. Zudem knüpft Google bestimmte Bedingungen daran, dass Sie die Kartenausschnitte nutzen können. Sie dürfen zwar Google-Karten auf Ihrer Website veröffentlichen, diese jedoch beispielsweise nicht auf einen Flyer drucken. Immer wenn Besucher auf die Google-Karte klicken, gelangen Sie auf die Google-Maps-Website. Von dort aus können sie dann beispielsweise den Routenplaner nutzen.

Auf der noch sichereren Seite – was Kosten und Rechte betrifft – sind Sie, wenn Sie Kartenausschnitte von OpenStreetMap einbinden. Die Karten sind kostenlos für den privaten und auch den gewerblichen Gebrauch. Sie können daher auch Screenshots von den Karten machen, diese auf Flyer drucken und auf Ihrer Website integrieren. Sie müssen nur die Quelle der Karte angeben, also beispielsweise: Daten von OpenStreetMap – veröffentlicht unter CC-BY-SA 2.0. Eine genaue Anleitung dazu finden Sie unter: http://wiki.openstreetmap.org/wiki/DE:Karte_in_Webseite_einbinden.

Suche   Dieser Navigationspunkt gehört auf jede Seite Ihrer Website. Es gibt Internetnutzer, die mit Hilfe der Navigation oder Links durch die Seiten surfen. Andere suchen lieber direkt auf der Website nach bestimmten Themen und Schlagworten. Stellen Sie daher ein Such-Tool für Ihre Website zur Verfügung. So können Besucher einfach ihren Such-Begriff eingeben und haben damit alle Informationen zu dem gesuchten Thema auf einen Blick. Das Such-Tool sollte sich auf der ersten Ebene der Navigation oder als fester Bestandteil auf jeder Unterseite befinden. So können die Besucher jederzeit auf die Suche zurückgreifen.

Sitemap Eine weitere wichtige Orientierungshilfe bietet eine Sitemap. Sie ist die Gliederung der Website und führt alle Unterpunkte genau auf. Die Besucher können über die Sitemap mit einem Klick zu jedem beliebigen Navigationspunkt, also zu jeder Unterseite gelangen. Dazu müssen die einzelnen Punkte so verlinkt sein, dass sie zu der jeweiligen Seite führen. Die Sitemap gehört in die Haupt-Navigationsleiste oder die Fußzeile, damit sich die Nutzer einen direkten Überblick über die gesamte Website verschaffen können.

Häufig gestellte Fragen (FAQ) Einen guten Service für die Besucher stellen die FAQs (Frequently Asked Questions – Häufig gestellte Fragen). In den FAQs können Sie gängige Fragen bereits präzise beantworten. Binden Sie Ihre Mitarbeiter vom Empfang und Telefondienst ein, diese haben meist die klarste Vorstellung davon, welche Fragen am häufigsten gestellt werden.

Hilfe-Funktion Die Hilfe-Funktion dient dazu, den Besuchern zu erklären, wie sie beispielsweise das Kontaktformular auf der Website nutzen können. In der Hilfe können Sie somit Funktionen der Website erläutern. Besonders ältere Patienten sind häufig nicht ausreichend interneterfahren und kommen mit Formularen nicht zurecht.

Aktuelles Weiterhin können Sie in einer Rubrik „Aktuelles" auf Spendenaktionen und Veranstaltungen hinweisen, etwa auf eine Tagung oder Fortbildung ◘ Abb. 3.2, aber dort auch Stellungnahmen veröffentlichen, von Veranstaltungen berichten und ein

◘ **Abb. 3.2** Screenshot: Online-Veranstaltungsverzeichnis eines Berufsverbandes. Mit freundlicher Genehmigung des VDOE BerufsVerband Oecotrophologie e.V.

Archiv Ihrer Presse-Mitteilungen veröffentlichen (▶ Kap. 2). Alternativ können Sie dies auch mit einem Blog koppeln (▶ Kap. 6). Die neuesten Informationen zum Verband gehören zudem natürlich als Kurzinfo auf die Startseite. So haben Ihre Nutzer Neuigkeiten sofort im Blick.

3.4.2 Vorschriften und Pflichtangaben

Inhalte auf der Website unterliegen diversen Rechtsvorschriften (▶ Kap. 7).

Impressum

Verbands-Websites unterliegen der Impressums-Pflicht, auch Anbieterkennzeichnung genannt. Der Paragraph 5 des Telemediengesetzes (TMG) regelt, welche Angaben im Impressum auf einer Website veröffentlicht werden müssen. Es muss primär den Zweck erfüllen, den Besucher über den Betreiber der Website zu informieren und eine rechtsfähige Kontaktaufnahme zu ermöglichen. Erstellen Sie eine eigene Seite für das Impressum. Zudem sollte es über einen Link, üblicherweise in der Fußzeile, von jeder Einzelseite Ihrer Website aus erreichbar sein.

Pflichtangaben im Impressum
- Vollständiger Name des Betreibers; die Rechtsform und der Vertretungsberechtigte
- Verantwortliche Person für den Inhalt der Seite
- Postanschrift (ein Postfach reicht nicht aus)
- Telefonnummer
- E-Mail-Adresse oder Kontaktformular
- die Umsatzsteueridentifikationsnummer, wenn einschlägig
- Bei Vereinen und Gesellschaften: Registernummer und Registergericht

---

Datenschutzerklärung

Sobald bei einer Internetpräsenz, also auch einer Verbands-Website, Daten einer Person erhoben werden, muss die Website eine Datenschutzerklärung vorweisen können. Daten werden schon übertragen, wenn

Nutzer eine Website besuchen. Denn dabei wird die IP-Adresse, also die Kennung des anfragenden Computers, übermittelt. Die Datenschutzerklärung sollte über Art, Umfang und Zweck der Erhebung und Verwendung dieser Daten informieren. Persönliche Daten sind aber auch die E-Mail-Adresse, der Name oder eine Telefonnummer, die Nutzer angeben können, wenn sie Ihnen eine E-Mail schreiben.

Um sicherzugehen, dass die Nutzer die Datenschutzhinweise immer direkt einsehen können, ist zu empfehlen, für die Datenschutzbestimmungen eine eigene Seite zu erstellen, wie beim Impressum. Auch diese Unterseite sollten die Nutzer von jeder einzelnen Seite der Website mit einem Klick erreichen. Weiterführende Informationen zum Thema Datenschutzerklärung erhalten Sie unter www.bfdi.bund.de.

Tipp

Wenn Sie eine Webanalyse-Software nutzen, um Besucherzahlen oder Herkunft zu überwachen, benötigen Sie unter Umständen eine ausführlichere Datenschutzbestimmung. Ähnliches gilt für die Nutzung von Plugins/Widgets von Facebook und Twitter.

Werbung

Generell ist es Verbänden erlaubt, Werbung in eigener Sache sowie Werbung Dritter auf ihrer Website zu veröffentlichen – jedoch mit einigen Einschränkungen. Darunter fallen Formulierungen und Angaben in anpreisender, irreführender, vergleichender und unwahrer Form. Sachliche und berufsbezogene Informationen sind dagegen erlaubt. Das Heilmittelwerbegesetz (HWG), das Gesetz gegen den unlauteren Wettbewerb (UWG) sowie unter Umständen das Berufsrecht für Ärzte setzen den Rahmen, in dem Verbände auf ihrer Website werben dürfen. (Mehr dazu lesen Sie in ▶ Kap. 7.)

Urheberrecht

Die Texte der Website sind in Arbeit. Bilder und Grafiken sollen die Inhalte abrunden. Mit Hilfe von Suchmaschinen ist schnell das passende Bildmaterial gefunden und wird auf die Website eingebunden.

Aber Vorsicht: Wer hat die Urheberrechte für die Fotos, Karten, Grafiken oder auch Texte? Ein einfaches Kopieren und Einfügen ist oft nicht zulässig. Auch wenn Bilder vom Vorstand oder einzelnen Mitarbeitern selbst erstellt werden, ist Vorsicht geboten, denn die Urheberrechte liegen zunächst immer beim Fotografen, nicht bei den abgebildeten Personen. Im deutschen Urheberrecht gilt das Schöpferprinzip: Urheber ist der Schöpfer des Werkes (§ 7 UrhG).

Gleiches gilt, wenn Sie Bilder aus einem Informations-Flyer auf der Website einbinden wollen. Nur weil ein Verband das Recht hat, ein Foto in einem Flyer zu veröffentlichen, heißt das nicht, dass Gleiches auch für die Website gilt – hierfür muss der Fotograf separat zustimmen. Und wenn Sie ein Bild mit den entsprechenden Rechten bei einer Bilddatenbank wie etwa fotolia.de kaufen und es auf Ihrer Website veröffentlichen, müssen Sie (je nach Lizenzbestimmungen) den Fotografennamen und die Quelle angeben.

Es gibt daneben auch „gemeinfreies" Material, dessen Urheberrechte bereits erloschen sind, beispielsweise aus Altersgründen. Lizenzfreie Bilder und Grafiken können Sie problemlos einbinden, ohne die Quellen ausdrücklich im Impressum zu nennen. Weiterhin gibt es „freie Lizenzen", wie beispielsweise die Creative-Commons-Lizenzen (CC). Diese sind in der Regel zwar kostenfrei, trotzdem müssen Sie z. B. die Quelle angeben, wenn Sie Kartenausschnitte oder Fotos mit CC-Lizenzen verwenden.

Natürlich dürfen auch Texte oder Textauszüge nicht einfach von anderen Internetseiten oder Büchern kopiert werden. Wenn Sie eine Textstelle zitieren, geben Sie immer die Quelle an. Im Impressum können Sie einen Absatz zum Urheberrecht verfassen, um so zu verdeutlichen, wie Sie mit der Quellenangabe verfahren.

Beispieltext „Copyright (©) ABC-Verband. Alle Rechte vorbehalten. Alle Texte, Bilder, Grafiken, Ton-, Video- und Animationsdateien sowie ihre Arrangements unterliegen dem Urheberrecht und anderen Gesetzen zum Schutz geistigen Eigentums. Sie dürfen ohne unsere Genehmigung weder für Handelszwecke oder zur Weitergabe kopiert noch verändert und/oder auf anderen Websites verwendet werden. Einige Seiten enthalten auch Texte, Grafiken

und Bilder, die dem Urheberrecht derjenigen unterliegen, die diese zur Verfügung gestellt haben."

Haftungsausschluss

Um Nutzer auf weiterführende Informationen von anderen Anbietern zu verweisen, können Sie externe Links auf Ihrer Website einbinden. Aber: Was passiert, wenn die verlinkte Domain verkauft wird und der neue Betreiber rechtswidrige Inhalte publiziert, ohne dass man es merkt? Damit Sie daraufhin nicht für Veröffentlichungen oder Hinweise Dritter haftbar gemacht werden, sollten Sie einen Haftungsausschluss in Ihr Impressum einbinden.

Beispieltext „Trotz sorgfältiger inhaltlicher Kontrolle übernehmen wir keine Haftung für die Inhalte externer Links. Für den Inhalt der verlinkten Seiten sind ausschließlich deren Betreiber verantwortlich."

3.4.3 Bilder und Grafiken

Bilder und Grafiken werten eine Website auf. Sie sollten diese allerdings nur gezielt einsetzen, und sie sollten stets zum Kontext passen. Fotos von der letzten Weihnachtsfeier im Büro bringen Ihren Mitgliedern keinen Mehrwert. Außerdem wirken Fotos von Feiern meist eher unseriös. Eine gute Möglichkeit, den Besuchern Ihren Verband auch visuell vorzustellen, sind hingegen Bilder von Veranstaltungen, der aktuellen Vorstände oder Fotos und Videos (► Kap. 2), die einen Einblick in den Alltag der Mitglieder vermitteln. Auch erklärende Grafiken sind sehr populär.

Tipp

Günstige Fotos für Ihre Website finden Sie bei www.photocase.com, www.de.fotolia.com und www.stock.adobe.com. Kostenlose Bildlizenzen gibt es bei www.pixelio.de. Viele der auf diesen populären Portalen verfügbaren Bilder werden allerdings inzwischen häufig verwendet. Schauen Sie vor dem Kauf bei Ihrer Konkurrenz, damit sich die genutzten Bilder nicht zu sehr gleichen.

Sie können auch auf Pressefotos von Pharmafirmen oder medizintechnischen Unternehmen oder Laboren zurückgreifen, die sich meist in den Presse-Centern auf Firmen-Websites befinden. Hier sollten Sie sich allerdings überlegen, ob Sie mit dem jeweiligen Unternehmen in Verbindung gebracht werden wollen, denn Sie müssen die Quelle des Bildes mit angeben.

Wenn Sie Bilder auf Ihrer Website platzieren, können Sie diese in unterschiedlichen Formaten anbieten. Auf der Website sind Fotos und Grafiken aus Platzgründen oft sehr klein. Daher können Sie, wenn sich das Bild dafür eignet, den Nutzer die Möglichkeit bieten, die Bilder zu vergrößern. Das funktioniert technisch folgendermaßen: Das kleine Foto auf der Website fungiert als Link. Klicken die Besucher das Bild an, öffnet sich in einem neuen Fenster das gleiche Foto in einem Großformat. Ähnliches erreichen Sie mit einem Lightbox-Effekt, bei dem sich das größere Bild in einem Overlay auf der Seite selbst öffnet. So können Leser Einzelheiten besser erkennen.

3.4.4 RSS-Feeds

Sie können Interessenten auch regelmäßig mit Neuigkeiten rund um Ihren Verband versorgen, ohne dass diese dafür extra Ihre Website aufsuchen müssen – mittels RSS-Feed. Dies ist ein spezieller Service, mit dem Abonnenten immer über neue Inhalte informiert werden, sobald Sie diese veröffentlichen. RSS (Really Simple Syndication) bedeutet so viel wie „wirklich einfache Verbreitung". Die Nutzer Ihres Feeds lesen die Meldungen dann über einen Feed-Reader, den Internetbrowser oder andere Einbindungen – die Anwendungsmöglichkeiten sind breit, auch eine Einbindung bei Facebook ist möglich (und inzwischen wahrscheinlich die sinnvollste Nutzung dieser Technik). Ein RSS-Feed ist im Grunde eine spezielle Datei, in der Ihre aktuellen Berichte so umgewandelt werden, dass ein Client diese übersichtlich darstellen kann. Haben Sie erst einmal einen RSS-Feed eingerichtet, aktualisiert sich dieser automatisch. Er liefert Abonnenten also regelmäßig eine neue Übersicht über Nachrichten, die Sie auf Ihrer Website erneuert haben. Sie stellen beispielsweise eine neue Pressemitteilung auf

Ihrer Website ein, und schon können interessierte Journalisten die Presse-Information abrufen, ohne Ihre Website besuchen zu müssen. Die Technik ist inzwischen recht betagt und wird von Nutzern selten direkt genutzt – häufig greifen aber andere Online-dienste oder mobile Apps auf Feeds zurück. Es lohnt sich also durchaus, diese Technik vorzuhalten.

Für Website-Betreiber ist die Einbindung recht einfach und erfordert lediglich einmaligen Erstellungsaufwand. Legen Sie zunächst genau fest, von welchen Unterseiten Ihrer Website Nachrichten in den RSS-Feed einfließen sollen. Die Nutzer Ihrer Website müssen dann nur noch einen speziell platzierten Button anklicken oder in ihre Lesezeichenleiste ziehen, und schon erhalten sie regelmäßig die neuesten Informationen zur Klinik. Der Unterschied zum Newsletter liegt darin, dass Ihre Patienten sich nicht bei Ihnen mit E-Mail-Adresse und persönlichen Daten anmelden müssen, um an Informationen zu gelangen. Die Nutzer entscheiden selbst, ob und wann Sie Nachrichten von Ihnen erhalten wollen. Sie können die abonnierten RSS-Channels dann per Browser oder speziellem RSS-Reader (z. B. feedly) empfangen und lesen.

Sie sollten jedoch darauf achten, dass Sie nur dann einen RSS-Feed anbieten, wenn Sie auch regelmäßig Neuigkeiten auf Ihrer Website veröffentlichen. Beschränken Sie den Feed auf Ihre Newsseite oder Ihren Blog, so dass nicht jede Kleinigkeit, die Sie auf Ihrer Website ändern, sofort an die RSS-Nutzer gelangt.

Weiterhin sollten Sie Ihren Feed auch bei den verschiedenen RSS-Verzeichnissen anmelden. Zum einen wird Ihre Website dadurch besser gefunden, und zum anderen können weitere Partnerseiten Ihren RSS-Feed einbinden. Das verschafft Ihnen ebenfalls einen Bonus bei Suchmaschinen (▶ Kap. 4).

3.4.5 Gästebuch

Einige Verbände binden auf ihren Websites ein Gästebuch ein. Dies ist auf den ersten Blick eine gute Möglichkeit, mit den Zielgruppen direkt zu kommunizieren. Nutzer können sich auf Ihrer Website mit anderen Nutzern und mit dem Verband austauschen.

Aber Vorsicht: Nicht jeder Eintrag ist schmeichelhaft, manche Einträge können gar Rechtsprobleme aufwerfen (mehr dazu lesen Sie in ▶ Kap. 7). Wenn Sie sich dazu entschließen, ein Gästebuch auf Ihrer Website einzubinden, kontrollieren Sie regelmäßig die veröffentlichten Beiträge. Entfernen Sie problematische Einträge, so dass Sie sich rechtlich nicht angreifbar machen. Idealerweise prüfen Sie Kommentare, bevor diese auf der Website für die Öffentlichkeit sichtbar sind. Es ist immer noch rechtlich strittig, wer für die Einträge haftet: der Autor oder der Website-Betreiber (oder beide).

Es ist unerlässlich, dass kommunikative Plattformen regelmäßig betreut werden. Nutzer, die einen Beitrag hinterlassen, warten vielleicht auf eine Antwort oder freuen sich, wenn Sie ihren Eintrag zeitnah kommentieren. Sie sehen: Ein Gästebuch bedarf eines erhöhten Pflegeaufwandes.

> **Tipp**
>
> Bevor Sie Beiträge in Ihrem Gästebuch veröffentlichen, prüfen Sie die Kommentare. Es sollte den Benutzern also nicht möglich sein, ihren Beitrag direkt zu posten. Sie müssen immer als eine Kontroll-Instanz gegenlesen. Ist der Kommentar rechtlich in Ordnung, können Sie ihn freischalten.

Eine gute Alternative zu einem Gästebuch ist eine Kommentar-Funktion unter allen (oder ausgewählten) Texten Ihrer Website. Dazu richten Sie auf der entsprechenden Seite ein Feld ein, in dem Nutzer direkt zu dem jeweiligen Thema Kontakt zu Ihnen aufnehmen, Fragen stellen oder einfach News oder Empfehlungen kommentieren können. Die Besucher können Ihren Namen und Ihre E-Mail-Adresse angeben, müssen dies jedoch nicht. Beispielsweise können Sie die Felder vordefinieren: Name: Anonym; E-Mail: anonym@anonym.de. Verfasst ein Patient einen Kommentar, wird Ihnen dieser per E-Mail zugestellt. Sie prüfen dann die Inhalte und können direkt auf Fragen oder Anmerkungen antworten. Gerade im Hinblick auf HWG und UWG ist es wichtig, dass Sie vorher alle Kommentare kontrollieren. Ihre Antworten darf natürlich auch nichts enthalten, was beispielsweise gegen das Fernbehandlungsverbot verstößt oder auf unlautere Werbung oder ein Heilversprechen hinausläuft.

❶ **Sollten Sie also kommunikative Elemente auf Ihrer Website einbinden wollen, informieren Sie sich im Vorfeld genau über die Vorschriften und kontrollieren Sie die Einträge regelmäßig. Das zuständige Personal sollte rechtlich entsprechend geschult sein.**

Der Vorteil dieser Kommentar-Funktion ist, dass Besucher oft viele offene Fragen haben, wenn sie gerade beispielsweise einen Text zum Thema zum Thema Masern-Impfung oder Online-Apotheken lesen. Über die Funktion können sie während oder direkt nach der Lektüre Kontakt zu Ihnen aufnehmen und ihre Fragen stellen. Dadurch bieten Sie Besuchern einen besonderen Service und erreichen eine Kommunikationstiefe, die durch reine Pressearbeit kaum möglich ist. Natürlich ist auch hier entscheidend, dass die Kommentare regelmäßig bearbeitet und vor allem beantwortet werden – am besten noch am gleichen Tag.

3.5 Usability der Website

Die Usability, also die Nutzerfreundlichkeit Ihrer Website, ist ein bedeutsames Kriterium. Nicht alle Menschen sind mit dem Internet groß geworden und surfen täglich im Netz. Zudem ist gerade der erfahrene Internetnutzer extrem ungeduldig. Daher ist es wichtig, dass sich eine Website einfach bedienen lässt und übersichtlich gestaltet ist. Eine unübersichtliche Navigation und kompliziert formulierte Texte führen schnell dazu, dass Besucher die Internetpräsenz nach wenigen Klicks wieder verlassen. Daher sollten einige Kriterien erfüllt sein:

3.5.1 Einfach strukturierte Navigation

Achten Sie darauf, eine klar strukturierte Navigation anzulegen. Dabei gilt die Faustregel, dass die Besucher Ihrer Website mit idealerweise drei Klicks an ihrem Such-Ziel ankommen sollten. Das bedeutet, dass Ihre Internetpräsenz sich in drei Unterebenen gliedert. Die Navigation muss zudem so genau sein, dass die Nutzer zu jedem Zeitpunkt wissen, wo auf Ihrer Website sie sich gerade befinden. Binden

3

Sie dazu am besten eine Pfadanzeige als Orientierungshilfe ein. Das kann beispielsweise eine „Breadcrumb"-Navigation („Brotkrumen"-Navigation) sein. Diese Orientierungshilfe wird üblicherweise ober- oder unterhalb der Hauptnavigation angezeigt, sofern diese horizontal verläuft. Die „Breadcrumb"-Navigation zeigt immer ganz genau an, wo auf der Website sich die Nutzer gerade befinden. Dies hat mehrere Vorteile. Hat Ihre Internetpräsenz sehr viele Unterseiten, verlieren die Besucher sonst schnell den Überblick. Geben Sie aber eine Orientierungshilfe an, finden die Nutzer sich einfacher zurecht. Zudem sollten die einzelnen Punkte der „Breadcrumb"-Navigation verlinkt sein, sodass die Patienten mit einem Klick zurück zu den zuvor besuchten Unterseiten gelangen. So müssen Sie sich nicht umständlich durch die Hauptnavigation klicken.

Eine „Breadcrumb"-Navigation kann folgendermaßen aussehen:

Startseite > Über uns > Selbstverständnis > Satzung

In diesem Fall wäre ein Besucher beispielsweise über die Startseite auf den Hauptmenüpunkt „Über uns" gelangt. Dort hat er sich für die Ausführungen zum Selbstverständnis des Verbands interessiert und liest nun die Satzung. Dieser Besucher befindet sich also auf der dritten Unterseite Ihrer Website. Möchte er jetzt etwas zu einem anderen Unterpunkt von „Über uns" erfahren, klickt er direkt in der „Breadcrumb"-Navigation auf „Über uns", ohne umständlich über die Hauptnavigation zu gehen.

Hilfreich für Nutzer ist auch eine „Zurück"-Funktion, mit der der User jeweils Seite für Seite zurückgehen kann.

3.5.2 Individuelle Titel und URLs der Unterseiten

Die Startseite ist durch Ihre Domain, www.abc-verband.de, gekennzeichnet. Entsprechend am Inhalt orientiert sollten auch die Dateinamen der Einzelseiten sein, die das letzte Element der URL (Uniform Resource Locator) bilden. Die URL ist die komplette Webadresse einer Einzelseite, zum Beispiel www.abc-verband.de/ueber-uns/selbstverstaendnis. Sie dient technisch zur Identifizierung der einzelnen Seite, aber auch der Orientierung und ist auch

aus Gesichtspunkten der Suchmaschinenoptimierung wichtig.

Auch sollten Unterseiten individuelle Titel erhalten. Diese Titel erscheinen im Reiter der Website und beschreiben kurz den Inhalt der Unterseite:

Unser Selbstverständnis | ABC-Verband

Wenn die Nutzer sich durch Ihre Website klicken, wird ihnen im Reiter angezeigt, auf welcher Unterseite sie sich befinden. (Mehr Informationen zu URL und Titel erhalten Sie in ▶ Kap. 4.)

3.5.3 Interne und externe Links

Auf nahezu jeder Website gibt es auch Links. Interne Links führen auf andere Unterseiten der eigenen Internetpräsenz. Externe Links dienen als Hilfestellung oder führen zu weiterführenden Informationen von anderen Website-Betreibern. Sie lotsen also zu anderen Websites. Externe Links sollten sich immer in einem neuen Fenster öffnen, damit die Besucher jederzeit auf Ihre Website zurückfinden. Meistens sind sie aus dem normalen Text-Layout in Farbe oder Unterstreichung hervorgehoben. Egal welche Lösung Sie bevorzugen: Kennzeichnen Sie Links immer einheitlich.

Klickt ein Nutzer einen Link an, sollte sich dieser verändern: Dies geschieht meistens durch einen Farbwechsel. Besuchte Links sind dann zumeist lila und heben sich so von noch nicht besuchten Links ab. Damit die Besucher die Information erhalten, wohin der Link führt, können Sie sogenannte Mouse-over verwenden. Fahren die Nutzer mit dem Pfeil der Mouse über den Link, ohne ihn anzuklicken, zeigt ein kleines Textfeld an, wohin der Link führt. Dies kann die Internet-Adresse des Links sein oder idealerweise ein erklärender Hinweis.

3.5.4 Textvolumen und -strukturierung

In den jeweiligen Unterkategorien erwarten die Besucher informative Texte. Beschreiben Sie Behandlungsmethoden oder Ihre angebotenen Leistungen ruhig ausführlich und detailliert. Das ist auch unter Gesichtspunkten der Suchmaschinenoptimierung wichtig (▶ Kap. 4). Überfordern Sie die Leser aber nicht mit langen, unstrukturierten Texten ohne Absätze und Zwischenüberschriften. Immer wenn Sie einen Gedanken abgeschlossen haben, setzen Sie einen Absatz und eventuell eine neue Überschrift. Dadurch wird der Textfluss unterbrochen und die Leser können die Inhalte besser aufnehmen. Gliedern Sie die Texte also in lesbare Portionen. Achten Sie zudem darauf, laienverständlich zu schreiben, wenn Sie sich nicht explizit ausschließlich an Fachpublikum richten. Vermeiden Sie dann komplizierte Fachbegriffe bzw. erklären Sie diese. Die Texte sollten ausreichend informieren und die einzelnen Themengebiete und Zusammenhänge detailliert darstellen.

Denken Sie dabei immer aus Sicht Ihrer Zielgruppe. Was möchten zum Beispiel potenzielle Mitglieder wissen, wenn sie Ihre Website aufsuchen? Bieten Sie Ihren Usern die Möglichkeit an, sich lange Texte ausdrucken zu können – als Druckversion oder als PDF.

> **Tipp**
>
> Haben Sie auch Zielgruppen mit anderen Muttersprachen als Deutsch – ob nun im Ausland oder Inland – bieten Sie den gesamten Inhalt Ihrer Seite oder zumindest relevante Bereiche auf Englisch an bzw. je nach Zielgruppe auch auf Russisch, Polnisch, Türkisch oder Arabisch.

Fazit

Ob eine Website benutzerfreundlich ist, hängt von vielen Faktoren ab. Mitarbeiter aus verschiedenen Bereichen sollten die Webpräsenz selbst anschauen: Prüfen Sie, ob sie sich in der Navigation der Website zurechtfinden und zu jedem Zeitpunkt wissen, auf welcher Unterseite sie sich gerade befinden. Sind die Texte gut strukturiert? Funktionieren alle Links? Durch dieses kleine Testszenario können Sie sich so schon einen ersten Eindruck darüber verschaffen, ob Ihre Website den Usability-Anforderungen genügt.

Darüber hinaus sollte dieser Test auch von mindestens einer ganz unabhängigen Person durchgeführt werden, da Mitarbeiter des Unternehmens ja bereits die Inhalte kennen. Idealerweise, aber selten umsetzbar, können Sie die Testperson Ihrer Zielgruppe bei der Nutzung Ihrer Seite beobachten. Die große Lösung ist: Beauftragen Sie eine spezialisierte Agentur mit Usability-Tests.

3.6 Die barrierefreie Website

Viele öffentliche Gebäude oder auch Verkehrsmittel sind bereits barrierefrei. Es gibt rollstuhlgerechte Rampen oder Fahrstühle an S-Bahnhöfen sowie zur Orientierung Textansagen für Sehbehinderte. Im Internet bleiben bislang viele Informationen körperlich eingeschränkten Personen verschlossen, weil die Internetseiten die Inhalte nicht barrierefrei darstellen. Viele Menschen mit Behinderungen nutzen dennoch begeistert das Internet, weil es ihnen neue Möglichkeiten bietet, aktiv und einfach am öffentlichen Leben teilzuhaben. Somit sollten auch Websites behindertengerecht aufbereitet sein. Barrierefreie Websites dienen Menschen mit Behinderungen, Menschen, die in ihrer Bewegungsfreiheit eingeschränkt sind und auch – tatsächlich! – Nutzern von Smartphones, da einige Kriterien der Web-Barrierefreiheit dafür sorgen, dass Websites auf Mobilgeräten besser dargestellt werden.

Am 1. Mai 2002 trat in Deutschland das Gesetz zur Gleichstellung behinderter Menschen (BGG) in Kraft. Nach § 4 BGG ist eine Website barrierefrei, wenn Menschen mit Behinderungen sie uneingeschränkt und ohne die Hilfe Dritter nutzen können. Die Inhalte barrierefreier Websites sollen also für jeden Nutzer uneingeschränkt abgerufen werden können: für ältere Menschen, Personen mit technisch veralteten Computern, Sehbehinderte, Gehörlose, Handy-Nutzer usw.

Das größte Problem dabei stellen Internet-Techniken dar, die es Menschen mit Behinderungen erschweren, bestimmte Website zu nutzen. Daher sind u. a. folgende Punkte zu beachten:

Die wichtigste Grundlage für eine barrierefreie Website ist, die HTML-Bausteine in einer logischen Reihenfolge und mit korrekter Codierung einzusetzen. Formatieren Sie z. B. in dem Seiten-Quelltext eine Überschrift einfach nur im Fettdruck, kann beispielsweise ein Screen-Reader dies nicht als Überschrift – also als strukturgebendes Element – erkennen. Es kommt also nicht primär

3

auf das tatsächliche Aussehen der Website als vielmehr darauf an, die HTML-Codes richtig einzusetzen. Ein weiterer positiver Nebeneffekt ist, dass auch Web-Spider, also Programme, mit deren Hilfe etwa Suchmaschinen Websites nach Inhalten durchsuchen, logisch aufgebaute Seiten-Quelltexte besser erfassen können und bevorzugen. Das hat zur Folge, dass Suchmaschinen barrierefreien Websites oft ein höheres Ranking zuweisen.

Bilder können leider nicht in gleicher Qualität für Sehbehinderte aufbereitet werden. Daher sollten ihnen immer beschreibende Texte im Seiten-Quelltext zugeordnet sein, die Bilder also mit alt- und title-Attributen versehen werden. Außerdem müssen Texte immer auszudrucken und auf jedem noch so alten Computer darzustellen sein.

Weiterhin müssen Sehbehinderte und Menschen mit beeinträchtigtem Sehvermögen die Schriftgröße und den Kontrast der Website im Browser skalieren können, um sie ihrer individuellen Sehleistung anzupassen.

Achten Sie darauf, dass Ihre Website klare Schriftarten und starke Kontraste enthält. Verwenden Sie Farben und Kontraste, die für das menschliche Auge angenehm zu lesen und auch von farbenblinden Besuchern leicht zu unterscheiden sind. Stellen Sie beispielsweise ein Balkendiagramm mit roten und grünen Balken dar, haben farbenblinde Nutzer Probleme mit der farblichen Unterscheidung.

Patienten, die an einer körperlichen Behinderung leiden und keine Computermaus bedienen können, sollten Ihre Website mühelos auch mit der Tastatur benutzen können. Dazu müssen die Besucher jederzeit erkennen, wo in der Navigation sie sich gerade befinden.

Falls Sie aufwändige Animationen oder Oberflächen verwenden, stellen Sie alternativ eine Low-Tech-Variante der Website zur Verfügung.

3.6.1 Barrierefreies PDF erstellen

Verbands-Websites enthalten oftmals auch selbst erstellte PDFs, z. B. umfangreiche Stellungnahmen, Handreichungen für Ärzte usw., die sich die Leser ausdrucken können. Damit auch Menschen mit Sehbehinderungen diese PDFs lesen können, müssen sie speziell formatiert werden. Im Folgenden sind die

Basisschritte für ein barrierefreies PDF-Dokument auf Grundlage eines Word-Dokuments erläutert:

> **Basisschritte für ein barrierefreies PDF-Dokument**
>
> 1. Grundlegend ist eine eindeutige Struktur des Dokuments.
> 2. Strukturieren Sie Ihr Word-Dokument mit Hilfe der vorgegebenen Formatvorlagen (Überschriften, Standardtext etc.).
> 3. Nutzen Sie für Layouttechniken die vorgesehenen Hilfsmittel (z. B. „Seitenlayout" > „Spalten" statt Tabulator).
> 4. Versehen Sie Grafiken mit Alternativtexten („Grafik formatieren" > „Alternativtexte").
> 5. Um die Vorlesefunktion eines Screen-Readers zu unterstützen, muss die Sprache des Dokuments angegeben sein („Überprüfen" > „Dokumentenprüfung").
> 6. Beim Speichervorgang unter „Optionen" die Dokumentenstrukturtags aktivieren.

Vor allem bei komplexeren Dokumenten ist es notwendig, sich detailliert mit den Richtlinien für barrierefreie PDF-Dokumente zu beschäftigen und über die oben genannten Schritte hinaus weitere umzusetzen.

3.7 Zertifizierung von gesundheitsbezogenen Websites

Schaut man sich verschiedene Verbands-Websites an, ist schnell klar, dass es qualitative Unterschiede gibt. Einige sind inhaltlich gut gemacht oder optisch sehr ansprechend – manchmal sogar beides. Andere beinhalten Texte lauter Fachausdrücke, es ist kein roter Faden innerhalb der Website erkennbar und die Links zu anderen Seiten funktionieren nicht (mehr). Oftmals können sehbehinderte Patienten die Inhalte gar nicht erfassen, weil die Seite nicht barrierefrei gestaltet ist.

Wenn Sie sichergehen wollen, dass Ihre Website nicht nur ansehnlich, sondern auch für alle Nutzer verständlich ist, die rechtlichen Vorschriften einhält und auch unter SEO-Gesichtspunkten optimal aufgebaut ist, lassen Sie Ihre Internetpräsenz prüfen und anschließend zertifizieren. Weiterhin sind Gütesiegel für die Öffentlichkeit ein Anzeichen dafür, dass Ihre Seite vertrauenswürdig ist.

In Deutschland gibt es folgende große Gütesiegel:

3.7.1 Aktionsforum Gesundheitsinformationssystem (afgis) e.V.

Das Forum wurde 1999 vom Bundesministerium für Gesundheit initiiert und 2003 in einen Verein überführt. Die Qualitätsprüfung basiert auf Selbstauskunft. Das bedeutet, dass die Betreiber zu ihrer Website, deren Inhalte und Ziele befragt werden. Ob die Angaben der Inhalte richtig sind, wird von afgis nicht überprüft. Laut Forum wird vor allem das Ziel verfolgt, Transparenz über das Angebot und den Anbieter herzustellen. Das Gütesiegel weist auf die Transparenz folgender Punkte hin:

> **Kriterien für das Gütesiegel von afgis**
> ▬ Der Anbieter der Website muss klar erkenntlich sein.
> ▬ Ziel, Zweck und Zielgruppe der Information wird abgefragt.
> ▬ Die dargestellten Daten sollten aktuell sein.
> ▬ Die Nutzer müssen die Möglichkeiten haben, sich rückzumelden.
> ▬ Werbung und redaktionelle Beiträge müssen kenntlich getrennt sein.
> ▬ Die Finanzierung muss belegt werden.
> ▬ Die Kooperationen und Vernetzungen sollten aufgezeigt werden.
> ▬ Datenschutz und Datenverwendung müssen gewährleistet sein.

3.7.2 Health on the Net Foundation (HON)

Die Foundation wurde 1995 als gemeinnützige Nichtregierungsorganisation (NGO) in der Schweiz gegründet und ist das älteste weltweit bekannte Qualitätslabel für Gesundheitsinformationen. Bis 2009

basierte die Erhebung auf Selbstauskunft. Seitdem wird zusätzlich zur Selbstauskunft ein System zur Evaluation aufgebaut. Die Qualität von gesundheitlichen Websites wird mit Hilfe eines 8-Punkte-Katalogs geprüft. Der „HON code of conduct" (HONcode) prüft, ob Internetseiten zuverlässig und glaubwürdig sind und stellt zusätzlich eine Suchmaschine zur Verfügung, mit deren Hilfe Nutzer nach HON-zertifizierten Internet-Quellen suchen können. Die Foundation fragt nach den Informationsquellen, die benutzt wurden und ermittelt, ob die Daten zeitgemäß, unabhängig und angemessen sowie leicht zugänglich sind. Die Prinzipien der HON-Prüfung:

> **Der 8-Punkte-Katalog der HON**
> ▬ Die Verfasser der Informationen sollten Sachverständige sein.
> ▬ Die Informationen und Hilfestellungen ergänzen und unterstützen medizinische Beratung, sie ersetzen diese nicht.
> ▬ Der Datenschutz der Besucher wird gewährleistet.
> ▬ Die Referenzen zu den Informationsquellen sowie ein Datum müssen klar zugeordnet werden können.
> ▬ Die Verfasser müssen beschriebene Behandlungsmethoden, Produkte und Dienstleistungen durch ausgewogene wissenschaftliche Quellen belegen.
> ▬ Die Website sollte transparent sein und Möglichkeiten zur Kontaktaufnahme bereitstellen.
> ▬ Die Betreiber sollten die Finanzierung offenlegen. Gibt es Sponsoren? Wer ist die Finanzquelle?
> ▬ Werbung und redaktionelle Inhalte müssen getrennt werden.

3.7.3 DISCERN-Instrument

Mit Hilfe der DISCERN-Kriterien kann geprüft werden, ob eine Publikation zuverlässig als eine Informationsquelle zur Entscheidungsfindung genutzt werden kann. Eine Gruppe von Wissenschaftlern

3

aus Oxford hat DISCERN entwickelt, das dann von der Abteilung Epidemiologie, Sozialmedizin und Gesundheitssystemforschung der Medizinischen Hochschule Hannover zusammen mit dem „Ärztlichen Zentrum für Qualität in der Medizin" (ÄZQ) ins Deutsche übersetzt wurde. DISCERN ist ein Kriterien-Katalog, der 16 Fragen umfasst. Anhand dessen soll geprüft werden, ob eine Information zuverlässig ist und die Verfasser Behandlungsalternativen transparent darstellen:

Einige Inhalte des DISCERN-Kriterien-Katalogs

- Eine Publikation muss klare Ziele haben.
- Sie muss diese Ziele erreichen.
- Die Ziele müssen für die Nutzer bedeutsam sein.
- Die Publikation muss die Informationsquellen nennen.
- Es muss eine Angabe vorhanden sein, wann die Informationen erstellt wurden.
- Die Publikation soll ausgewogen und unbeeinflusst sein.
- Wenn zusätzliche Quellen genutzt wurden, müssen diese genannt werden.
- Sie beschreibt, wie Behandlungsmethoden wirken.
- Die Verfasser sollten den Nutzen und die Risiken der Verfahren sowie die Folgen einer Nicht-Behandlung beschreiben.
- Außerdem muss klar werden, wie sich die Behandlungsmethoden auf die Lebensqualität auswirken.
- Die Publikation muss verdeutlichen, dass mehr als nur ein Verfahren bestehen könnte.
- Zudem muss sie auf eine gemeinsame Entscheidungsfindung hinweisen.

3.7.4 Das Gütesiegel der Stiftung Gesundheit

Bei der Stiftung Gesundheit prüfen externe Gutachter die Websites der Anbieter auf ihre publizistische und rechtliche Güte, auf die Usability sowie die Suchmaschinenfreundlichkeit. Die Prüfung erfolgt also nicht über eine Selbstauskunft. Am Ende erhalten die Betreiber ein umfangreiches Gutachten mit Empfehlungen. So können sie Fehler beheben und ihre Website verbessern. Grundlage des Verfahrens sind die anerkannten DISCERN-Kriterien der Oxford University zur Einschätzung der Qualität von Patienteninformationen. Die wesentlichen Informationen hat die Stiftung übernommen, sie aber im Laufe der Zeit auf Websites angepasst und auf über 100 Prüfpunkte ausgeweitet. Die Gutachter bewerten die einzelnen Kriterien von 0 (nicht erfüllt) bis 5 (Ziel erfüllt). Zudem sind die Prüfpunkte unterschiedlich gewichtet. Dadurch können bedeutsame Fragen stärker berücksichtigt werden. Die Gutachter prüfen u. a. in folgenden Kategorien:

Einige Prüfpunkte der Website-Zertifizierung der Stiftung Gesundheit

- Erfüllt die Website die geltenden rechtlichen Anforderungen?
- Wurden publizistische Sorgfaltsangaben eingehalten?
- Ist die Publikation zuverlässig?
- Wie gut ist die Qualität der Informationen über die Auswahl von Behandlungsoptionen?
- Wie gut ist die Qualität von Community-Eigenschaften und Foren?
- Bietet die Website Unterstützung bei der Navigation?
- Bietet die Website Unterstützung bei der inhaltlichen Orientierung?
- Sind Informationen angemessen und anschaulich präsentiert?
- Ist die Website barrierefrei?
- Ist die Website suchmaschinenoptimiert?

Experten-Interview Dr. Rolf Schulte Strathaus, Geschäftsführer der eparo GmbH in Hamburg, die auf die Nutzerfreundlichkeit von Websites spezialisiert ist

Was macht eine gute Website aus?
„Menschen besuchen eine Website ja nie zufällig, sondern immer mit einer mehr oder weniger klaren

Erwartung. Vielleicht suchen sie Unterhaltung, wollen etwas kaufen oder benötigen Informationen. Eine gute Website zeichnet sich dadurch aus, dass sie es den Besuchern möglichst leicht macht, das zu tun, was sie tun wollen."

Wie erforschen Sie, ob eine Website benutzerfreundlich ist?

„Grundsätzlich tun wir das über die Beobachtung und Befragung von Nutzern der Website. Hierfür laden wir passende Probanden zu Interviews ein und beobachten dann im Usability-Labor, wie gut sie die Aufgaben erledigen können, die sie dort gestellt bekommen. Ganz wichtig dabei ist die Beobachtung. Hier binden wir unsere Kunden immer mit ein. Neben der reinen Benutzerfreundlichkeit spielen ja noch viele weitere Aspekte eine Rolle. Ganz oft ignorieren die Nutzer Informationen oder Angebote, die der Websitebetreiber aber als Hauptargument für sein Angebot versteht. Diese Erkenntnis ist meistens wichtiger für den Erfolg der Website als kleine Verbesserungen in der Benutzerfreundlichkeit."

Nach welchen Kriterien bewerten Sie die Nutzerfreundlichkeit einer Website?

„Wir nutzen kaum harte Kriterien für die Bewertung. Es geht uns ja nicht um eine Benchmark mit anderen Websites. Wir wollen gemeinsam mit unseren Kunden beurteilen, was sich noch verbessern lässt. Es gibt allerdings einen Aspekt, der immer im Fokus steht: Wie intuitiv kommen die Nutzer mit der Website klar? Die unbewusste Wahrnehmung spielt ja eine ganz entscheidende Rolle beim Verständnis und steuert unser Handeln. Das gilt auch sehr stark für digitale Angebote. Wenn das Unterbewusstsein etwas für Werbung hält, dann wird der Nutzer diesen Bereich der Website erst mal ignorieren. Oft ist die vermeintliche Werbung aber das wichtigste Angebot des Betreibers, das aus diesem Grund besonders ‚werbewirksam' gestaltet wurde. Das bemerkt man bei der Beobachtung, insbesondere über die Verfolgung des Blickverlaufs über Eyetracking."

Was können Marketingverantwortliche tun, um Ihre Website zu verbessern?

„Wenn sich die Verantwortlichen klar machen, dass die Website eine Dienstleistung ist und kein Kommunikationskanal, ist schon viel gewonnen. Es geht nicht um ‚Was will ich sagen?', sondern um ‚Was wollen meine Nutzer erreichen?'.
Wenn sie die Entwicklung nutzerzentriert machen, ihre Nutzer und Kunden befragen und während der Entwicklung über User-Tests das Konzept und Design überprüfen, dann lassen sich alle groben Fehler leicht vermeiden."

Welches sind die häufigsten Fehler, die Sie auf Websites vorfinden?

„Der Kardinalfehler ist immer noch die große, prominente Bühne oben auf der Startseite. Am besten noch mit wechselnden Angeboten. Die wird von den Nutzern immer ignoriert und sie suchen auf dem Rest der Seite nach den Informationen, die sie benötigen. Daneben gibt es aber auch viele handwerkliche Fehler, die ihren Grund in der fehlenden Erfahrung der Designer und Texter mit unbewusster Wahrnehmung haben. Das zeigt sich an langen, nichtssagenden Texten oder typischen gekauften austauschbaren Bildern.
Aber diese Fehler verblassen neben der typischen Sendermentalität von Unternehmens-Websites, die keinerlei Rücksicht auf die wahren Interessen der Besucher nimmt. Daher noch mal mein Plädoyer für eine frühe und durchgängige Nutzerorientierung bei der Website-Entwicklung."

Suchmaschinenoptimierung (SEO): Bei Google gefunden werden

© Springer-Verlag GmbH Deutschland 2017
A. Köhler, M. Gründer, *Online-Marketing für medizinische Gesellschaften und Verbände,*
Erfolgskonzepte Praxis- & Krankenhaus-Management, DOI 10.1007/978-3-662-53469-4_4

Das Internet mag die revolutionärste Erfindung des späten 20. Jahrhunderts sein, aber ohne Suchmaschinen wäre es heute praktisch wertlos. Niemand könnte der Informationsflut Herr werden, wenn die Stichwortsuche von Google & Co. sie nicht zugänglich machen würde. Sie hilft uns tagtäglich, die Nadel im Heuhaufen zu finden. Über 90 Prozent der Internetnutzer orientieren sich mit Hilfe von Suchmaschinen im Internet.

Wer mit seiner Website Menschen im Internet erreichen will, muss dafür sorgen, dass man sie mit Suchmaschinen finden kann. Wenn die Website bei den wichtigen Suchbegriffen in den Trefferlisten der Suchmaschinen gar nicht auftaucht, aber auch schon, wenn sie erst auf der zweiten Ergebnisseite auftaucht, ist es Zeit zu handeln. Es gibt viele Strategien, die eigene Internetpräsenz für Suchmaschinen attraktiver zu gestalten. Mit eben diesem Ziel beschäftigt sich die Suchmaschinenoptimierung (abgekürzt SEO, nach dem englischen „Search Engine Optimization").

4.1   Grundlagen

Hinter der Suchmaschinenoptimierung steckt weder Hexerei noch Betrug, sondern viel analytisches Knowhow und harte Arbeit. Suchmaschinenoptimierer analysieren, wie Suchmaschinen funktionieren, und passen Internetseiten so gut wie möglich an diese Kriterien an: Sie optimieren sie für die Suchmaschinen.

4.1.1   Wie funktionieren Suchmaschinen?

Millionen von Menschen benutzen täglich viele Male eine Suchmaschine, ohne sich zu fragen, wie die Ergebnisse eigentlich zustande kommen. Suchmaschinen sind riesige Sammel- und Sortiermaschinen für Informationen aus dem Netz. Natürlich kann eine Suchmaschine nicht für jede einzelne Suchanfrage das gesamte Internet durchforsten – die Datenmasse wäre kaum zu bewältigen, und es würde sehr lange dauern. Deshalb betreibt jede Suchmaschine unzählige Datensammler: eigenständige Programme, Crawler oder Spider genannt, die ständig

im Netz unterwegs sind, sich Websites anschauen und die wichtigsten Daten erfassen. Diese Informationen werden in einer riesigen Datenbank archiviert, dem Index. Dieser Index der Suchmaschine ist gut sortiert und kann blitzschnell abgefragt werden. Aus ihm holt sich die Suchmaschine ihre Ergebnisse.

Was sich mit Suchmaschinen finden lässt, ist also durch zwei Faktoren limitiert: die Wahrnehmungsfähigkeiten des Crawlers und den Zeitpunkt seines Besuchs einer Website. Denn die Informationen, die der Crawler von einer Website analysieren kann, sind begrenzt. Crawler verstehen grundsätzlich nur Texte. Für die Inhalte von Videos und Bildern sind sie im Wesentlichen blind, ebenso für das Design einer Seite. Von seinem Besuch nimmt der Crawler also nur Informationen mit, die sich in irgendeiner Form im Programmcode der Website befinden. Der zweite limitierende Faktor ist der Zeitpunkt des letzten Crawlerbesuchs auf einer Internetseite. Wurden Änderungen an der Seite vorgenommen, nachdem der Crawler seine Informationen gesammelt hat, kennt die Suchmaschine diese Änderungen nicht. Sie können erst in den Suchergebnissen auftauchen, wenn der Crawler die Seite erneut besucht hat. Das kann je nach Bedeutung der Seite einige Minuten bis mehrere Tage dauern.

Aber wie kommt die Sortierung der Ergebnisliste zustande? Warum steht ein Ergebnis auf Platz eins, ein anderes auf Platz 164, wenn doch beide Websites von der gleichen Sache sprechen? Die Relevanz von Treffern bestimmen die Suchmaschinen nach komplexen Algorithmen, in denen viele verschiedene Kriterien zusammenfließen. Welche Kriterien das im Einzelnen sind, ist Geschäftsgeheimnis der Suchmaschinenanbieter. Bei Google kommen aktuell mehrere hundert Parameter zum Einsatz, um die Rangfolge von Suchergebnissen zu errechnen.

Natürlich sind einige der Kriterien leicht zu erschließen, andere sind sogar offiziell bestätigt. Ein Beispiel: Fast ein Mythos unter den Besitzern von Internetseiten ist Googles PageRank. Diese Kennziffer ist nach Larry Page, einem der Erfinder der Suchmaschine, benannt und war einst der Grundstein für Googles phänomenalen Siegeszug. Sie beruht darauf, dass Googles Crawler registrieren, welche Links auf Internetseiten verweisen. Vereinfacht gesagt haben Seiten, die besonders oft von anderen Seiten verlinkt werden, einen hohen PageRank, Seiten mit wenig solcher „Backlinks" einen niedrigen. Google

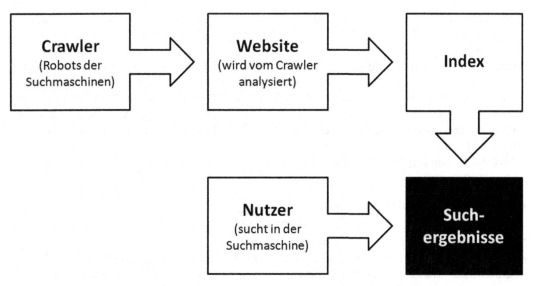

Abb. 4.1 Funktionsweise einer Suchmaschine

betrachtet Links als Empfehlungen für die verlinkte Seite. Und so ist der PageRank praktisch eine Skala für die Popularität einer Seite im Netz. Diese kann als ein Kriterium genutzt werden, um die Seiten in einer Suchmaschinen-Trefferliste zu hierarchisieren. Der PageRank selbst gilt heute eher als Relikt und hat nur noch geringen Einfluss auf die Sortierung der Suchergebnisse. Wie vieles anderes aus der Frühzeit der Suchmaschinen war er zu leicht zu manipulieren, seitdem kluge Webmaster Links tauschten, verkauften oder Kommentarfelder von Blogs mit Links vollstopften. Die modernen Mechanismen sind komplexer und schwerer zu manipulieren (**Abb. 4.1**).

Die Vorherrschaft von Google

Für den weitaus größten Teil der Deutschen ist das Suchen im Internet gleichbedeutend mit „Googeln". Zwar gibt es Hunderte von Suchmaschinen, doch die Mehrzahl von ihnen fristet ein Nischendasein. Neun von zehn Internetsuchen in Deutschland werden mit Google durchgeführt. Selbst die Microsoft-Suchmaschine Bing ist mit einem Marktanteil von unter 4 Prozent völlig abgehängt. Für die Suchmaschinenoptimierung im deutschen Sprachraum bedeutet dieses seit mehreren Jahren stabile Quasi-Monopol, dass man sich lediglich mit den Mechanismen von Google auseinandersetzen muss. Andere Suchmaschinen müssen nur in die Kalkulation einbezogen werden,

wenn auch ausländische, insbesondere außereuropäische Zielgruppen erreicht werden sollen. So kommt etwa in China die hierzulande fast unbekannte Suchmaschine Baidu auf einen Markanteil von zwei Dritteln, in Russland führt die Suchmaschine Yandex mit einem ähnlichen Marktanteil die Liste an.

4.1.2 Nutzerangepasste Ergebnisse

Bei modernen Suchmaschinen sieht nicht mehr jeder Suchende dieselben Ergebnisse. Längst haben Suchmaschinenbetreiber damit begonnen, allerlei nutzerbezogene Kriterien in die Suche einzubeziehen. So erhält beispielsweise ein Nutzer in Mainz, der das Suchwort „Neurochirurgie" bei Google eingibt, andere Ergebnisse, als wenn jemand an einem Computer in Ingolstadt dasselbe sucht. Google registriert dabei über die Kennung des anfragenden Computers den Standort des Nutzers. Bei Suchanfragen, die üblicherweise lokal gemeint sein dürften, bietet die Suchmaschine dem Nutzer primär Ergebnisse in der Nähe seines Standortes an.

Aber auch über die Lokalisierung hinaus nimmt Google längst Anpassungen vor, die auf dem persönlichen Such- und Klickverhalten eines Nutzers basieren. Dafür werden praktisch alle Interaktionen eines Nutzers mit Google protokolliert und so eine Art Nutzerprofil erstellt. Die Daten dafür stammen vor allem

4.2.2 Wonach sucht die Zielgruppe?

Auf die Definition der Personengruppen, die mit einer Website angesprochen werden sollen, folgt die Keyword-Analyse. Als Keywords werden hierbei jene Suchworte und Wortkombinationen bezeichnet, die ein Internetnutzer in die Suchmaschinenmaske eingibt. Die Identifikation der Keywords, mit denen eine Zielgruppe nach den Angeboten der zu optimierenden Website sucht, ist der neuralgische Punkt der Suchmaschinenoptimierung. Doch wie findet man die richtigen Keywords? Der wichtigste Kniff ist, nicht von Angebots- bzw. Anbieterseite her zu denken. Es geht zunächst nicht um die Botschaft, die Sie senden wollen. Es geht um das Problem, das die Zielgruppe zum Verband bzw. auf seine Website führt.

Die Website sollte so optimiert sein, dass jede Zielgruppe so verlustfrei wie möglich dorthin geleitet wird, wo ihr Bedürfnis angesprochen und erfüllt wird. Hierfür ist die Suchmaschine ein guter Verteilerknoten: Sie liefert für jede Suchanfrage die relevante Unterseite und bringt die Zielgruppe also genau dorthin, wo sie hinsoll – vorausgesetzt, alles ist richtig eingerichtet. Stolpersteine gibt es viele. Neben einem unzureichenden oder falschen Verständnis für die Wünsche der Zielgruppe handelt es sich oft vor allem um den Gebrauch der falschen Stichworte.

Dies gilt besonders, wenn keine Fachleute angesprochen werden sollen, also die Öffentlichkeit, Patientengruppen oder Sponsoren anvisiert werden. Ein Beispiel: Patienten kommen nicht wegen eines Meniskusrisses zum Arzt, auch nicht wegen einer Meniskusruptur. Sie kommen wegen Knieschmerzen. Und genau das würden sie auch googeln: „knieschmerzen" wird monatlich via Google 33.100-mal gesucht, „meniskusriss" nur 12.100-mal. Ähnliches gilt für medizinische Fachgebiete und Schwerpunkte: Laut Angaben von Google wird im monatlichen Durchschnitt „osteopathie" 110.000-mal gegoogelt, „osteopath" 14.800-mal, „manualtherapie" 1000-mal, „chiropraktiker" 40.500-mal und „chirotherapie" 8100-mal. Aus diesem Block mehr oder minder synonym verwendeter Begriffe ist die Gebietsbezeichnung „Osteopathie" demnach der mit Abstand am weitesten verbreitete.

Gegenüber Ärzten und anderen Fachleuten können es sich Institutionen leichter machen, denn in der Regel werden diese eine gemeinsame und bekannte Fachsprache verwenden.

Das beste Recherche-Werkzeug liefert Google höchstpersönlich mit seinem Keyword-Planer. Hier kann man auf Googles eigene Statistik-Daten zugreifen und herausfinden, wie oft bestimmte Begriffe und Wortkombinationen tatsächlich gegoogelt werden. Das Tool hilft übrigens auch beim Brainstorming: Es schlägt selbstständig andere Begriffe vor, die es für thematisch verwandt hält.

> **Tipp**
>
> Probieren Sie den Keyword-Planer aus und erfahren Sie so, welche Keywords tatsächlich auch der Allgemeinheit geläufig sind. Sie finden den Keyword-Planer im Tools-Bereich von Google AdWords. Um ihn zu nutzen, müssen Sie einmalig ein Konto bei Google AdWords anlegen.

Gegenüber Ärzten und anderen Fachleuten (also auch etwa Gesundheitspolitikern oder Medizinjournalisten) können es sich Institutionen natürlich leichter machen, denn in der Regel werden diese eine gemeinsame und bekannte Fachsprache verwenden.

4.2.3 Ziele definieren

Der dritte Schritt ist weniger eine Analyse-Aufgabe als vielmehr eine Entscheidung, die getroffen werden muss: Was genau soll mit der Optimierung erreicht werden? Eine Website eines medizinischen Verbands wird nie die Durchsetzungskraft von Wikipedia oder großen Nachrichtenportalen haben. Es gilt, die verfügbaren Ressourcen auf klar definierte Ziele zu fokussieren. Nicht alle Zielgruppen können gleich gut über das Internet erreicht werden, und die zu erwartenden Gewinne sind je nach Zielgruppe und Zielstellung unterschiedlich. So wird etwa für Lobbyarbeit in aller Regel der persönliche Kontakt mit Entscheidungsträgern effizienter sein als die unpersönliche Kommunikation per Online-Medien.

> **Tipp**
>
> Wählen Sie Zielgruppen aus, die Sie sinnvoll und gewinnbringend im Netz ansprechen können. Und wählen Sie die Keywords aus, auf die sich die Optimierung konzentrieren soll.

4.2.4 Erfolgskontrolle und Weiterentwicklung

Die Ergebnisse, die in den beschriebenen drei Schritten gewonnen wurden, stellen die Grundlage für eine strategisch sinnvolle Suchmaschinenoptimierung dar. Sie haben aber keine Erfolgsgarantie und sind auch nicht ewig gültig. Das Internet verändert sich in atemberaubender Geschwindigkeit. Noch extremer ist es bei den Suchmaschinen: Fast monatlich werden kleine (und manchmal auch große) Stellschrauben von den Betreibern der Suchmaschinen verändert, die die Sortierung und Darstellung der Suchergebnisse beeinflussen. In regelmäßigen Prozessen muss kontrolliert werden, ob die ergriffenen Maßnahmen tatsächlich zielführend sind und ob bereits Erreichtes sicher ist. Diese Kontrollprozesse lassen sich automatisieren und mit wenig Aufwand durchführen, vorausgesetzt, man richtet sie einmal korrekt ein.

Werkzeuge für die Analyse

Es gibt zahlreiche Werkzeuge, mit denen sich valide Daten über die Besucherströme der Website und über ihre Performance in den Suchmaschinen gewinnen lassen. Im Folgenden sind einige der populärsten Möglichkeiten kurz vorgestellt.

Website-Analyse

Für die Erfassung der Besucherströme der eigenen Website gibt es mächtige Tools, die auch das letzte Quäntchen Information aus jedem Besucher herauspressen.

Google Analytics   Dies ist das am weitesten verbreitete Tool. Es ist kostenlos, einfach einzurichten und bietet eine unglaubliche Datenfülle, die kaum Wünsche offen lässt. Der Haken: Sein Datenhunger ist so enorm, dass es zu einem der Lieblingsfeinde der Datenschützer geworden ist. Zudem werden die Analysedaten auf den Google-Servern gespeichert und liegen damit potenziell in den Händen des U.S.-Konzerns und nicht des einzelnen Website-Betreibers. Informationen und Anleitungen findet man unter https://analytics.google.com

Piwik   Dies ist eine gute, ebenfalls kostenlose Alternative für alle, die sich stärker dem Datenschutz verpflichtet fühlen und sich nicht von externen Anbietern abhängig machen wollen. Es wird als Software auf dem eigenen Server installiert und kann datenschutzkonform eingesetzt werden. Dies bedeutet jedoch kaum Einschränkungen in der Funktionalität: Piwik kann alles, was selbst Profis von solch einem Werkzeug erwarten. Es ist allerdings etwas anspruchsvoller in Installation und Bedienung als Google Analytics. Informationen und Anleitungen findet man unter https://piwik.org

Google Search Console   Ob in Verbindung mit Google Analytics oder allein – die Google Search Console (früher: Webmaster Tools) sollte jeder Website-Inhaber nutzen. Sie erlaubt einerseits bis zu einem gewissen Grad Kontrolle darüber, wie die Website bei Google dargestellt wird. Andererseits liefert sie auch einige Statistiken darüber, wie sich die Website in der Google-Suche schlägt. Hierfür muss man die Website einmalig anmelden und verifizieren unter *https://www.google.com/webmasters*

SEO-Analyse

Webanalyse-Tools erfassen nur die Vorgänge auf der Website selbst. Sie bringen nicht in Erfahrung, wie sich eine Seite für bestimmte Keywords in den Suchmaschinen schlägt oder wie gut sie im Internet verlinkt ist. Für solche Aufgaben bedarf es völlig anderer Werkzeuge. SEO-Analysetools beobachten das gesamte Internet, um Vergleichsdaten für jeden Zweck bereitzustellen. Mit ihrer Hilfe lässt sich nicht nur in Erfahrung bringen, was real auf einer Website geschieht. Mit solchen Tools kann man Konkurrenten im Auge behalten, passendere Keywords finden, die Verlinkung analysieren und weitere Optimierungspotentiale identifizieren.

Hier die für Deutschland prominentesten Anbieter:

Sistrix Toolbox   Die Toolbox der Bonner Firma Sistrix baut auf einem riesigen Datenbestand auf, der von der Firma seit Jahren mit eigenen Crawlern im Internet gesammelt wird. Mit der Toolbox lassen sich SEO- und auch SEM-Kampagnen hervorragend kontrollieren und Daten für die weitere Optimierung gewinnen. Die Stärken liegen in der Verlinkungs-Analyse und in der Überwachung der Suchmaschinenperformance einer Website. Für Letzteres hat Sistrix eine eigene Skala entwickelt, den Sistrix-Sichtbarkeitsindex, der sich mittlerweile in Deutschland als gute Kennzahl für die Suchmaschinenpräsenz etabliert hat. Durch die Übernahme des Konkurrenten SEOlytics im Jahr 2016 ist das Angebot noch stärker geworden. Die Nutzung der Toolbox ist kostenpflichtig. Informationen findet man unter https://www.sistrix.de

Searchmetrics Suite Searchmetrics ist eine Firma aus Berlin. Die Searchmetrics Suite ist der dritte Big Player unter den SEO-Analysetools. Auch sie steht den beiden zuvor erwähnten in nichts nach. Ihre besondere Stärke liegt in darin, dass sie nicht nur Analysedaten liefert, sondern auch Vorschläge zur Optimierung der eigenen Website macht. Auch hier muss man in die Nutzung Geld investieren. Informationen findet man unter http://www.searchmetrics.com/de

Kostenlose Tools Wenn sich die kostspieligen SEO-Toolboxen nicht rechnen: Im Internet gibt es natürlich auch eine Vielzahl mehr oder weniger guter kostenloser Tools, die einzelne Aufgaben der SEO-Analyse wie etwa eine Backlink-Analyse ebenfalls erledigen können. So kann man unter http://www.seitenreport.de die eigene Website automatisiert auf Schwachstellen abklopfen lassen. Aber Achtung: Diese kostenlosen Tools liefern selten belastbare Daten und sind darüber hinaus häufig schon nach wenigen Monaten wieder aus dem Netz verschwunden.

Die wichtigsten Kriterien der SEO-Analyse

- Monatliche Besucherzahlen und ihre Herkunft (die sogenannten Referrer zeigen, von welchen Suchmaschinen oder anderen Websites die Besucher kamen).
- Die Keywords, die Besucher von Suchmaschinen dort eingaben, um zu Ihnen zu gelangen.

- Die Position Ihrer Seiten in den Suchergebnissen für die von Ihnen festgelegten Keywords.
- Die Verlinkung Ihrer Website im Internet (Anzahl und Zusammensetzung der Backlinks).

Wichtig sind insbesondere die Entwicklung dieser Informationen über die Monate hinweg und die Tendenzen, die sich daraus abzeichnen. Auf der Basis dieser Daten können Sie auch überprüfen, ob Optimierungsmaßnahmen funktionieren oder nicht. Natürlich lassen sich zusätzlich Hunderte andere Daten erfassen und eventuell gewinnbringend analysieren. Aber Vorsicht: Schnell wird die Datenmenge unübersichtlich und die Auswertung sehr zeitaufwändig.

4.3 Die wichtigsten Maßnahmen

Durch die Analyse sind die wichtigsten Grundlagen gelegt, um eine Website für die Suchmaschinen zu optimieren. Doch worauf ist konkret zu achten? Im Folgenden werden die wichtigsten Optimierungsfelder dargestellt und einige elementare Maßnahmen erläutert.

4.3.1 Strukturelle und technische Aspekte

Der strukturelle Aufbau einer Internetpräsenz ist für die Crawler der Suchmaschinen ebenso wichtig wie für normale Besucher. Crawler sind dafür gebaut, das Verhalten von wirklichen Surfern möglichst weit nachzuahmen. Wenn also ein Mensch eine Website leicht verständlich und gut bedienbar findet, wird sie normalerweise auch Suchmaschinen keine Hürden bieten.

Der hierarchische Aufbau

Der hierarchische Aufbau bestimmt wesentlich, welche Autorität die einzelnen Seiten innerhalb einer Website besitzen. Eine einfache Homepage ist – grob vereinfacht – wie ein Stammbaumdiagramm aufgebaut: mit der Startseite als Elternelement, von dem alle Kinder- und Enkelelemente abzweigen. Die wichtigste Seite ist in aller Regel die Startseite (▶ Abschn. 4.3.3). Das gilt nicht nur für menschliche Nutzer, die hier häufig schon entscheiden, ob eine Website für sie interessant ist. Auch Suchmaschinen widmen der Startseite besondere Aufmerksamkeit und schätzen ihre Inhalte als besonders wichtig ein.

Der Aufbau ist aber auch noch in anderer Hinsicht von Bedeutung. Eine Website sollte so strukturiert sein, dass die Crawler der Suchmaschinen sie leicht und schnell erfassen können. Crawler bewegen sich wie Menschen durch eine Internetpräsenz, indem sie in den Menüs Links anwählen und so von Unterseite zu Unterseite springen. Wie geduldig sie dies tun und ob sie dabei alles finden, was es zu sehen gibt, hängt ganz wesentlich von der internen Verlinkung der Website ab. Bei einer guten Verlinkung sollte es möglich sein, mit maximal drei Klicks von jeder Seite einer Webpräsenz zu einer beliebigen anderen Seite zu gelangen. Dies ist auch bei umfangreichen Websites in der Regel erreichbar und sollte angestrebt werden. Nicht nur die Crawler, sondern auch die menschlichen Besucher werden es zu schätzen wissen (▶ Kap. 3).

> **Tipp**
>
> Zumindest die Startseite sollte über einen Direktlink von jeder Einzelseite schnell erreichbar sein. Im Idealfall gilt dies auch für die wichtigsten Rubriken.

Die Domain

Eine gute Domain ist einer der wichtigsten Faktoren für Erfolg bei den Suchmaschinen. Im Idealfall kommen wichtige Keywords in der Domain vor. Eine solche Domain nennt man „Keyword-Domain".

Strebt man eine Topplatzierung zum Beispiel für das Keyword „fortbildungen dermatologie" an, ist eine Domain wie www.fortbildungen-dermatologie.de ein erheblicher Wettbewerbsvorteil. Ganz so einfach kann es sich ein Verband natürlich meist nicht machen – es lohnt sich aber, sich schon bei der Domainauswahl die SEO-Ziele vor Augen zu halten. Über die Stränge schlagen sollte man übrigens auch

nicht: Lange Domains mit vielen Keywords scheinen zwar auf den ersten Blick toll, sind aber sehr nutzerunfreundlich. Hier sollte man stets einen guten Kompromiss suchen.

Bei der Domainregistrierung ist es empfehlenswert, großzügig zu verfahren und zum Beispiel Variationen der Hauptdomain zu registrieren (mit und ohne Bindestrichen, mit und ohne Umlauten usw.). Auch die wichtigsten Top-Level-Domains gehören mit in das Domain-Portfolio, und zwar nicht nur, um internationale Wirkung zu erzielen. Zwar ist in Deutschland die Top-Level-Domain „de" Standard, doch sollten auch die Domains mit den Endungen „com", „net" und „org" gesichert werden. All dies dient vor allem der Absicherung gegen die Konkurrenz.

Auch wenn Sie mehrere für den Verband nützliche Domains registriert haben, sollten Sie nur eine davon für Ihre Homepage nutzen. Alle anderen Domains dienen nur als Sekundärdomains und werden auf die Hauptdomain weitergeleitet.

> ❗ **Betreiben Sie auf gar keinen Fall dieselbe Seite unter mehreren verschiedenen Domains. Dies gilt als Duplicate Content und ist eine der Todsünden der Suchmaschinenoptimierung.**

Auch wenn diese Argumente dafür zu sprechen scheinen, sich nun schnell eine gute Keyword-Domain auszudenken und die gute alte Domain www.abc-verband.de aufzugeben, ist hier eine nüchterne Abwägung nötig. Eine neue Domain bedeutet für die Suchmaschinen in aller Regel, dass es sich um eine völlig neue Website handelt. Eine über viele Jahre erkämpfte Autorität ist unter Umständen verloren, wenn die Domain gewechselt wird. Die meisten Backlinks der alten Domain werden ebenfalls wertlos. Es gilt also, Gewinn und Verlust nüchtern gegeneinander abzuwägen. Im Zweifel kann hier ein SEO-Experte Rat geben und den Umbau so begleiten, dass Verluste minimiert werden.

Microsites für Spezialisierungen

Da der Vorteil von Keyword-Domains kaum zu überschätzen ist, kann man im Online-Marketing darüber nachdenken, einzelne Bereiche der Website in sogenannte Microsites auszulagern, die unter eigenen

Keyword-Domains betrieben werden. Sollen beispielsweise eigene Fortbildungsangebote besonders gefördert werden, wäre eine Domain wie www.fortbildungen-dermatologie.de oder vielleicht www.hautarzt-fortbildungen.de von erheblichem Vorteil. Da diese Domain aber nicht für die Haupt-Website des Verbands geeignet ist, dient sie als Domain für eine eigene Website im Corporate Design des Verbands, die durch Verlinkungen intensiv mit der Hauptseite verknüpft wird. Diese Microsite kann sehr gezielt für spezielle Ansprüche optimiert werden und so erfolgreicher sein als ein entsprechender untergeordneter Teilbereich, der auf der großen Verbands-Website eingerichtet würde.

Eine gute Strategie für die Arbeit mit Microsites ist aufwändig und erfordert viel Erfahrung. Ein SEO-Experte sollte schon in der Planung hinzugezogen werden.

URL-Design

Jede einzelne Seite einer Website verfügt über eine eigene eindeutige Adresse, die URL (Uniform Resource Location). Der vordere Teil der URL besteht – grob gesagt – aus dem Domainnamen, auf den der Dateiname der einzelnen Seite folgt. Zwischen beiden stehen unter Umständen noch die Namen von Ordnern, in die die einzelnen Seiten einsortiert sind. Die URL einer Fortbildung zur Neurodermitis-Behandlung in der Rubrik „Fortbildungen" bei einem Dermatologen-Verband könnte idealerweise so aussehen: http://www.hautarzt-verband.de/fortbildungen/workshop-neurodermitis-behandlung.html

Wie im Beispiel zu sehen, ist es möglich, allein durch die Benennung von Ordnern und Seiten weitere Keywords direkt in der URL unterzubringen. Diese sehr effektive Technik wird oft aus reiner Bequemlichkeit nicht genutzt. Das Web ist voll von URLs wie dieser: http://www.abc-verband.de/cat12/id546.html. Hier wurde viel wertvolles Potential verschenkt.

> **Tipp**
>
> Sichten Sie Ihre Website, ob die URLs aussagekräftig und Keywords enthalten sind. Benennen Sie Dateien und Ordner um, die

aussagefrei oder zu allgemein sind. Achten Sie bei Umformulierungen der URLs aber stets auf die internen Links, etwa im Menü Ihrer Website, damit diese nicht weiterhin zu den alten URLs verweisen.

Content-Management-Systeme und Permalinks

Content-Management-Systeme (CMS) erzeugen die Dateinamen der Seiten meist automatisch, was in der Regel zu kryptischen Zahlenketten mit Parametern führt. Diese weder nutzer- noch suchmaschinenfreundlichen URLs lassen sich bei den meisten modernen CMS durch sogenannte „Permalinks" ersetzen, die keine dynamischen Parameter mehr enthalten und eher den oben beschriebenen festen HTML-Adressen entsprechen. Es muss also in jedem Fall ein CMS her, das solche Permalink-URLs ermöglicht und dann die optimale Gestaltung dieser URLs aufmerksam umgesetzt werden.

> **Tipp**
>
> Verwenden Sie in Dateinamen und Ordnern Bindestriche (-) zur Trennung von Wörtern, keine Unterstriche (_), wie sie Programmierer gern benutzen. Suchmaschinen kommen mit Bindestrichen besser zurecht.

Nutzerfreundlichkeit und Sicherheit

Google hat eine Vision vom Internet der Zukunft, und manche Kriterien der Suchmaschine sind quasi politisch darauf ausgerichtet, dieses Internet der Zukunft zu fördern. Zuweilen bestrafen solche Kriterien Website-Besitzer, die ihnen nicht folgen, zuweilen belohnen sie aber sogar jene, die mitziehen. Die wichtigsten drei sind:

Mobil-Optimierung Immer mehr Nutzer sind mit mobilen Endgeräten (Tablets, Smartphones) online. Ältere Websites lassen sich auf den kleinen Bildschirmen dieser Geräte oft nur unzureichend darstellen und stellen für Nutzer ein Ärgernis dar. Google bevorzugt deshalb ganz klar Websites, die für Mobilgeräte geeignet sind.

Dies ist weniger eine Frage des Inhalts als der verwendeten Design-Techniken. Eine moderne Website sollte über ein responsives Webdesign verfügen, das sich dynamisch an den verwendeten Bildschirm anpasst. Zudem hat Google 2016 das Projekt „Accelerated Mobile Pages" (AMP) angeschoben, das künftig große Bedeutung haben könnte. Es stellt eine Technik dar, mit der Websites auf allen Geräten erheblich flüssiger laufen.

Ladegeschwindigkeit   Mit AMP ist bereits ein weiterer nutzerfreundlicher Faktor angesprochen: Die Ladegeschwindigkeit der Website. Bereits seit einigen Jahren bevorzugt Google schnell ladende Websites bzw. straft sehr langsame Seiten ab. Google zieht damit Konsequenzen aus der zunehmenden Ungeduld von Internetnutzern. Webdesigner sind gefordert, sparsame Wege im Webdesign zu nutzen. Vielfach ist es nur Bequemlichkeit (etwa unnötig große Bilder oder unsauberer Programmcode), die zu langen Ladezeiten führen.

Sicherheit   Google fördert die verschlüsselte Kommunikation im Internet und forciert daher den https-Standard. Websites, die damit laufen, können mit Boni im Index rechnen.

Sitemap

Eine Sitemap listet alle Seiten einer Homepage auf. Auf vielen Internetseiten gibt es eine Sitemap, die Nutzern die Orientierung erleichtern soll. Diesen Service sollte man auch den Suchmaschinen bieten. Für die Crawler der Suchmaschinen sind spezielle Sitemaps im XML-Dateiformat gute Orientierungen über den Umfang der Website. Sie erleichtern und beschleunigen deren Erfassung erheblich. XML-Sitemaps sind schnell und unkompliziert zu erstellen. Der zügigste Weg ist, einen Onlineservice wie den unter http://www.xml-sitemaps.com kostenlos bereitgestellten zu benutzen. Die erstellte und heruntergeladene XML-Datei wird dann unter dem Namen sitemap.xml in das Haupt-Verzeichnis der Website gelegt. Die Suchmaschinen-Crawler finden sie dort automatisch. Bei jeder Änderung an der Website, bei der Seiten hinzugefügt, entfernt

oder umsortiert wurden, muss dieser Prozess wiederholt werden.

> **Tipp**
>
> Viele Content-Management-Systeme können XML-Sitemaps automatisch oder mittels entsprechender Plugins erstellen. Dies ist der bequemste Weg für Seitenbetreiber.

Duplicate Content

Suchmaschinen möchten Nutzern bei einer Suchanfrage möglichst viele unterschiedliche Treffer bieten. Oft kommt aber ein passender Text im Internet gleich mehrfach vor, zum Beispiel ein Artikel aus Wikipedia, den jeder Website-Besitzer ganz legal bei sich als Erklärungstext wiedergeben darf. Damit Suchende im Suchergebnis nicht mehrmals denselben Text auf unterschiedlichen Websites angeboten bekommen, entscheiden sich Suchmaschinen in solchen Fällen für eine Variante, die Priorität erhält, und blenden die anderen Versionen aus. Dieser Duplicate Content – mehrmals identisch im Netz vorkommender Inhalt – ist für Seitenbetreiber ein Problem. Die Suchmaschine entscheidet, welche Version sie als „Original" wertet und als einzige im Suchergebnis anzeigt. Hat man also Texte auf der Website, die woanders auch vorkommen, kann es passieren, dass die eigene Seite gar nicht im Suchergebnis auftaucht.

> **Tipp**
>
> Vermeiden Sie es, Texte von anderen Quellen zu übernehmen – auch wenn dies lizenzrechtlich möglich wäre. Die kopierten Texte bringen Ihnen kaum einen Vorteil, sondern können schlimmstenfalls sogar den Ruf Ihrer Website bei der Suchmaschine beschädigen.

Besonders negativ kann es sich auswirken, wenn die gesamte Internetpräsenz an mehreren Orten im Internet verfügbar ist – also vollständig gespiegelt ist. Gewöhnlich wertet die Suchmaschine nur eine davon als echt und gibt diese als Suchergebnis aus, der Rest fällt unter den Tisch. Auf den guten Ruf einer Website bei der Suchmaschine hat dieses Phänomen keinen guten Einfluss.

Ursache für eine so gespiegelte Domain kann zweierlei sein: Möglicherweise wird ein und dieselbe Seite auf mehreren Domains betrieben. Das ist zwar technisch und rechtlich kein Problem, wird aber von Suchmaschinen gar nicht geschätzt. Die zweite Variante: Jemand hat die gesamte Seite kopiert und woanders auf eigene Rechnung ins Netz gestellt. Auch dies ist technisch kein Problem, aber ein veritabler Verstoß gegen das Urheberrecht. In diesem Fall kann und sollte man rechtliche Schritte einleiten.

Der erste Fall kommt erfahrungsgemäß sehr häufig vor. Er entsteht, wenn ein Website-Besitzer mehrere Domains registriert und alle auf dieselbe Website schalten lässt. Das korrekte Verfahren wäre jedoch, nur eine Hauptdomain direkt für die Website zu nutzen und alle anderen sekundären Domains auf diese Hauptdomain umzuleiten. Dies können Betreiber in den Domaineinstellungen der meisten Webhoster relativ einfach regeln. Bei dieser Lösung gibt es keinerlei Probleme mit Duplicate Content.

Was Suchmaschinen nicht mögen

Neben Duplicate Content gibt es weitere Phänomene, die bei Suchmaschinen unbeliebt sind bzw. mit denen die Crawler technisch nicht umgehen können. Hier einige Dinge, die Sie bei Ihrer Website aus SEO-Sicht meiden sollten:

Frames   Als Gestaltungselement gehören die Frames in die Urzeit des Internets und sind schon lange out. Trotzdem nutzen manche Webdesigner sie immer noch. Für die Crawler der Suchmaschinen ist es schwierig bis unmöglich, von einem Frame in den nächsten zu springen. Was effektiv bedeutet, dass sie in der Regel nur den äußersten Frame erfassen und nicht bis zu den eigentlichen Inhalten der Seite vordringen können. Unbedingt vermeiden!

Flash   Mit Flash lassen sich hübsche Animationen erstellen und sogar komplette Internetseiten dynamisch und ästhetisch ansprechend gestalten. Aber Vorsicht: Die Crawler können die Inhalte der Flash-Animationen nur schlecht auslesen. Eine Flash-Website, die für den User einen schönen optischen Eindruck macht, ist für die Suchmaschinen oft nur Textchaos. Flash-Animationen sollten daher zur Sicherheit höchstens unterstützend eingesetzt werden.

Javascript   Bei Javascript ist die Lage noch diffiziler. Diese Technik ermöglicht dynamische Elemente auf einer Website und wird von den Crawlern der Suchmaschinen grundsätzlich akzeptiert. Hier gilt es, stets im Einzelfall zu testen, was suchmaschinenkompatibel ist und was nicht.

Manipulationstaktiken   In der Frühzeit der Suchmaschinen gab es viele Manipulationstaktiken, die heute nicht mehr funktionieren und sogar zu harten Abstrafungen führen können. Clevere Webmaster brachten etwa wichtige Keywords auf der Seite unter, indem sie sie mit weißer Schrift auf weißem Hintergrund darstellten. Für Besucher unsichtbar und daher nicht weiter störend, konnten die Crawler der Suchmaschinen dies anfangs nicht von normalem Text unterscheiden. Inzwischen reagieren die Suchmaschinen auf derartige Strategien jedoch negativ. Ähnliches gilt für künstlich mit Keywords überladene Texte („Keyword-Stuffing"). All dies sollte man natürlich auch heute noch tunlichst vermeiden.

Eingeschränkte Kompatibilität mit Mobilgeräten   Dieses Problem ist noch jung, aber seit 2015 stetig bedeutender. Sind Websites nicht angemessen auf mobilen Endgräten (Tablets, Smartphones) nutzbar, stufen die Suchmaschinen sie in der Wertigkeit herab. Bei der Suche auf einem Mobilgerät werden sie in der Regel überhaupt nicht mehr in der Ergebnisliste angezeigt.

4.3.2 Head der Website

Der Head einer HTML-Seite ist für den normalen Surfer unsichtbar. Die Informationen darin sind für Maschinen gedacht, zum Beispiel die Browser oder für die Crawler der Suchmaschinen. In ihnen sind beispielsweise Zeichencode, Herkunftsland und Sprache der Website genannt. Jede einzelne HTML-Seite hat einen eigenen Head. Um den Head betrachten zu können, muss man den Quelltext aufrufen (im Browser mit einem Rechtsklick in die Seite und dann

🔲 **Abb. 4.2**   Screenshot: Titel im Browser. Mit freundlicher Genehmigung des VDOE BerufsVerband Oecotrophologie e.V.

im sich aufklappenden Kontextmenü die Option „Quelltext aufrufen" auswählen). Je nach Geschmack und Gründlichkeit des Webdesigners kann der Head mehr oder weniger Angaben umfassen. Aus Suchmaschinensicht sind allerdings nicht alle von diesen „Meta-Tags" genannten Einträgen von Interesse. Die wirklich wichtigen sind im Folgenden erläutert.

Inhaltsbezogene Meta-Tags

Title

Der Title ist aus SEO-Sicht der wahrscheinlich wichtigste Eintrag im Head. Was hier steht, wird vom Browser als Seitentitel in der Titelleiste verwendet und von den Suchmaschinen als blau dargestellter Link in den Suchergebnissen benutzt (🔲 Abb. 4.2). Schon dies ist Grund genug, auf die Title-Benennung Mühe zu verwenden. Denn ein guter Linktext in der Ergebnisliste hat neben der Platzierung den größten Einfluss darauf, ob das Ergebnis angeklickt wird oder nicht. Aber die Bedeutung des Titles erschöpft sich nicht darin. Die Suchmaschinen messen den Worten, die im Title vorkommen, große Bedeutung bei. Hier ist der rechte Ort für Keywords. Dabei zählt jedes Wort, aber auch ihre Reihenfolge: Das Wichtigste gehört an den Anfang. Man sollte also nicht das erste Wort an einen Artikel oder ein „Prof. Dr." verschwenden. Suchmaschinen stellen in den

Ergebnisseiten höchstens 65 Zeichen des Titles dar. Wenn man die Titles von vornherein auf diese Maximallänge beschränkt, hat man alles unter Kontrolle.

> ❗ **Auch wenn es Arbeit macht: Der Title soll die Seite, die er betitelt, individuell beschreiben. Verwenden Sie also für jede Einzelseite einen eigenen Title, wiederholen Sie sie nicht. Kommt ein Title mehrfach vor, folgert die Suchmaschine, dass er keine Unterscheidungskraft besitzt, und ignoriert ihn!**

Description

Nach dem Title besitzt die Description die größte Bedeutung für die Suchmaschinenoptimierung des Heads. Der hier eingegebene Text liefert die Beschreibung, die von Suchmaschinen als zweizeiliger schwarzer Text unter dem Link auf den Ergebnisseiten angezeigt wird. Gibt es keine Description im Head der Seite, sammelt die Suchmaschine willkürlich passend scheinende Textschnipsel von der Seite zusammen und stellt sie dort dar.

Auch hier sollte gründlich mit passenden Keywords gearbeitet werden, denn die Suchmaschinen nehmen diesen Text ernst. Es gilt im Grundsatz dasselbe wie beim Title: Die Description soll die Seite, die sie beschreibt, auch wirklich individuell beschreiben. Jede Seite verdient eine eigene Description. Wiederholungen schwächen den Effekt.

Google stellt nur maximal ca. 150 Zeichen der Description auf der Ergebnisseite dar. Wenn Sie also das Beste aus der Description herausholen wollen, beschränken Sie sie von vornherein auf diese Länge.

Keywords

Der Meta-Tag „Keywords" hat kaum noch nennenswerte Bedeutung für die Suchmaschinen. In der Frühzeit des Internets war er wichtig, doch schnell wurde klar, dass auf diesem Weg zu viel manipuliert wird. Seitdem ignorieren die Suchmaschinen ihn weitgehend, und es lohnt kaum, Mühe und Zeit hineinzustecken.

❗ Weil es immer wieder zu Verwirrung führt: Der Meta-Tag „Keywords" und sein Inhalt mag unwichtig sein. Die Keywords an sich sind es nicht. Sie sind die Grundlage der Suchmaschinenoptimierung und müssen an jedem wichtigen Ort prominent vorkommen.

> **Tipp**
>
> Stellen Sie bis zu zehn der wichtigsten Keywords zusammen, die für die Internetpräsenz des Verbands insgesamt von Bedeutung sind, und lassen Sie sie identisch in den Head jeder Einzelseite einbauen. Mehr Aufwand lohnt nicht. Maximal könnten Sie für jede Rubrik der Seite ein individuelles Set zusammenstellen.

Ortsbezogene Meta-Tags: Die „Geo-Tags"

Die Geo-Tags sind ein ganzes Bündel von Meta-Informationen, die eine genauere Lokalisierung dessen, was auf der Website angeboten wird, ermöglichen sollen. Durch die starke Zunahme lokalisierter Suche gewinnt dieser Aspekt schnell an Bedeutung; für Verbände ist er nur dann wirklich wichtig, wenn eine oder mehrere Geschäftsstellen wichtige Anlaufstellen für Mitglieder oder andere Zielgruppen darstellen.

Geo-Tags liefern genaue Angaben zu Land, Bundesland, Ort, Postleitzahl und den konkreten Koordinaten (geographische Länge und Breite), die von den Crawlern der Suchmaschinen verstanden und archiviert werden. Neben den Texten auf der Seite liefern die Geo-Tags also ein weiteres Indiz, das der Suchmaschine die lokale Zuordnung ermöglicht.

So könnte ein Verbandsbüro oder eine Geschäftsstelle, die am Hauptsitz des Bundesgesundheitsministeriums in Bonn stünde, folgende Geo-Tags im Head ihrer Seiten einbauen:

- <meta name = "zipcode" content = "53123" />
- <meta name = "city" content = "bonn" />
- <meta name = "country" content = "germany" />
- <meta name = "geo.region" content = "de-nw" />
- <meta name = "geo.placename" content = "bonn" />
- <meta name = "geo.position" content = "50.720224;7.062138" />
- <meta name = "icbm" content = "50.720224, 7.062138" />

Nicht wundern: Die Angaben sind teilweise redundant. Es gibt verschiedene Geo-Tag-Systeme, die nebeneinander existieren. Daher zur Sicherheit beide einfügen.

> **Tipp**
>
> Im Internet gibt es Services, mittels derer Sie sich unter Angabe einer Adresse ein Set von Geo-Tags erzeugen lassen können, das Sie nur noch in den Head kopieren müssen, zum Beispiel http://www.geo-tag.de/generator/de.html.

Technikbezogene Meta-Tags

Robots

Dieser Meta-Tag enthält Anweisungen für die Crawler der Suchmaschinen, wie sie die Seite behandeln sollen. Folgende mögliche Einstellungen sind relevant:

> **Einstellungen in Robots**
> - index bzw. noindex: Hiermit erlaubt bzw. verbietet man dem Crawler, die Seite in den Index der Suchmaschine aufzunehmen. Seiten, die im Head auf „noindex"

4

gestellt sind, werden nie in irgendeiner Suchmaschine gefunden werden können. Diese Einstellung kann durchaus sinnvoll sein, wenn man zum Beispiel Duplicate-Content-Probleme vermeiden will oder bestimmte Inhalte vor dem Abspeichern im Suchmaschinenindex bewahren möchte.

- follow bzw. nofollow: Hiermit erlaubt bzw. verbietet man dem Crawler, den Links, die er auf der Seite findet, weiterzuverfolgen. Von hier abzweigende Unterseiten werden also vom Crawler nicht mehr angeschaut.

In der Regel sollte dieser Meta-Tag so aussehen: <meta name = "robots" content = "index, follow" />. Eine so markierte Seite ist vollständig für die Suchmaschine geöffnet.

Canonical

Der Canonical-Tag wurde 2009 von den Suchmaschinenbetreibern selbst eingeführt und sollte Website-Besitzern dazu dienen, die mit Duplicate Content verbundenen Probleme in den Griff zu bekommen. Sollte es aus irgendwelchen Gründen notwendig sein, mehrere identische Seiten unter verschiedenen Domains zu betreiben (wovon grundsätzlich abzuraten ist), kann der Canonical-Tag die Probleme abfangen, die eigentlich entstehen müssten. Grundsätzlich würden die Suchmaschinen die doppelten Contents abwerten und sich eine der Varianten aussuchen, die als einzige in den Suchmaschinen auftauchen würde. Durch den Canonical-Tag lässt sich dies nicht verhindern, man kann damit jedoch beeinflussen, welche der Varianten angezeigt wird.

Wenn also unter www.domain-a.de/seite1.html und unter www.domain-b.de/seite1.html identische Inhalte auftauchen, würden schlimmstenfalls beide Seiten darunter leiden müssen. Der Besitzer kann jedoch auf beiden Seiten den folgenden Tag in den Head einbauen: <link rel = "canonical" href = "http://www.domain-a.de/seite1.html" />. Daraus erfährt die Suchmaschine, dass die www.domain-a.de Priorität genießt, und behandelt die beiden Seiten entsprechend.

Für eine gut durchdachte Webpräsenz sollte es normalerweise keine Notwendigkeiten geben, die

gegen die weit sauberere Lösung der Domain-Weiterleitungen sprechen. Korrekte Canonical-Tags auf allen Seiten schaden jedoch nie.

Content-Type

Dieser Tag bezeichnet den auf der Website verwendeten Zeichencode. Er ist wichtig für die Crawler, um den Text, vor allem die Umlaute und Sonderzeichen, korrekt lesen und indexieren zu können. Wenn beispielsweise Umlaute in den Textausschnitten auf der Suchergebnisseite nicht korrekt dargestellt sind, liegt dies meist daran, dass die Crawler die Zeichen wegen eines falschen oder fehlenden Content-Type-Tags fehlerhaft interpretiert haben. Eine für deutsche Websites typische Variante ist <meta http-equiv = "content-type" content = "text/html; charset = utf-8" />.

Language

Dieser Meta-Tag benennt die Sprache, in der die Seite verfasst ist. Der Crawler der Suchmaschine sollte zwar auch von selbst darauf kommen – aber sicher ist sicher. Für eine deutschsprachige Seite sieht der korrekte Meta-Tag so aus: <meta name = "language" content = "de" />.

4.3.3 Inhalt optimieren

Nach dem unsichtbaren Head zum wirklich Wichtigen: den eigentlichen Inhalten, also jenen Texten und Bildern, die der menschliche Seitenbesucher lesen und ansehen kann. Sie sind auch für die Suchmaschinen der wichtigste Teil der Seite, und zwar aus dem einfachen Grund, dass Suchmaschinen ihren Nutzern gute, inhaltsstarke Ergebnisse ausliefern wollen.

Grundsätzlich ist es so, dass die Crawler der Suchmaschinen nur normalen Text lesen können. Daher stehen Keyword-optimierte Text-Inhalte an der Spitze der relevanten Inhalte. Doch auch die anderen möglichen Inhalte (Bilder, Dokumente, Tondateien und Videos) können suchmaschinenoptimiert werden.

Suchmaschinenadäquate Texte

Schauwert durch schicke Animationen und attraktive Grafiken nutzt bei Suchmaschinen nichts – die Crawler können nicht sehen, sondern nur lesen. Die

Suchmaschine benötigt Futter in Form von Texten, die mit den relevanten Inhalten angereichert sind. Es genügt allerdings nicht, wichtige Keywords so oft wie möglich überall auf der Website unterzubringen. Die Crawler sind intelligent genug, um künstlich mit Keywords vollgestopfte Texte als das zu erkennen, was sie sind: Kauderwelsch. Ganz abgesehen davon schrecken sie so die Besucher ab – und diese sind und bleiben ja das eigentliche Zielpublikum.

Zudem versuchen die Crawler das Leseverhalten von Menschen nachzuahmen und bewerten manche Textelemente höher als andere. Man kennt es aus der Medienforschung: Manche Textteile fallen mehr ins Auge. Diese Hingucker werden von den Suchmaschinen als besonders wichtig eingeschätzt:

- Überschriften und Zwischentitel,
- Hervorhebungen im Text (fett, kursiv),
- Textanfang und Textende,
- Aufzählungen mit Spiegelstrichen, Punkten oder anderen Elementen,
- Bildunterschriften.

Die größere Aufmerksamkeit der Suchmaschinen auf diese Textbausteine bedeutet: Hier ist der beste Platz für die Keywords.

Tipps für das suchmaschinengerechte Schreiben Lösen Sie sich davon, Wiederholung stets vermeiden zu wollen. Verwenden Sie aus SEO-Gründen sogar unbedingt denselben Begriff sowie damit verwandte Begriffe mehrmals im Text, damit man merkt, was wichtig ist. Die „Keyword-Dichte" und die semantischen Zusammenhänge des Textes, also die Häufigkeit des Vorkommens eines bestimmten Keywords und verwandter Begriffe, ist ein wichtiges Argument für Suchmaschinen.

Vorsicht mit Fachbegriffen. Schreiben Sie laienverständlich. Es sei denn, die Zielgruppe sind ausschließlich medizinische Fachleute.

Verwenden Sie nur Abkürzungen, wenn Sie sicher sind, dass sie der Zielgruppe geläufig sind. Dasselbe gilt umgekehrt: Beispielsweise bringt eine Seite, auf der mehrfach der Begriff „In-vitro-Fertilisation" vorkommt, wenig, wenn „ivf" der gängigere Ausdruck in der Zielgruppe ist.

Schreiben Sie für jedes Keyword – also für jeden Sachzusammenhang – eine eigene Schwerpunktseite. Diese ist dann innerhalb der Website die „Landing Page" für das Keyword, also die Seite, die beim Googeln des Keywords in den Suchergebnissen erscheinen soll. Optimieren Sie eine solche Landing-Page nicht für mehrere Keywords – Sie schwächen damit nur alle Keywords zugleich. Vergessen Sie dabei nicht, Inhalt und Meta-Tags aufeinander abzustimmen.

Das Aushängeschild: Die Startseite

Die Startseite ist die wichtigste einzelne Seite einer Internetpräsenz. Sie ist das Aushängeschild und erster Eindruck nicht nur für Besucher, sondern auch für die Suchmaschinen. Da in der Regel auch die meisten Links aus dem Netz auf sie verweisen, ist sie zudem die stärkste einzelne Seite. Diese Möglichkeiten gilt es optimal zu nutzen. Wichtigstes Kriterium für eine für Suchmaschinen attraktive Startseite ist: ausreichend verwertbarer Text.

Noch immer gibt es viele Websites, die ihre Startseite an eine sogenannte Intro-Page verschwenden. Intro-Pages bestehen meist aus einer großflächigen Grafik oder Animation, die Besucher willkommen heißt oder anderweitig auf die Seite einstimmen will, und aus sehr wenig Text. Sie sind Relikte aus den Tagen, als es noch kein Internet gab – reiner Zierrat ohne Funktion für die Seitenbesucher.

> **Tipp**
>
> Wenn Sie eine nützliche Website kreieren wollen, verzichten Sie auf den Schauwert des Intros und bieten Sie Besuchern gleich das, wofür sie gekommen sind: Informationen. Internetnutzer sind in hohem Grade ungeduldig. Strapazieren Sie das wenige an Geduld nicht mit nutzlosen Intro-Pages.

Aus SEO-Sicht ist es noch schlimmer: Da Intros meist sehr wenig Text enthalten, finden Suchmaschinen dort fast nichts Verwertbares. Aus ihrer Sicht ist die Startseite der Website also leer. Auf diese Weise geht kostbares SEO-Potential verloren.

Die Texte auf der Startseite sollten nicht zu umfangreich sein, aber dennoch die wichtigsten Keywords enthalten. Eine kurze Beschreibung der wichtigsten Ziele, Aufgaben und Tätigkeiten des Verbands ist normalerweise die beste Strategie. Floskelhafte Philosophien wie „Das Beste für Ihre Gesundheit" sind wirklich überflüssig, denn sie haben praktisch keine Unterscheidungskraft, und ihr Informationswert ist auch eher dürftig. Auch eine Überschrift wie „Willkommen auf unserer Website" ist wertlos. Diese Floskel bietet dem Besucher keine Information, er fühlt sich auch nicht besser aufgehoben. Die Hauptüberschrift auf der Startseite ist einer der wichtigsten Orte auf der gesamten Website, also gehören Keywords hinein.

Bilder optimieren

Bilder sind als Blickfang und optisches Gestaltungselement wichtig. Auch aus Suchmaschinensicht können sie interessant sein, vor allem, da die Suchmaschinen häufig multimediale Ergebnisse in die Suchergebnislisten einblenden. Aber: Die Bilder selbst werden von den Suchmaschinen nicht analysiert. In einem Bild befindlicher Text kann nicht entziffert werden, Gesichter und Gegenstände werden bislang nicht zuverlässig identifiziert. Die Suchmaschine weiß also nicht, was oder wer auf dem Bild dargestellt ist. Daraus folgt: Die Suchmaschine braucht Hinweise, für welche Keywords das Bild relevant ist. Für diese Hinweise gibt es drei mögliche Quellen:

Der Dateiname   Wenn man SEO ernst nimmt, darf eine Bilddatei nicht als DSC009645.jpg oder bild02.jpg benannt werden. Stattdessen sollte es prof-mueller-vorstand-abc-verband.jpg heißen, wenn auf dem Bild der Verbandsvorstand zu sehen ist. Kurz: In den Dateinamen gehören Keywords.

Das alt-Attribut   Beim Einbinden eines Bildes in den HTML-Code besteht die Möglichkeit, dem Bild eine Beschreibung zuzuweisen, das sogenannte alt-Attribut. Es kann eine kurze Beschreibung des Bildes enthalten und wird von den Suchmaschinen als solche betrachtet. Übrigens wird es Blinden auch als Beschreibung des Bildes vorgelesen, verbessert also die Barrierefreiheit der Website (▶ Kap. 3).

Der Text   Textinhalte, die in direktem Umfeld des Bildes stehen, werden ebenfalls als relevant eingestuft. Besonders wichtig ist hier natürlich die Bildunterschrift.

> **Tipp**
>
> Verwenden Sie manche Bilder mehrfach auf verschiedenen Seiten der Website, lohnt es sich durchaus, Dateinamen und alt-Attribut jeweils für die individuelle Seite anzupassen.

Videos und Tondateien

Für multimediale Inhalte wie Videos und Tondateien gilt Ähnliches wie das eben für Bilder Erläuterte. Auch hier kann die Suchmaschine von sich aus praktisch keine Kenntnisse über den Inhalt der Medien gewinnen. Sie müssen durch Dateinamen und beschreibende Texte näher charakterisiert werden. Die Methoden sind die gleichen wie bei Bildern.

PDF-Dokumente

PDF-Dateien sind wunderbares Suchmaschinenfutter. Suchmaschinen lieben sie, weil sie sie gut lesen und archivieren können und überdies annehmen, dass in PDFs abgelegte Informationen dauerhafter sind als die flüchtigen Inhalte von Webseiten. Besonders für weiterführende Informationen – zum Beispiel zur diagnostischen Ausstattung einer Einrichtung – eignen sich PDF-Dokumente hervorragend. Auch das PDF-Dokument sollte keyword-optimiert geschrieben werden. PDFs werden so wie normale Webseiten von den Suchmaschinen analysiert und gefunden. Es sollten also grundsätzlich dieselben Schreibregeln angewandt werden wie bei Internettexten. Wie bei Bildern sollte der Dateiname so sprechend wie möglich sein und unter Benutzung von Keywords gewählt werden.

Auch PDF-Dokumente haben Meta-Tags. Jedem Dokument können Title, Description und Keywords zugeordnet werden. Versehen Sie unbedingt alle online gestellten PDFs mit diesen Tags – aus denselben Gründen, aus denen es sich für Webseiten lohnt. Mit dem Standardprogramm Acrobat Reader ist dies nicht möglich, es gibt jedoch spezielle Tools dafür. Eine kostenfreie Lösung ist zum Beispiel das kleine Programm „PDF Info" der Firma Bureausoft, das man unter www.bureausoft.com herunterladen kann. Mit ihm lassen sich schnell und einfach die wichtigsten Tags einer PDF-Datei erstellen bzw. ändern.

Damit Menschen mit Sehbehinderungen ihre selbst erstellten PDFs auf Word-Basis, beispielsweise Feedbackbögen, vorgelesen bekommen können, müssen diese nach bestimmten Regeln formatiert werden. (Wie das funktioniert, lesen Sie in ▶ Kap. 3.)

Landing Pages und Service-Seiten

Umfangreiche und informative Inhalte sind das, was eine Website auf der Suchmaschinenliste am schnellsten und nachhaltigsten nach oben bringt. Ein koordinierter Aufbau von Landing Pages – speziell für bestimmte Themen, also aus SEO-Sicht für spezielle Keywords – ist dabei die beste Strategie. Ein guter Ort für solche Seiten sind die auf Verbands-Websites stets vorhandenen Bereiche für Ziele und Tätigkeiten sowie natürlich Seiten auf denen Struktur und Team vorgestellt werden. Je nach Tätigkeitsspektrum können Informations- und Serviceangebote für verschiedene Zielgruppen, ein Mitgliederverzeichnis oder gar eine eigene Arztsuche, Fortbildungsangebote, ein Veranstaltungskalender oder ein Fundraising-Bereich hinzukommen.

Ein schöner Service ist auch ein Bereich mit Neuigkeiten aus dem Verband und dem Fachgebiet – ob nun für Laien oder Fachleute, eventuell auch exklusiv für die Mitglieder (mehr Ideen dazu ▶ Kap. 6).

Eine langweilige Selbstdarstellung kann jeder. Für eine Website, die tatsächlich Besucher anzieht und deren Fragen beantwortet, ist Kreativität gefragt. Lassen Sie sich durch erfolgreiche Beispiele inspirieren.

4.3.4 Backlink-Aufbau

Die technische und inhaltliche Optimierung der Website selbst, deren Grundlagen auf den vorangehenden Seiten beschrieben wurde, ist das Pflichtprogramm der Suchmaschinenoptimierung. Ohne sie geht gar nichts. Weitere Potenziale können Optimierer freischalten, indem sie gezielt und langfristig Verlinkungen aufbauen. Suchmaschinen betrachten jeden Link, der von irgendwo aus dem Internet auf eine Seite verweist, als Empfehlung für diese Seite. Diese Backlinks genannten Verlinkungen werden von den Crawlern registriert und gezählt. Je mehr Backlinks eine Site hat, desto beliebter ist sie im Internet. Und desto mehr Macht hat sie in den Suchmaschinen. Zwar wird dieser Faktor nicht mehr so stark wie noch vor einigen Jahren gewertet, er ist aber noch immer sehr bedeutend.

Die Qualität von Backlinks

Natürlich ist nicht jeder Backlink gleich viel wert. Ein Backlink von einer Seite, die ihrerseits besonders viele Backlinks besitzt, ist unter Umständen wertvoller als ein Backlink von 1.000 Seiten ohne nennenswerte Linkpower. Ein guter Indikator dafür, wie wertvoll ein Backlink ist, ist der Google PageRank der linkgebenden Seite. Aber es wird noch komplizierter: Website-Betreiber haben die Möglichkeit, einen Link durch das sogenannte NoFollow-Attribut für Suchmaschinen praktisch zu entwerten. Hierbei wird dem einzelnen Link im Quelltext das Kommando „nofollow" zugeordnet, das die Suchmaschinen anweist, den Link nicht zu zählen. Abgesehen von wenigen Ausnahmen (z. B. Wikipedia) sind NoFollow-Links also praktisch wertlos und stärken die eigene Seite nicht.

Strategien zum Backlink-Aufbau

Um sich ein rentables Linknetzwerk aufzubauen, können Website-Betreiber gute Links mieten oder kaufen. Allerdings sind diese Strategien bei den Suchmaschinen sehr unbeliebt. Das heißt: Links müssen sich verdient werden, und zwar durch gute Inhalte, die von anderen Menschen freiwillig oder auf behutsame Anregung hin verlinkt werden. Oder durch das bewusste Streuen von Links an Orten, wo dies erlaubt ist: in Foren, Kommentarfeldern von Blogs oder auf Frage-Antwort-Seiten. Doch auch hier muss behutsam vorgegangen werden, denn die Betreiber sehen das „Link-Spammen" nicht gern. Zudem ist diese Variante sehr aufwändig und bringt meist nur minderwertige Links ein. Bei den folgenden Strategien ist das Aufwand-Nutzen-Verhältnis besser einzuschätzen:

Pressearbeit Die effektivste und dauerhafteste Maßnahme für den Backlink-Aufbau ist die regelmäßige Pressearbeit (▶ Kap. 2). Wenn sie Backlinks einbringen soll, muss die Presseabteilung jedoch ein paar Zusatzregeln beachten. Sie sollte zum Beispiel dafür

4

sorgen, dass der Haupttext der Pressemitteilung einen Link zur Webseite enthält – wenn möglich, zu einem Angebot mit weiterführenden Informationen. Einfache Links im Fuß der Pressemitteilungen werden von Website-Betreibern und Journalisten oft weggelassen, wenn sie den Text im Internet publizieren.

Profile im Internet Dies betrifft hauptsächlich weniger den Verband selbst als vielmehr die Reputation der Funktionäre und Mitglieder. Hier ist zuerst an die vielen Online-Suchverzeichnisse und Arztbewertungsportale zu denken, die praktisch alle Ärzte und Zahnärzte in Deutschland auflisten (▶ Kap. 5 und 2). Einige dieser Verzeichnisse bieten auch die Möglichkeit, die Mitgliedschaft in Fachgesellschaften und Verbänden darzustellen und eventuell zur Verbands-Website zu verlinken.

> **Tipp**
>
> Prüfen Sie alle Arzt-Suchverzeichnisse daraufhin, ob Ihre Vorstandsmitglieder gelistet sind und ob Sie kostenlos einen Link zur Website platzieren können. Egal, wie die Ärzte persönlich zu diesen Angeboten stehen – die Möglichkeit der Darstellung dort ist sehr wertvoll für die Suchmaschinenoptimierung. Zudem erhöhen Sie damit die Präsenz und Auffindbarkeit des Verbandes.

Neben den gesundheitsspezifischen Verzeichnissen gibt es auch eine Vielzahl von Branchenverzeichnissen und allgemeinen Info- und Bewertungsseiten, wie beispielsweise www.yelp.de, www.meinestadt.de oder www.webadresse.de. Auch hier können bestehende Einträge ergänzt oder neue angelegt werden – für den Verband insgesamt, und vielleicht auch für eventuelle Geschäftsstellen und die Vorstandsmitglieder. Stets lässt sich dabei ein Link platzieren. Ähnliches gilt für regionale oder städtische Portale.

Aber auch die meisten Seiten im Internet, bei deren Inhalten Nutzer direkt mitarbeiten, stellen ihren Nutzern sogenannte Profilseiten zur Verfügung. Das gilt für die sozialen Netzwerke ebenso wie für die Wikipedia oder Foren und Frage-Antwort-Seiten etwa auf Gesundheitsportalen (▶ Kap. 5).

Linkpartner Ein verbreiteter Weg zu Backlinks ist die Vereinbarung von Link-Partnerschaften. Diese beruhen gewöhnlich auf Gegenseitigkeit: Jede Seite gibt der anderen einen Link. Für Verbände bietet sich ein Partnersystem mit ihren Mitgliedern an, bei dem jene auf ihren Praxis- oder Klinikwebsites einen Link zum Verband platzieren und ihrerseits im Mitgliederverzeichnis auf der Verbands-Website einen Link zu ihrer eigenen Website erhalten. Darüber hinaus kommen Partnerschaften mit anderen Verbänden, Netzwerken und Institutionen in Frage, mit denen man in irgendeiner Form zusammenarbeitet.

Webverzeichnisse Die meisten der sogenannten Webverzeichnisse sind nicht zu empfehlen. Sie stammen noch aus den Anfangstagen des Internets, bevor es gute Suchmaschinen gab, und listen unzählige Websites in einem sortierten Katalog auf. Oft schaden Backlinks dort mehr als sie nutzen. Eine Ausnahme gibt es allerdings: das „Open Directory Project" bzw. DMOZ. Ein Eintrag in dieses Freiwilligenprojekt lohnt sich durchaus noch.

> **Tipp**
>
> Versuchen Sie, die Website in das DMOZ aufnehmen zu lassen. Informationen über das Verfahren finden Sie unter http://www.dmoz.org/docs/de/add.html. Es kann erhebliche Zeit dauern, bis der Eintrag freigeschaltet wird. Üben Sie sich in Geduld, Nachfragen bringt hier nichts.

Social Signals

Die sozialen Netzwerke ermöglichen den Suchmaschinen einen noch direkteren Zugang zu dem, was Nutzer wirklich mögen, als es die Backlinks konnten. Deshalb wird die Bedeutung sogenannter Social Signals immer größer: Gute Inhalte werden heute geteilt, bewertet und kommentiert, sei es bei Facebook, Twitter, Pinterest oder ähnlichen Portalen. Diese Faktoren werden an Bedeutung zweifellos noch weiter zunehmen. Für Websiteinhaber bedeutet dies, dass sie die Wirkung ihrer Inhalte in den Networks im Auge haben und idealerweise auch anstoßen und aktiv befördern sollten.

4.3.5 Optimierung für Google Maps

Wegen der besonderen Bedeutung dieses Dienstes wird hier die Optimierung für Google Maps detaillierter beschrieben. Google Maps bezieht seine Informationen über Unternehmen aus dem Google-eigenen Branchenportal namens Google My Business. Ein Eintrag dort ist besonders wichtig, da Google die Branchenergebnisse oft mit einer kleinen Karte direkt in oder neben den Suchergebnissen darstellt. Damit ziehen diese Einträge viel Aufmerksamkeit auf sich. User erkennen diese Ergebnisse an dem kleinen umgedrehten roten Tropfen.

Hier kann der Verband selbst tätig werden, der Aufwand ist überschaubar. Erstellen Sie ein Profil unter https://www.google.de/intl/de/business und geben Sie alle relevanten Daten ein. Laden Sie auch gern das Logo und ein paar Fotos hoch und nehmen Sie sich die Zeit, einen aussagekräftigen Beschreibungstext zu verfassen. Aus Sicherheitsgründen müssen Sie sich am Ende natürlich als tatsächlicher Inhaber verifizieren.

> **Tipp**
>
> Die Ergebnisse, die Google aus den My-Business-Profilen holt, sind sehr auffällig dargestellt und ziehen viel Aufmerksamkeit in den Suchergebnislisten auf sich. Nutzen Sie unbedingt die Möglichkeit, sich hier korrekt und so ausführlich wie möglich zu präsentieren.

Der Dienst Google Maps bietet Nutzern auch die Möglichkeit, Ihren Eintrag zu kommentieren, d. h. den Verband zu bewerten. Marketingverantwortliche sollten ein Auge darauf haben, was sich dort tut.

4.3.6 Professionelle Beratung

Die wenigsten Webdesigner und Öffentlichkeitsarbeiter kennen sich bisher gut mit Suchmaschi-

nenoptimierung aus. Und es ist sehr aufwändig, sich selbst in die inzwischen umfangreiche Literatur einzulesen. Für eine Beratung, wie die eigene Website suchmaschinentauglicher wird, können Verbände Profis engagieren. Suchmaschinenoptimierung ist nach wie vor eine Boombranche, ständig springen neue Anbieter auf den Zug auf. Alte Platzhirsche wie Abakus aus Hannover oder Sumo aus Köln sehen sich breiter Konkurrenz ausgesetzt. Der passende Dienstleister muss nicht immer ein Branchenprimus sein – unter Umständen fühlen Sie sich bei einem kleineren Anbieter besser betreut.

> **Tipp**
>
> Wenn Sie einen Profi engagieren wollen, prüfen Sie, ob er etwas von dem Handwerk versteht: Wie lange ist er schon in der Branche tätig? Kann er Referenzen vorweisen? Auch ein spezielles Knowhow im Umgang mit dem Gesundheitsmarkt, der eigenen Regeln und Mechanismen unterliegt, ist von Vorteil.

4.4 SEM: Werben mit Suchmaschinen

Eine zusätzliche Möglichkeit, Aufmerksamkeit in den Suchmaschinen auf sich zu lenken, ist Suchmaschinenmarketing (englisch: Search Engine Marketing, daher die gebräuchliche Abkürzung SEM). Alle großen Suchmaschinen ermöglichen das Schalten von Anzeigen, die den Suchenden bei bestimmten Suchbegriffen über oder neben den Suchergebnissen eingeblendet werden. Wegen der Marktdominanz von Google konzentriert sich der nächste Abschnitt ausschließlich auf das Google-eigene Anzeigensystem: die Google AdWords.

4.4.1 Wie funktionieren AdWords-Anzeigen?

Google AdWords bietet dem Werbenden die Möglichkeit, eine selbst verfasste Anzeige, die auf seine Website verlinkt ist, sehr zielgenau zu platzieren. Während in der normalen Werbung die Streuverluste

4

sehr hoch sind, weil nicht beeinflusst werden kann, in welcher Situation die Anzeige dem Kunden unter die Augen kommt, ist die Lage beim Suchmaschinenmarketing ideal. Eine Anzeige wird dem Kunden genau dann angezeigt, wenn er ohnehin gerade nach etwas in dieser Richtung sucht. Als Werbender kann man jeder Anzeige ein Set von Keywords zuordnen. Wenn dann jemand nach diesen Keywords sucht, wird die Anzeige über oder neben den Suchergebnissen eingeblendet. Bezahlen muss man dafür nur, wenn die Anzeige auch angeklickt wird – die reine Einblendung ist gratis.

> **Tipp**
>
> Ein schöner Nebeneffekt: Da die reine Einblendung kostenlos ist, steigern Sie ihre Bekanntheit sogar dann, wenn niemand Ihre Anzeige anklickt. Denn unterschwellig wird die Präsenz der Anzeige trotzdem vom Nutzer wahrgenommen. Eine effektive kostenlose Variante des Brandings.

Natürlich ist es eher selten, dass sich ein Dienstleister als einziger Werbender für ein Keyword interessiert. Meist wollen Dutzende Konkurrenten ihre Anzeigen ebenfalls den Suchenden zeigen. Dieses Problem wird durch eine Art Versteigerungssystem gelöst. Der Werbende kann jeder Anzeige zuweisen, wie viel Geld er bereit wäre, für den Klick eines Kunden auf die Anzeige zu bezahlen. Dargestellt werden die Anzeigen, die das höchste Gebot abgegeben haben. Damit die Kosten nicht aus dem Ruder laufen, lässt sich ein Tagesbudget festlegen, das nicht überschritten werden darf.

4.4.2 Anzeigen einrichten

Zunächst müssen Sie unter https://adwords.google.com ein Konto einrichten. Danach kann es zügig losgehen. Im nächsten Schritt müssen Sie eine Kampagne mit einem zusammengehörigen Set von Anzeigen erstellen. In den Einstellungen für die Kampagne können Sie die wichtigsten finanziellen Einstellungen global festlegen: das Maximalgebot für einen Klick und das Tageslimit. Die Anzeigen selbst

bestehen stets aus drei Elementen: der Überschrift, die zugleich der anklickbare Link ist, der Beschreibung und der grün dargestellten Webadresse. Alle drei Elemente lassen sich flexibel gestalten – nur die mögliche Zeichenanzahl ist begrenzt. Jeder Gruppe von Anzeigen können Sie nun eine beliebige Menge von Keywords zuweisen, bei denen die Werbung angezeigt werden soll.

Im Sommer 2011 hat der Bundesgerichtshof eine lange offene Streitfrage entschieden: Werbende dürfen bei AdWords auch Marken- oder Firmennamen von direkten Konkurrenten als Keywords nutzen, sodass ihre Anzeigen angezeigt werden, wenn Nutzer eigentlich nach dem Wettbewerber suchen. Im Anzeigentext darf jedoch nicht der täuschende Eindruck erzeugt werden, man wäre selbst der Konkurrent.

4.4.3 Erfolgskontrolle

Unter Gesichtspunkten der Budgetkontrolle empfiehlt sich ein vorsichtiges Vorgehen, da sich die eigentlichen geringen Klick-Kosten schnell zu erheblichen Summen addieren können. In der Kampagnenübersicht ist jederzeit ein hervorragender Überblick darüber möglich, wie häufig eine Anzeige angezeigt und geklickt wurde und wie viele Kosten sie verursacht. In den ersten Monaten einer AdWords-Kampagne sollte ein Mitarbeiter diese Werte regelmäßig überprüfen. Wenn notwendig, lassen sich jederzeit Nachjustierungen am Klick-Gebot, den Anzeigen und den Keywords machen. Auch die ganze Kampagne können Sie jederzeit einfrieren oder löschen.

4.4.4 SEO oder SEM?

Um es ganz deutlich zu sagen: Suchmaschinenmarketing ist vor allem als unterstützende Maßnahme sinnvoll. Denn echte Suchmaschinentreffer sind allemal besser. Nicht nur, weil bei ihnen die Klicks kostenlos sind, sondern auch, weil viele Internetnutzer werbeblind sind, also Werbung schlichtweg ignorieren. Zudem nimmt die Nutzung von sogenannten AdBlockern zu. Das sind kleine Programme, die im Browser die Werbung einfach wegschalten, sodass von den vielen Millionen Android-Handys, auf denen Google praktisch jede Nutzerbewegung analysieren kann. Über das Klickverhalten, Lesezeichen und ähnliche Indizien will Google so jedem Nutzer Ergebnisse liefern, die immer besser auf seine Interessen und Bedürfnisse zugeschnitten sind. Diese Entwicklung ist dem Kampf der Suchmaschinen um für die Nutzer relevante Ergebnisse geschuldet. Denn davon hängt der Erfolg der Suchmaschine ab – dass man mit ihr tatsächlich das findet, was man gebrauchen kann.

4.1.3 Der Faktor Nutzerverhalten

Nicht jede Position in den Suchergebnissen zu einer Suchanfrage ist gleich viel wert. Das liegt ganz wesentlich an der Art, wie Nutzer sich Informationen im Internet aneignen. Studien haben ergeben, dass die Wahrnehmung viel selektiver und ungeduldiger abläuft als beispielsweise beim Lesen eines Buchs oder einer Zeitung. Nutzer überfliegen schnell Texte, sie lesen nicht gründlich. Hängen bleiben sie nur, wenn etwas durch Platzierung, Hervorhebung oder sonstige, auch individuell verschiedene Kriterien die Aufmerksamkeit in besonderem Maße auf sich zieht.

Bei der Wahrnehmung von Suchergebnislisten wirkt sich diese Eigenheit umso stärker aus: Die weitaus größte Aufmerksamkeit widmen Nutzer den ganz oben stehenden Suchergebnissen, wie Studien belegen. Die Wahrscheinlichkeit, dass ein Ergebnis angeklickt wird, liegt für das topplatzierte Ergebnis bei über 50 Prozent. Beim Zweitplatzierten sind es schon nur noch ca. 14 Prozent, beim Dritten nicht einmal mehr 10. Die Ergebnisse der zweiten Seite schauen sich die meisten Suchmaschinennutzer überhaupt nicht mehr an. Wenn also eine Website erst auf Seite zwei oder den nachfolgenden auftaucht, ist die Positionierung praktisch wertlos. Nur vordere Ergebnisse bringen tatsächlich Besucher.

4.2 Analyse

Kein Chirurg würde einen hinkenden Patienten am Knie operieren, ohne ihn zuvor zu untersuchen und herauszufinden, ob das Hinken tatsächlich seine Ursache im Knie hat. Wenn eine Website nicht so gut in den Suchergebnissen erscheint, wie es sich die Betreiber wünschen, wird jedoch oft aus dem Bauch heraus gehandelt und Maßnahmen mit vagen Vermutungen begründet. Dies wird in den meisten Fällen jedoch wenig nützen. Denn echte Suchmaschinenoptimierung ist ein empirisches Geschäft und beginnt mit einer gründlichen Anamnese, wobei man einen Schritt nach dem anderen gehen muss.

4.2.1 Zielgruppen bestimmen

Die allermeisten Internetseiten schaffen es lediglich für eine Handvoll Suchanfragen auf die vorderen Plätze der Suchergebnislisten. Es gilt also, zielorientiert zu arbeiten, die begrenzten Ressourcen in die richtigen Maßnahmen zu investieren und auf das richtige Pferd zu setzen. Der erste Schritt ist die Frage: Wen soll die Seite überhaupt ansprechen? Wer soll über die Suchmaschinen zu der Seite finden? Die Website eines Ärzte-Verbands ist natürlich für Ärzte, namentlich die Verbandsmitglieder, lautet die einfache Antwort. Aber wie so oft im Leben ist die einfache Antwort zu einfach. Denn je nach Ausrichtung des Verbands kommen meist auch Presse, Politik, Sponsoren und sogar die breite Öffentlichkeit als weitere Zielgruppen in Frage. Zum anderen bedarf bereits die Zielgruppe „Mitglieder" weiterer Klärung. Wie jede Art des Marketings arbeitet auch Suchmaschinenoptimierung dann am besten, wenn die Zielgruppen klar definiert werden. Was also zeichnet die Mitglieder aus, neben ihrer Mitgliedschaft selbst? Handelt es sich nur um Ärzte, oder auch andere Gesundheitsberufe? Welchen Fachgruppen gehören sie an? Sind die ärztlichen Mitglieder niedergelassen oder angestellt? Welche Interessen binden sie an den Verband, was erwarten sie sich von ihrer Mitgliedschaft? Soll auch um potenzielle Mitglieder geworben werden?

> **Tipp**
>
> Versuchen Sie, die verschiedenen Zielgruppen aufzulisten und so präzise wie möglich zu charakterisieren. So schaffen Sie sich die optimale Arbeitsgrundlage für alle weiteren Schritte.

der Surfende die Anzeigen gar nicht mehr angezeigt bekommt. Sinnvoll ist SEM dort, wo eine gute Platzierung in den Suchergebnissen (noch) nicht möglich ist oder wo das Budget keine Rolle spielt. Dann sollten Sie ohnehin alle Register ziehen und die zusätzliche Präsenz durch Anzeigen nutzen.

Interview mit Fabian Frick, Geschäftsführer der webhelps! Online Marketing GmbH in München, die auf SEO im Gesundheitsmarkt spezialisiert ist

Wie beurteilen Sie die Wichtigkeit von SEO speziell im Gesundheitsmarkt? Sollten medizinische Verbände in SEO investieren, und wenn ja, warum?
„Es ist definitiv wichtig. SEO ist sehr vielfältig und sollte auf die speziellen Anforderungen des Kunden zugeschnitten sein. Je nach Anforderung muss entschieden werden, in welchen Bereich von SEO investiert werden soll. Grundsätzlich gilt: Wer mit seinen Website-Inhalten gefunden werden möchte, sollte auch in SEO investieren. Da es aber im SEO Bereich viele verschiedene Maßnahmen gibt, muss man vorab analysieren, welche Maßnahme am nützlichsten bzw. effektivsten für die Website ist."

Welche SEO-Maßnahmen sind für Verbände am geeignetsten?
„Dies kommt wie erwähnt auf die konkreten Anforderungen an. Welche Ziele hat der Verband? Wen möchte der Verband ansprechen? Suchen Nutzer tatsächlich in den Suchmaschinen nach den auf der Website publizierten Themen – oder auch nicht? Grundsätzlich gilt: Jeder Text sollte für den Lesenden optimiert werden – und somit auch für die Suchmaschinen. Suchmaschinen wollen ja am Ende das beste Ergebnis für die Suchanfrage des Nutzers. Damit die Inhalte optimal gefunden werden, sollten prinzipiell eine sehr gute Usability (klare Struktur der Website), Onpage-Optimierung (Title, Meta-Tags, Überschriften, usw.), Mobil-Freundlichkeit und kurze Ladezeiten gegeben sein. Das sind heutzutage die Basics, die jede Website erfüllen muss."

Welche Fehler sollten unbedingt vermieden werden?
„Die Website und ihre Inhalte zu sehr allein auf die Suchmaschinen auszurichten. Natürlich sollten die technischen Voraussetzungen erfüllt sein. Viele Agenturen jedoch arbeiten z. B. mit sehr hoher Keyword-Dichte bei den Inhalten, weil dies teilweise bei den Suchmaschinen noch gut funktioniert. Am Ende kommt für den User ein holpriger Text heraus. Auch hier wird z. B. Google immer besser, und der beste Text für den User wird mittelfristig besser funktionieren. Ein weiterer sehr großer Fehler ist der Einkauf von irrelevanten Backlinks. Warum sollte z. B. eine

Auto-Website auf einen medizinischen Verband verlinken? Auch hier werden die Suchmaschinen immer besser, und solche Maßnahmen sind eher kontraproduktiv. Man sollte bei allen Maßnahmen an den Nutzer denken und nicht an die Suchmaschine, dann kommen auch die Backlinks auf natürliche Weise zustande. Am Ende gilt: Optimiere deine Website für den Nutzer – so betreibt man ein sehr gutes und nachhaltiges SEO."

Wohin geht die Zukunft? Wie wird sich das Internet und die Bedeutung von SEO künftig entwickeln?
„Es geht von der Suchmaschinenoptimierung weg zur Nutzeroptimierung. Die Bedürfnisse des Nutzer müssen bestmöglichst erfüllt werden. Die Suchmaschinen werden immer besser darin, die Zufriedenheit des Nutzer hinsichtlich der Erfüllung der Suchanfrage zu messen und die Rankings daraufhin anzupassen. Trends wie Mobil-Optimierung, Ladezeit und die richtige Aufbereitung der Inhalte spielen hier eine tragende Rolle. Gerade in Hinblick auf die Einführung des mobilen Index bei Google sind diese Punkte zukünftig enorm wichtig. Aber auch Themen wie die Sprachsuche werden an Bedeutung gewinnen. Hier bleibt abzuwarten, in welchen Bereichen oder in welchen Situationen diese hauptsächlich genutzt wird."

Wenn ein Verband einen Dienstleister für SEO-/SEM-Maßnahmen engagieren will, was muss er beachten?
„Die Agentur sollte auf jeden Fall eine auf SEO spezialisierte Agentur sein. SEO wird oft nur als begleitende Maßnahme angeboten und dementsprechend auch eher rudimentär umgesetzt. Darüber hinaus sollte die Agentur Branchenkenntnisse haben. Gerade im Hinblick auf die erwähnte Nutzeroptimierung spielt es eine große Rolle, dass die Agentur den Nutzer und seine Suchanfrage im jeweiligen Bereich versteht und die Maßnahmen optimal darauf ausrichten kann.
Für gutes SEO bedarf es einer sehr engen Zusammenarbeit zwischen Verband und Agentur. Dies bedeutet für den Verband auch eine kontinuierliche Mitarbeit. Alle Maßnahmen müssen transparent dargestellt werden und auch begründet sein. Einfach einmal wild alle SEO-Maßnahmen ausschöpfen darf nicht das Ziel sein.
Wichtig ist außerdem, dass SEO langfristig ausgerichtet ist. Bei hart umkämpften Keywords ist eine kontinuierliche SEO-Arbeit notwendig, um Erfolge zu erzielen. Darauf sollte eine SEO-Agentur schon von Anfang an hinweisen. Ein Ranking-Versprechen wird keine seriöse Agentur geben. Dazu gibt es zu viele Variablen und eine zu große Dynamik im Markt. Wenn jemand Rankings verspricht, ist die Gefahr groß, dass Maßnahmen genutzt werden, die der Webseite langfristig eher Schaden zufügen."

Social-Media-Marketing

© Springer-Verlag GmbH Deutschland 2017

A. Köhler, M. Gründer, *Online-Marketing für medizinische Gesellschaften und Verbände*,
Erfolgskonzepte Praxis- & Krankenhaus-Management, DOI 10.1007/978-3-662-53469-4_5

Das Internet ist sozial – bei vielen Webangeboten können die Nutzer miteinander kommunizieren. Soziale Netzwerke (Social Networks), Foren und Blogs haben gemeinsam, dass sie die Menschen an den Computerbildschirmen zusammenbringen. Das Internet wird so zum Präsentations- und Kommunikationsraum.

Auch für medizinische Fachgesellschaften und Verbände liegt darin eine Herausforderung, der sie sich in Anbetracht der beeindruckenden Nutzerzahlen und der damit verbundenen Bedeutung dieser modernen Medien stellen müssen. Denn hier entstehen neue Marketing- und Kommunikationsmöglichkeiten: Organisationen können direkt mit Ärzten in Dialog treten – und umgekehrt. Im ersten Teil dieses Kapitels lernen Sie die meist genutzten Social Media-Instrumente kennen.

Jedoch bringt diese schnelllebige und vernetzte Welt auch einen Nachteil mit sich: Niemand ist mehr davor gefeit, dass jemand anderes im Netz über ihn spricht. Auch dann nicht, wenn man selbst gar nicht im Netz aktiv ist. Solange es sich um positive Äußerungen handelt, stellt das kein Problem dar. Ärgerlich und eventuell sogar berufsschädigend wird es, sobald Patienten ärztliche Leistungen oder den Service in Bewertungsportalen oder Foren negativ beurteilen. Leider gibt es in den Sozialen Netzwerken richtige „Hass-Gruppen", in denen Menschen, Unternehmen und Produkte kritisiert und schlechtgemacht werden. Nur wenn Sie davon erfahren, haben Sie eine Chance zu reagieren. Der letzte Teil des Social Media-Marketing-Kapitels zeigt Ihnen, wie Sie Ihren Ruf im Auge behalten und wie Sie ein erfolgreiches Reputationsmanagement aufbauen können.

5.1 Social Media Dienste im Überblick

Soziale Netzwerke gibt es bereits seit Mitte der 1990er Jahre. Allerdings blieben sie lange eine Randerscheinung, die überwiegend von kleineren Gruppen zur Pflege von Bekanntschaften genutzt wurde. So ließen sich etwa Schulfreundschaften auch über große Entfernungen fortführen. Mit dem Siegeszug des Internets auch im privaten Bereich begannen die Netzwerke ab 2003 zu boomen. Die sozialen Netzwerke sind die großen Aufsteiger der vergangenen Jahre

und längst kein Tummelplatz von Teenagern mehr: In der Altersgruppe ab 35 Jahre wachsen alle Internet-Communities seit Jahren besonders schnell. Daher sind die sozialen Netzwerke auch für Ihre Kommunikation interessant.

Am bekanntesten und auch am bedeutsamsten ist der Branchenprimus Facebook. Marc Zuckerberg gründete Facebook im Frühjahr 2004 – knapp acht Jahre später wurde das Unternehmen börsennotiert. 2014 kaufte Facebook Inc. den Messenger-Dienst WhatsApp. Es folgen weitere beeindruckende Zahlen:

> **Offizielle Nutzer- und Umsatzahlen von Facebook aus dem Börsenbericht 2/2016**
> - 1,71 Milliarden aktive Nutzer hat Facebook im Monat weltweit – 15 %, mehr als noch vor einem Jahr
> - 1,13 Millionen Menschen nutzen Facebook jeden Tag und davon 967 Millionen nur noch auf ihrem mobilen Endgerät
> - Über 1 Milliarde Menschen nutzen WhatsApp
> - 1 Milliarde Menschen nutzen den Messenger
> - Dort werden im Monat 17 Milliarden Fotos verschickt
> - 500 Millionen Menschen nutzen Instagram

Facebook bleibt die unangefochtene Nummer 1 mit 1,71 Milliarden aktiven Nutzern weltweit; in Deutschland mit über 28 Millionen Nutzern. Die Reichweite und Stärke dieser Angebote nimmt weiter zu, doch es gibt auch immer wieder Verlierer und neue Aufsteiger in den Top 20 der sozialen Netzwerke: Auf Platz zwei folgt Google+. Dicht gefolgt von dem längst bekanntem Mikro-Blog-Dienst Twitter (mehr dazu unter ▶ Abschn. 5.1.5). Ebenfalls geläufig sind die Plätze 6 und 8: Instagram und LinkedIn. Enorm ihren Traffic steigern konnten Pinterest und Reddit (Platz 9 und 10). Die großen Verlierer sind hingegen Jappy, Stayfriends und Spin. Zu Beginn der Social-Network-Welle waren hierzulande die VZ-Netzwerke (wegen Verzeichnisse „VZ") StudiVZ, SchülerVZ und MeinVZ sehr beliebt. Im April 2013 wurde SchülerVZ jedoch geschlossen und mittlerweile ist MeinVZ auch aus den Top 20 heraus geflogen. Instant Messenger Dienste und Chat Apps setzen ebenfalls ihr beeindruckendes Wachstum fort: Allen voran WhatsApp mit über 1 Milliarde aktive Nutzern. WeChat, Facebook Messenger und Viber berichten jeweils von mehr als 100 Millionen neuen monatlich aktiven Nutzern.

5.1.1 Was ist ein soziales Netzwerk?

Bevor wir tiefer in die einzelnen Instrumente einsteigen, soll an dieser Stelle nochmal der Begriff und die Bedeutung von „Social Network" erklärt werden. Soziale Netzwerke sind Internetportale, auf denen sich Nutzer ein Profil anlegen und mit anderen Nutzern kommunizieren können. Das Profil ist sozusagen das eigene Zuhause im Netzwerk und zugleich eine Art Steckbrief, der Auskunft über seinen Besitzer gibt. Ein Porträtfoto, Name, Wohnort und Kontaktdaten, Beruf, oft auch Angaben zum Lebensweg und zu Vorlieben und Abneigungen sind typische Bestandteile eines solchen Profils. Jeder Nutzer kann durch eigene Sicherheitseinstellungen entscheiden, wie viel von diesen Angaben öffentlich sichtbar ist.

Nutzer mit Profilen können im Netzwerk nach anderen Nutzern suchen und sich mit ihnen vernetzen. Bei Facebook heißt das dann „Freunde", beim Business-Netzwerk Xing sind es „Kontakte". Es muss sich dabei nicht um bereits bekannte Personen handeln. Durch die Angaben von privaten Vorlieben, etwa der Begeisterung für eine Musikband oder einen Fußballverein, oder aber von geschäftlichen Interessen, etwa das Angebot bestimmter Dienstleistungen, finden sich hier schnell neue Kontakte. Für diese festen Partner sind in der Regel mehr Details vom Profil sichtbar, und mit ihnen kann man über das Netzwerk regelmäßigen Kontakt halten.

Der Mindestnutzen dieser Kontakte ist es, immer über die aktuellen Adressdaten der Netzwerkpartner zu verfügen – sofern diese ihr Profil aktuell halten. Der eigentliche Sinn der Plattformen ist jedoch die Kommunikation. Nutzer können all ihren Freunden mitteilen, woran sie gerade denken, mit ihnen über aktuelle Themen diskutieren, Termine absprechen, sich gegenseitig Artikel oder Filme empfehlen, Fotos zeigen und vieles mehr. Die Betreiber legen viel Wert darauf, die Bandbreite der Interaktionsmöglichkeiten ständig zu erweitern.

5.1.2 Facebook

Die vielen Millionen User machen das Portal www.facebook.de für Marketingzwecke sehr interessant. Um daraus Nutzen zu ziehen, muss man jedoch zunächst Teil des Netzwerks werden. Geeignet sind für medizinisch-wissenschaftliche Fachgesellschaften resp. ärztliche Verbände dabei weniger die Einzel-Profilseite als Person, sondern die sogenannten Seiten, die Facebook Pages (ehemals Fanpage).

Als reines Netzwerk von Privatpersonen wäre Facebook rasch an seine Grenzen gestoßen. So wurde für Prominente, Unternehmen und Marken die Möglichkeit geschaffen, mit Seiten im Netzwerk präsent zu sein. Auf der Seite können sich Facebook-Nutzer als „Fans" registrieren, indem sie den „Gefällt-mir"-Button klicken. Diese Fans erhalten von nun an alle Informationen, die die Betreiber der Seite an der „Pinnwand" veröffentlichen, direkt in ihr Facebook-Profil.

Die Facebook Page hat sich schnell zu einem nützlichen Werkzeug für die Kundenkommunikation entwickelt. Der große Vorteil: Während bei klassischem Marketing viele Menschen angesprochen werden, die sich für die Markenbotschaft überhaupt nicht interessieren, kommuniziert die Seite nur mit echten Markenbotschaftern – mit Fans eben. Viele größere Firmen legen für sich oder ihre Produkte solche Seiten an. Die Seite von Nutella etwa zählt knapp 32 Millionen Fans aus aller Welt, die nicht nur die neuesten Nachrichten aus dem Brotaufstrich-Universum erfahren, sondern auf der Seite auch Schokocreme-Loblieder in den verschiedensten Sprachen hinterlassen.

Jeder Facebook-Nutzer kann Seiten anlegen. Es ist also keineswegs gesagt, dass beispielsweise eine Seite über Paul McCartney tatsächlich von dem Künstler oder seiner Agentur angelegt und betrieben wird. Sie kann auch schlicht „von Fans für Fans" angelegt worden sein.

Tipp

Schauen Sie über die Suche mal nach, ob es vielleicht eine oder mehrere Facebook Pages von Ihnen gibt.

International bekannte Marken, wie Ikea, McDonalds und Adidas, haben es natürlich leicht, im Facebook-Universum Fans zu finden, die ihre Informationen gierig aufsaugen und in die Welt hinaustragen. Seiten von Fachgesellschaften und Verbänden

5

stehen demgegenüber noch ganz am Anfang. Einzelne haben in ihrem Corporate Design Profile von sich angelegt, präsentieren sich und ihre Leistungen auf Unterseiten und posten regelmäßig Neuigkeiten. So beispielsweise auch die Deutsche Diabetes Gesellschaft (DDG), die mit über 9000 Mitgliedern zu den großen medizinischen Fachgesellschaften gehört. Sie kann rund 2400 Likes verzeichnen (▶ Abschn. Experten-Interview am Ende dieses Kapitels). Oder die Deutsche Gesellschaft für ästhetische Zahnheilkunde (DGÄZ) mit mehr als 1200 Likes. Das sind gute Ergebnisse, denn die Zielgruppe dieser Organisationen ist überschaubar, und Fanzahlen im größeren vier- oder gar fünfstelligen Bereich sind eher selten.

> **Excurse**
>
> Ein ähnliches Bild in Bezug auf die Zahlen zeigt sich bei der Kernzielgruppe der Fachgesellschaften: den Ärzten. Aktuelle Arztseiten schaffen es bislang von einer Handvoll Fans auf einige Hundert Personen. Eine Ausnahme ist beispielsweise eine Arztpraxis in Frankfurt am Main mit über 3300 „Gefällt-mir"-Klicks. Sofern es sich ansonsten bei den anderen Seiten mit etwa einigen Hunderten Likes um Patienten handelt, ist das ein durchaus akzeptables Ergebnis. Denn so wird die Facebook-Seite zum direkten Draht zu den Stammpatienten. Mit etwas Ehrgeiz und Engagement ist das sogar noch ausbaufähig: Mit einem guten Angebot an allgemeinen Informationen kann ein Arzt für die Netzwerk-Community schnell zur Autorität werden und immer mehr Fans anziehen, die seine Praxis gar nicht kennen, aber seine Facebook-Präsenz interessant finden. So kann Facebook neben der Praxis-Website zu einer zweiten Internetpräsenz werden, auf der um Patienten geworben wird.

Eine eigene Facebook-Seite erstellen

„Facebook for business" erklärt Schritt-für-Schritt, wie Organisationen eine eigene Facebook-Seite einrichten. Generell kann jeder Nutzer Seiten erstellen, der als Privatperson ein Profil bei Facebook besitzt. Im ersten Schritt fordern Sie bei Facebook eine Internetadresse wie „facebook.com/Name Verband" an, über die Sie dann ganz einfach gefunden werden können.

> **Tipp**
>
> Binden Sie diese Adresse künftig in all Ihre Druckunterlagen, wie Visitenkarten, Flyer, etc., sowie in Ihre Website und E-Mail-Signatur ein.

Standardmäßig bestehen Pages zunächst aus zwei Hauptseiten:

Die Info-Seite   Hier sind die wichtigsten Rahmendaten der Organisation aufgeführt. Hier können Sie die Adresse, Kontaktdaten und Beschreibungstexte angeben. Das sollte ausführlich geschehen, denn auch mit dieser Seite kann man von neuen potentiellen Mitgliedern oder anderen Interessenten bei Google gefunden werden.

Die Pinnwand   Auf der Pinnwand können alle Arten von Nachrichten, Tipps, Termine, etwa Seminarankündigungen, und Statements veröffentlicht werden. Diese „Posts" werden chronologisch sortiert und bleiben langfristig erhalten. Da das Ganze an das Grundprinzip der Blogs (▶ Kap. 6) erinnert, ordnet man Facebook insofern auch in die „Mikroblogs" ein. Auch Bilder, Videos oder Linkempfehlungen können Sie auf die Pinnwand einfügen. Alle registrierten Fans erhalten die hier geposteten News automatisch. Und anders als bei Anzeigen in der Presse ist Ihnen die Aufmerksamkeit der Empfänger gewiss, denn diese haben ein nachgewiesenes Interesse an Ihren Aktivitäten.

Die Grundstruktur lässt sich beliebig ergänzen. Mit sogenannten Facebook-Anwendungen können Sie frei gestaltbare Unterseiten erstellen, auf denen zum Beispiel den Vorstand oder die wichtigsten Services vorstellen können. Diskussionen, Umfragen oder Bildergalerien runden das Bild ab. Um Interessierten auch optisch zu signalisieren, dass Sie sich auf der offiziellen Facebook-Präsenz der Gesellschaft/des Verbandes befinden, sollte vor allem das Logo als Profilbild in die Seite eingebunden werden. Weitere Möglichkeiten zur Einbettung des Corporate Designs (▶ Kap. 1) in das Facebook-Schema bieten spezielle Facebook-Anwendungen.

Inhalte: News und Service

Wenn Sie Ihre Facebook-Präsenz nur dafür nutzen, für sich zu werben, werden Sie vermutlich nicht viele Fans generieren. Wichtig ist es, eine spannende Abwechslung an Inhalten zu haben. Knackige Statements zu aktuellen Themen oder auch zu Gesetzesvorhaben in der Gesundheitspolitik, hilfreiche Tipps für die Praxis, interessante Linkempfehlungen, auch mal eine persönliche Anekdote aus dem Vorstand sowie natürlich Informationen in eigener Sache. Bei Facebook ist es durchaus angebracht, Persönliches einzustreuen – sofern es sich für eine Organisation anbietet. Es können ja auch Anekdoten aus dem Berufsalltag Ihrer Mitglieder sein oder Sie bejubeln die Nationalmannschaft beim nächsten Fußballturnier. Zwei bis drei Meldungen pro Woche sind das Minimum. Die sozialen Netzwerke sind schnelllebig, sie verändern sich stets, und Nachrichten von letzter Woche gelten fast schon als antik. Wenn Nutzer auf Ihre Seite kommen und nur ältere Einträge vorfinden, kommen sie nicht wieder.

> **Tipp**
>
> Mit der Seitenmanager-App von Facebook kann die eigene Seite auch von unterwegs verwaltet werden.

Falls es Ihnen an Ideen mangelt, welche Themen Sie bei Facebook posten können, vergleichen Sie ▶ Kap. 6 über die Themen-Findung beim Bloggen. Die dortigen Hinweise lassen sich ebenfalls auf Facebook übertragen. Stöbern Sie zudem bei anderen Unternehmen, um neue Anreize und Ideen zu erhalten. Facebook präsentiert auch verschiedene Erfolgsgeschichten. Die Ergebnisse können Sie sich beispielsweise nach Branche, Unternehmensgröße, Ziel und Produkt sortieren.

Kommunikation über Facebook

Soziale Netzwerke sind Kommunikationsräume. In Communities wird lebhaft diskutiert, Posts werden ständig kommentiert, weitergeschickt und mit einem „Gefällt mir" versehen. Und mehr noch: User stillen ihren Wissensdurst durch Nachrichten, die sie hier erfahren, und Menschen, denen man sonst kein Gehör schenkt, organisieren sich zu politischen Bewegungen. Dies ist der Kitt, der das Netzwerk zusammenhält. Wenn Sie diesen offenen Austausch scheuen, sollten Sie von Facebook die Finger lassen.

Dass Sie bei der Kommunikation im sozialen Netz auch das Berufsrecht und das HWG im Auge behalten müssen, wurde bereits deutlich und können Sie auch noch einmal in ▶ Kap. 7 nachlesen. So sollten Sie beispielsweise lobende Kommentare über Behandlungstherapien, Medikamente oder medizinischen Fähigkeiten von Ihren Mitgliedern entfernen. Grundsätzlich sind alle Mitarbeiter, die an der Facebook-Präsenz beteiligt sind, gründlich in die rechtlichen Beschränkungen einzuweisen.

Sie müssen zudem beim Umgang mit Facebook besonders auf den Datenschutz Ihrer Mitglieder und anderer achten. Wenn ein neuer Account bei Facebook angelegt wird, fragt das soziale Netzwerk, ob das Adressbuch zum „Freunde-Finden" verwendet werden soll. Auf PC oder Smartphones können sich im Adressbuch auch vertrauliche Informationen befinden, die dann von Facebook importiert werden.

> ❯ **Facebook geht bei einer Neuanmeldung automatisch davon aus, dass Sie möglichst viel von sich preisgeben und gefunden werden wollen – das schließt etwa die Suche über Google ein. Für Ihre Organisation ist das das Ziel, als Privatperson möchten Sie vielleicht weniger Details zu Ihrem Leben, sprich Beziehungsstatus, private Fotos etc. preisgeben. Gehen Sie für beides ganz genau die Kontoeinstellungen durch und entscheiden Sie für Ihre Seiten, wer was sehen, erfahren und tun darf.**

Ohne Frage, ein Social Media-Profil richtig zu führen, benötigt Interesse am Geschehen, kostet Ideen, Zeit und Engagement. So sollten Sie mehrmals täglich auf Ihre Seite schauen. Zum einen kann es vorkommen, dass User Fragen stellen. Dann ist es wichtig, zeitnah zu antworten. Zum anderen kann es passieren, dass sich jemand kritisch äußert. In solchen Fällen müssen Sie natürlich reagieren. Ebenfalls kann es vorkommen, dass sich ein Patient über ein ärztliches Mitglied bei Ihnen beschwert. Dann sollten

5

Sie diesen Post nicht ignorieren, sondern freundlich reagieren, eventuell eine Vermittlung anbieten. Mit einer offenen, ehrlichen Erklärung lässt sich vieles in der Regel schnell aus der Welt schaffen. Für Beleidigungen sollten Sie Ihre Facebook-Präsenz natürlich nicht zur Verfügung stellen. Löschen Sie solche Beiträge.

Dienliche Statistiken

Überprüfen Sie in regelmäßigen Abständen, wie viel Traffic auf Ihren Seiten herrscht, wie viele Menschen Ihre Beiträge mit „Gefällt mir" markieren, kommentieren und teilen und was für Personen hinter den Klicks stecken. Dafür gibt es Statistiken direkt auf Ihrer Facebook-Seite. Ebenfalls wird hier dokumentiert, wie User Ihre Seite entdeckt haben, zu welcher Tageszeit sie diese besuchen, demografische Daten über die Besucher, wie Alter und Geschlecht und noch vieles mehr. Mit diesen Statistiken können Sie Ihre Zielgruppe besser verstehen und so die Seite noch ansprechender gestalten, um mit den Interessierten in Verbindung zu bleiben.

Werbeanzeigen schalten

Natürlich gibt es auf Facebook auch die Möglichkeit, gegen Bezahlung Werbeanzeigen für verschiedene Marketing-Ziele, etwa mehr „Gefällt mir"-Anzeigen oder Klicks auf die eigene Website, zu veröffentlichen – nicht über klassische Banner (▶ Kap. 2 ▶ Abschn. 2.2.3), sondern integriert in die anderen Geschichten und Neuigkeiten, die für die User von Interesse sind. Dabei können Sie definieren, welche Personen Sie mit der Anzeige erreichen möchten, etwa anhand des Standorts oder nach demografischen Daten, wie Alter, Geschlecht und den Sprachen, die sie sprechen. Und natürlich zieht Facebook auch seinen Nutzen aus allen anderen Angaben der User für Werbezwecke: Welche Interessen haben die User, die zu meinen Werbezielen passen? Dazu kann man aus hunderten Kategorien, wie Musik, Filme, Sport, Spiele, Einkaufen etc., auswählen. Welches Verhalten legen User an den Tag, beispielsweise Einkaufsverhalten. Und über welche Verbindungen verfügen die User, die Ihre Seite mit „Gefällt mir" geklickt haben?

In Facebooks Werberichtlinien wird definiert, was erlaubt ist und wie etwa Anzeigen auszusehen

haben. Ob das Kosten/Nutzen-Verhältnis stimmt, müssen Sie je nach Marketing-Ziel und Budget jeweils selbst abwägen.

Plattform-Entwicklungen im Blick behalten

Das Internet steht nicht still. Entsprechend entwickeln Anbieter, wie in diesem Fall Facebook, ihre Plattform beständig weiter. So gibt es beispielsweise seit Herbst 2011 die neue Profil-Funktion: Timeline – die Lebens-Chronik. Die Chronik archiviert hierbei automatisch alle Aktivitäten, wie gepostete Fotos, Videos und Statusmeldungen – selbst die Zeit vor Facebook können User jetzt umfangreich ergänzen, etwa mit Bildern von der Einschulung oder der eigenen Hochzeit. Ein interaktiver Lebenslauf bzw. ein multimediales Tagebuch entsteht. User können dabei bestimmen, welche wichtigen Ereignisse in Großansicht angezeigt werden. Wenn sie diese Funktion aktivieren, haben sie sieben Tage Zeit, das eigene Profil durchzusehen und zu bearbeiten, anschließend ist es auch für andere User sichtbar. Ebenfalls wird bei der Benutzung von bestimmten Social Apps das eigene Konsumverhalten in der Chronik dokumentiert, also jeder gelesene Artikel oder angeschaute Clip – dessen sollte sich jeder bewusst sein.

Passend zur Chronik zeigt ein Feature Nutzern, welche Posts ihre Freunde vor einem Jahr gemacht haben. Auf Deutsch heißt die Funktion „an diesem Tag". Dann hat Facebook beispielsweise noch „Sticker" eingeführt: große Emoticons, die süß, witzig und frech die Kommunikation unterhaltsamer machen sollen. Und User können seit Juni 2013 Bilder zusätzlich zu einem Kommentar einfügen. Ebenfalls können Post und Kommentare mit Hilfe des Stift-Symbols nun nachträglich editiert werden. Wie auch beim Kurznachrichtendienst Twitter können User jetzt auch bei Facebook Hashtags (#) zur Kennzeichnung von Begriffen, die sie als Schlagworte verwenden, nutzen. Um zu sehen, wie Ihr Profil für andere Personen aussieht, verwenden Sie die Funktion „Profil anzeigen als". Zudem kann man über ein Symbol seinen Aufenthaltsort angeben. Im Gegenzug wurde die „Orte-Funktion", die nur auf Handys verfügbar war, entfernt Und als letztes Beispiel: Facebook ermöglicht es, dass mehrere Nutzer Schnappschüsse in ein gemeinsames Fotoalbum hochladen und bearbeiten. Bis zu 50 Personen erstellen so zusammen ein Album und fügen jeweils bis zu 200 Fotos hinzu. Vielleicht von der letzten Jahreshauptversammlung.

Solche Entwicklungen haben nicht sofort und direkt Auswirkungen auf das Social Media-Marketing. Sie sollten jedoch stets über neue Funktionen im Bilde sein und schauen, ob sich auch für sie ein Nutzen ergibt.

5.1.3 Google+

Ende Juni 2011 hat der Internetgigant Google ein soziales Netzwerk gestartet: Google+ (oder „Google Plus"). Bereits in den ersten vier Wochen der Testphase will das Projekt über 20 Millionen Nutzer verzeichnet haben. Diese Social Media Plattform weist viele Ähnlichkeiten zu Facebook auf, aber auch einige wichtige Unterschiede. Hervorzuheben ist natürlich dabei die enge Integration mit weiteren Google-Diensten, wie der Suchmaschine, gMail, Google Maps, Google Drive, Google Chrome, Google Play, Google Earth, Picasa und YouTube. Dies sorgt natürlich für eine schnelle Verbreitung des Netzwerks und des eigenen Profils. Jedoch hat Google bereits die zwingende Voraussetzung eines G+-Profils als Identität, um sich bei YouTube anzumelden beendet und dies könnte auch bald bei anderen Google-Produkten gelten. Und wie sehen die Google+ Zahlen aus? Offiziell sind dieses nicht bekannt. Durch die Koppelung von Google+ mit weiteren Google-Services sind viele Nutzer zwangsweise an Google+ gebunden, ohne dieses selbst aktiv zu nutzen. Branchenkenner gehen etwa von 2 Millionen aktiven Nutzern in Deutschland aus.

Um Teil von Google+ zu werden, ist ein Google-Account notwendig. Anschließend können sich User ihr Profil in Wort und Bild anlegen. Im „Stream" können User – analog zu Facebooks „Pinnwand" – Beiträge veröffentlichen, Fotos und Videos teilen. Mit dem +1-Knopf können Inhalte, wie beim „Gefällt-mir"-Button, im persönlichen Netzwerk oder in der Google-Suche bewertet und empfohlen werden.

In Circles (Kreisen) teilen Google+-User ihre Kontakte ein. Die Kontakte sind nicht notwendigerweise gegenseitig wie bei Facebook, wodurch Google+ weit mehr Abstufungen ermöglicht – was der Wirklichkeit näher kommt als die pauschale Facebook-„Freundschaft". Eine beliebige Anzahl an Kreisen kann gezogen werden, um besser differenzieren zu können. Tippen Nutzer eine Statusmeldung ein oder laden sie ein Foto hoch, können sie entscheiden, welchen Kreisen sie diese Informationen preisgeben. Auch spielen die Kreise beim Filtern des Streams eine Rolle. So können User in den neuesten Nachrichten bestimmter Personengruppen stöbern.

Auch Produkte, Marken, Vereine, Organisationen, Unternehmen können, analog zu den Seiten von Facebook, eine Seite bei Google+ einrichten, die explizit für Unternehmen Goggle+-Pages genannt werden. Unternehmen können über die neuen Seiten eine Fanbasis aufbauen und Inhalte mit ihren Fans teilen. Aber sie können erst dann Verbindung zu den Mitgliedern des Netzwerks aufnehmen, wenn sie selbst von den Anwendern kontaktiert und in einen Kreis aufgenommen wurden. Ebenfalls können Unternehmen ihre Kontakte in verschiedene Kreise einteilen und bestimmte Mitteilungen gezielt an Kundengruppen richten. Seiten kennzeichnen sich durch ein kleines viereckiges Pages-Icon mittig oben. Links daneben zeigt ein Haken-Icon, ob sich der Betreiber der Seite hat identifizieren lassen, sprich, ob es sich um einen „bestätigten Namen" handelt. Mit der Videokonferenz-Funktion „Hangout" können Sie beispielsweise Gespräche mit Mitgliedern, Kollegen oder Partnern führen.

5.1.4 YouTube

YouTube ist eine der größten Social Media Erfolgsgeschichten. Es wurde im Mai 2005 gegründet. Die Plattform ermöglicht Milliarden von Nutzern, selbst erstellte Videos anzusehen oder sie mit anderen zu teilen. YouTube ist ein Google-Unternehmen. Hier folgen Fakten vom Unternehmen selbst:

- YouTube hat mehr als eine Milliarde Nutzer. Laut Allensbach sollen es in Deutschland vier Millionen Nutzer sein, die YouTube häufig oder regelmäßig nutzen.
- YouTube gibt es in 88 Ländern und 76 Sprachen.
- Täglich werden hier Videos mit einer Gesamtdauer von mehreren hundert Millionen Stunden wiedergegeben und Milliarden Aufrufe generiert.

- Die Anzahl der Stunden, die Nutzer jeden Monat auf YouTube ansehen, steigt jährlich um 50 Prozent im Vergleich zum Vorjahr.
- Pro Minute werden 300 Stunden Videomaterial auf YouTube hochgeladen.
- Mehr als die Hälfte der Aufrufe werden über Mobilgeräte generiert.
- Der über Mobilgeräte generierte Umsatz steigt pro Jahr um über 100 Prozent.
- Über eine Million Werbetreibende nutzen die Google-Anzeigenplattformen; die meisten davon sind kleine Unternehmen.

Lesen Sie mehr für die Verwendung von YouTube im ▶ Kap. 2 ▶ Abschn. 2.2.2 Organisation mit einem Imagefilm vorstellen.

5.1.5 Xing

Als digitales Adressbuch und Netzwerk für Geschäftskontakte nutzen viele das Business-Netzwerk www.xing.de. Im Jahr 2003 wurde das Unternehmen unter dem Namen openBC gegründet, seit 2006 ist es börsennotiert. Die XING AG beschäftigt etwa 900 Angestellte. Insgesamt zählte Xing im Januar 2017 im Kernmarkt Deutschland, Österreich und der Schweiz 11 Millionen Mitglieder. Hier vernetzen sich Berufstätige aller Branchen, sie suchen Jobs, Mitarbeiter, Aufträge, Kooperationspartner, fachlichen Rat oder Geschäftsideen. Aufgrund dieser thematischen Ausrichtung und Zielgruppe eignet sich diese Plattform für Organisationen, um ein Netzwerk aufzubauen zu ärztlichen Kollegen einer Fachrichtung oder übergreifend, Partnern, Dienstleistern, Politik und Wirtschaft. Das dient dann der Imagepflege und dem Informationsaustausch der gesamten Healthcare-Branche. Hier finden sich Unternehmen des Gesundheitsmarktes, Events, fachspezifische Gruppen und Stellenangebote.

Ein Profil aufbauen

Wie bei allen Netzwerken ist das Profil das eigene Zuhause bei Xing. Hier haben User die Chance, Gesicht zu zeigen, ihre Qualifikationen zu präsentieren und Referenzen anzugeben. Dabei gibt es das kostenlose Basisprofil sowie die kostenpflichtige Premium-Mitgliedschaft mit beispielsweise Profilbesucher-Statistiken und -analysen sowie mehr Suchfelder und -filter. Kosten: Das 3-Monats-Abo kostet in der ersten Laufzeit mit 20 Prozent Nachlass 7,95 Euro, das 12-Monats-Abo 6,35 Euro (Stand Januar 2017).

Folgende Angaben gehören zu einem Personen-Profil.

Basisangaben   Hier geben Sie Ihren Namen, Unternehmen und Ihre Funktion an.

Foto   Anders als bei Facebook ist hier der professionelle Eindruck gefragt. Ein professionelles Porträtfoto in Anzug oder Hemd passt am besten. Schnappschüsse aus dem Urlaub o. Ä. sind ungeeignet.

Profilspruch   In einem kurzen Satz sollen Sie Profilbesuchern erzählen, wer Sie sind.

Ich biete/Ich suche   Diese Xing-spezifischen Felder sollen es Nutzern ermöglichen, bei Xing Menschen zu finden, die das suchen, was man selbst kann, oder anbieten, was man gerade braucht. Nutzer sollten dies ausführlich ausfüllen, denn die interne Suchfunktion basiert ganz wesentlich darauf. Viele geübte Netzwerker nutzen die in diesen Feldern hinterlegten Informationen, um Kontakt aufzunehmen und Geschäfte anzubahnen.

Berufserfahrung/Ausbildung/Sprachen/Qualifikationen   Hier genügen die wichtigsten und prestigeträchtigsten Stationen des Werdegangs. Mit einem aufgeblasenen Lebenslauf überlädt man sein Profil schnell.

Referenzen und Auszeichnungen   Referenzen sind perfekt, um die eigene Kompetenz und Zuverlässigkeit als Geschäftspartner zu demonstrieren.

Organisationen   Hier tragen Sie ein, welchen medizinisch-wissenschaftlichen Fachgesellschaften, Verbänden oder sonstigen Organisationen Sie angehören.

Interessen   Geben Sie hier Ihre Interessen an – manchmal lassen sich auch Geschäftspartner über gemeinsame Präferenzen finden, etwa Fan des gleichen Fußballvereins oder ein Hobby, das einen verbindet. Füllen Sie daher dieses Feld auch aus.

Gruppen Hier zeigt Xing alle Gruppen, denen Sie in dem Netzwerk beigetreten sind.

Web Die Adresse der Website, des Blogs oder der Facebook-Präsenz gehört in dieses Feld, damit sich Interessenten weiter informieren können.

Kontaktdaten Für viele Nutzer ist Xing vor allem ein Adressbuch ihrer Geschäftspartner. Daher müssen die geschäftlichen Kontaktdaten für alle Kontakte stets vollständig und aktuell verfügbar sein. Die privaten Kontaktdaten hingegen darf man getrost per Datenschutzeinstellungen verbergen.

Mit den Angaben, die Sie im Profil machen, können Sie von anderen gefunden werden – ob über die Xing-Suche oder über Google. Es lohnt sich also, auf die Formulierungen etwas Mühe zu verwenden, wenn Sie neue Kontakte finden wollen, die Sie geschäftlich voranbringen.

> **Tipp**
>
> Vergessen Sie nicht, Ihr Profil in den Datenschutzeinstellungen öffentlich einsehbar zu machen, damit es auch über Suchmaschinen auffindbar ist. Ebenso können Sie von der Website auf Ihr Xing-Profil verlinken.

Das persönliche Profil lässt sich weiter vertiefen, indem man es mit einem Unternehmensprofil kombiniert. Um eine Unternehmensseite für die eigene Organisation anzulegen, müssen mehrere Mitarbeiter bei Xing sein – was für einen Verband oder eine Fachgesellschaft kein Problem darstellen sollte. Die Basis-Variante ist kostenlos. Aktuell gibt es auf Xing 260.000 Unternehmensprofile.

> **Eine koordinierte Unternehmens-Präsenz bei Xing**
>
> – Die Vorstandsebene sowie leitende Mitarbeiter sollten ein Xing-Profil anlegen. Obacht: Durch Angabe des Arbeitgebers wird jeder einzelne Mitarbeiter zum Repräsentanten der Organisation!
> – Als derzeitigen Arbeitgeber müssen alle Mitarbeiter den gleichlautenden Namen angeben.
> – Zu diesem Namen kann nun ein Administrator ein Unternehmensprofil einrichten. Es enthält in der kostenlosen Standard-Form ein Logo, Kontaktdaten und eine Freitext-Beschreibung sowie eine Auflistung aller bei Xing registrierten Mitarbeiter. Auf diese Weise entsteht auf Xing ein komplettes Profil für die Geschäftskontakte.

Austausch in Fachgruppen

Neben Profil und Kontaktliste bietet Xing die Möglichkeit, unter einem beliebigen Thema eine Gruppe zu eröffnen oder dieser beizutreten und mit den darin sammelnden Mitgliedern über dieses Thema zu diskutieren. Ob es über aktuelle gesundheitspolitische Themen oder fachspezifische Innovationen geht – die Bandbreite ist groß. Das Business-Netzwerk zählt insgesamt 84.000 unterschiedliche Gruppen aller Branchen und weist mehrere Gruppen im Gesundheits-Bereich vor. Je nach Schwerpunkt der Gruppe geht es inhaltlich um Nachrichten aus der Gesundheitsbranche – von IT bis Medizintechnik, praxisrelevante Rechtsprechungen, Tipps zum Management, Marketing, Finanzen und Personalführung, Existenzgründung, Buchtipps sowie Kollegen- und Expertenaustausch bei Fragen oder Problemen.

Diese Gruppen sind ein geeigneter Ort, Xing-Mitglieder mit ähnlichen Interessen und Geschäftsfeldern kennenzulernen und Kontakte zu knüpfen. Es gibt offene Gruppen, in die man mit einem Mausklick eintreten kann, und andere Gruppen, wo Moderatoren prüfen, ob der User zur Gruppe passt. Für Letztere muss man gewöhnlich eine kurze Begründung schreiben, um Eintritt zu erhalten.

Jede Gruppe unterhält ein eigenes Forum, in dem jedes Mitglied kleine Beiträge veröffentlichen und Diskussionen anstoßen kann. Hier eröffnet sich die Möglichkeit, sich als Experte für bestimmte Themen zu präsentieren, als jemand, der Lösungen für die Probleme anderer Mitglieder anzubieten hat. Daneben erhalten Nutzer die Chance, mit eigenen

Fragen an Fachleute heranzutreten, beispielsweise an Juristen, und so wichtige Denkanstöße zu erhalten.

Stöbern Sie einfach mal in Ruhe durch die verschiedenen Gruppen, schauen Sie sich die Anzahl der Mitglieder und die Aktivität sowie Art von Beiträgen in Foren an.

> **Tipp**
>
> Xing ist der Marktführer bei den Business-Netzwerken im deutschsprachigen Bereich. Weltweit deutlich weiter verbreitet ist das amerikanische Netzwerk LinkedIn. Wenn Sie nach internationalen Geschäftskontakten suchen, ist LinkedIn die bessere Wahl.

5.1.6 LinkedIn

LinkedIn wurde 2002 gegründet und ging im Mai 2003 online. Bereits nach etwa einem Monat hatte das internationale Business-Netzwerk 4500 Mitglieder. Seit 2009 ist das Netzwerk auch in deutscher Sprache verfügbar. 2011 ging es an die Börse und seit Dezember 2016 ist das Netzwerk Teil von Microsoft. Aktuell ist es in 24 Sprachen verfügbar, in über 200 Ländern und hat über 400 Millionen Mitglieder. In Deutschland liegt LinkedIn nach wie vor hinter XING: Anfang 2017 kann LinkedIn 6,3 Millionen User im deutschsprachigen Raum vorweisen, wobei die Schnittmenge derjenigen, die beide Plattformen nutzen, vermutlich recht groß ist. LinkedIn hat jüngst die Zielgruppe der Studenten im Fokus gehabt.

5.1.7 Twitter

Neben den sozialen Netzwerken im engeren Sinne existieren zahlreiche weitere Angebote im Social Web, die von den Interaktionen der User leben. Im März 2006 wurde Twitter Inc. als Mikroblogging-Dienstleister gegründet. 2016 soll es weltweit 320 Millionen monatlich aktive Nutzer gegeben haben, in Deutschland rund 4 Millionen laut der ARD/ZDF-Onlinestudie.

Twitters Prinzip ist einfach: Jeder registrierte Nutzer kann über die Plattform twitter.com Nachrichten verfassen, die maximal 140 Zeichen lang sein dürfen. Diese „Tweets" werden direkt von jedem empfangen, der sich beim Absender als „Follower" registriert hat. 2016 gab es täglich 500 Millionen Tweets. Die Kürze der Nachrichten macht es möglich, permanent kleine Newspartikel in die Follower-Welt zu schicken.

Generell bietet Twitter viel Potential für eine professionelle Nutzung. Überregional agierende Unternehmen können sich inzwischen kaum noch leisten, diesen Kommunikationskanal außer Acht zu lassen. Barack Obama hat übrigens 80,3 Millionen Follower; der neue Präsident muss noch nachlegen, er verzeichnet 18,7 Millionen Follower. Auch Multiplikatoren aus dem Gesundheitsmarkt sind bei Twitter gut vertreten. Für den Einsatz von Twitter als Mittel des Marketings gibt es bisher allerdings kaum Erfahrungen. Es spricht allerdings nichts dagegen, Twitter ähnlich zu nutzen wie die Facebook-Pinnwand und so knapp formulierte Tipps und News zu verbreiten. Auch Journalisten lassen sich damit gut erreichen (Lesen Sie mehr zum Umgang mit Journalisten im ▶ Kap. 2).

Die Twitter-News können Sie gut mit anderen Angeboten vernetzen: Sie können sie beispielsweise automatisiert bei Facebook als Statusmeldungen einlaufen lassen und schlagen so zwei Fliegen mit einer Klappe. Ebenfalls können Sie die klassische Presse-Arbeit mit diesen Instrumenten ergänzen. Dafür gibt es Tools, beispielsweise hootsuite.com, die die Arbeit gleich für mehrere Kanäle übernehmen (Mehr zur erfolgreichen Pressearbeit steht im ▶ Kap. 2).

5.1.8 Instagram

2014 sind laut Schätzung von Kleiner Perkins Caufield & Byers weltweit 1,8 Milliarden Fotos pro Tag über Soziale Netzwerke und Apps hochgeladen und geteilt wurden. 2008 lag diese Zahl noch bei 19 Millionen Bildern pro Tag. Dieses extreme Wachstum ist eng mit dem Aufstieg des Smartphones verbunden, das zum dominierenden Fotoapparat im Alltag geworden ist. Gepostet wurden Fotos beispielsweise auch von dem im Oktober 2010 gegründeten Dienst Instagram – eine Mischung aus Microblog und audiovisueller Plattform. Im April 2012 erschien Instagram für Mobilgeräte mit dem Betriebssystem

Android. Zur Nutzung steht eine App für Android, iOS und Windows Phone zur Verfügung. Nutzer können ihre Fotos und Videos mit Filtern versehen. Die Fotos und Videos haben eine quadratische Form. Die Foto-App wächst zügig: Rund 500 Millionen Nutzer gibt es inzwischen weltweit, 300 Millionen Menschen sollen den Dienst täglich benutzen. 9 Millionen nutzen die App in Deutschland. Täglich werden nahezu 95 Millionen Beiträge gepostet und es gibt 4,2 Milliarden Likes. Der Hashtag „Love" wurde etwa 1 Milliarde Mal verwendet. Mit diesen Zahlen hat Instagram Twitter bereits hinter sich gelassen. Übrigens, nachdem Facebook Instagram 2012 übernommen hat, blockierte Twitter das direkte Abrufen von Instagram-Inhalten durch die Twitter-Programmierschnittstelle, wie ebenfalls bei LinkedIn.

Der Großteil der Instagram-Nutzer ist sehr jung und Frauen derzeit noch leicht in der Überzahl. Große Unternehmen, wie Starbucks und Nike – hier richten sich einzelne Kanäle exakt an Anhänger einzelner Sportarten – haben die Foto-Sharing-App schon in ihr Marketing-Konzept integriert. Humor und kreative Bildideen treffen direkt ins Schwarze. So agiert auch der Eishersteller Ben & Jerry's: Sie präsentieren hauptsächlich ihre eigenen Eis-Sorten amüsant und verkleiden sie. Das machen sie aber dermaßen geschickt, dass ihr Unternehmensprofil über 670.000 Abonnenten hat.

Seit 2015 wird in Deutschland Werbung zwischen den Beiträgen in Form von Fotos oder Videos geschaltet. Diese sind auf den Nutzer und seine Vorlieben abgestimmt. Seit Sommer 2016 gibt es in der App die Möglichkeit, das eigene Profil in ein geschäftliches Profil umzuwandeln. Damit erhält man Zugriff auf spezielle Statistiken, kann Werbeanzeigen direkt in der App erstellen und Kontaktmöglichkeiten hinzufügen. Solch populäre Marketing-Beispiele wie Ben & Jerry's kann das deutsche Gesundheitswesen zwar noch nicht aufweisen, doch mit Fotos arbeitet der Gesundheitsmarkt ebenfalls, wie das folgende Beispiel zeigt – und vielleicht haben Sie ja ebenfalls kreative Ideen.

Um den Austausch zwischen Ärzten zu erleichtern, wurde das „Ärzte-Instagram" Figure 1 gegründet. Ärzte nutzen diese Plattform, um Krankheits- und Unfallbilder hin- und herzuschicken und die Kollegen um Rat zu fragen. Der Schockeffekt dieser Fotos lässt die Beliebtheit der Seite auch außerhalb der Ärztekreise stetig ansteigen. Täglich werden mehr als zwei Millionen Bilder neu hochgeladen.

5.1.9 Pinterest

Pinterest ist ein soziales Netzwerk, in dem Nutzer Bilderkollektionen mit Beschreibungen an virtuelle Pinnwände heften können. User können Bilder teilen (repinnen), ihren Gefallen daran ausdrücken oder sie kommentieren. Die Plattform wurde 2010 von drei Internet-Unternehmern gegründet. Der Name Pinterest ist eine Mischung der englischen Wörter *pin* = anheften und *interest* = Interesse. Anfang 2016 soll es 100 Millionen Nutzer weltweit geben, die regelmäßig posten; in Deutschland etwa 2,5 Millionen.

Ebenfalls können animierte GIFs oder Videos hochgeladen werden. Das Hauptaugenmerk liegt allerdings auf den Fotos. Auf der eigenen Pinnwand können User Boards anlegen, in die sie thematisch Bilder einsortieren. *Beliebte Themengebiete sind Food, Bekleidung, Design, Inneneinrichtung und Reisen. Unternehmen, wie das* amerikanische Modelabel GAP, haben Pinterest *bereits erfolgreich in ihre Marketing-Kommunikations-Strategie eingebunden.*

Tipp

Pinterest bietet Unternehmen eine Schritt-für-Schritt-Anleitung zum Einrichten eines Business-Profils an. Hier werden auch der „Pin-it"-Button, Rich Pins und Analytics-Tools erklärt sowie Erfolgsmodelle vorgestellt, um Ideen für sein eigenes Marketing zu finden.

5.1.10 Wikipedia

Auch die bekannte Wikipedia ist als ein Community-Lexikon Teil des Social Web. Dort kann jedermann Artikel erstellen und bestehende Artikel ändern. Kein Gemeinschaftsprojekt im Internet ist erfolgreicher. Die Suchmaschinenpräsenz der Wikipedia ist überwältigend: Wenn zu einem Suchbegriff ein Artikel in dem Online-Lexikon existiert, taucht er in aller Regel unter den ersten Treffern in der Ergebnisliste auf.

Die Wächter der Wikipedia sind ehrenamtliche Internet-Idealisten, die das Lexikon in ihrer Freizeit als Editoren pflegen. Diese Editoren entscheiden auf Basis von über viele Jahre ausgefochtenen Kriterien darüber, ob ein Artikel oder eine Änderung Bestand hat oder gelöscht wird. Besonders hart gehen sie mit allem ins Gericht, das den Anschein von Werbung oder Öffentlichkeitsarbeit macht. Aus diesem Grund ist eine Nutzung der Wikipedia als Marketing-Instrument eine besondere Herausforderung.

Möglichkeiten eines Wikipedia-Eintrags

- Bereits eine Vielzahl von Fachgesellschaften und Verbänden haben es geschafft, einen ausführlichen Beitrag bei Wikipedia zu erlangen. Hierbei werden jeweils die Organisationen u. a. mit ihren Zielen, dem Vorstand, der Geschichte und Weblinks aufgeführt.
- Personen, die hinreichend bedeutend sind, etwa Vorstand einer Fachgesellschaft, sollten versuchen, mit einem Eintrag in der Wikipedia präsent zu sein. Aber Achtung: Der Artikel muss im Lexikonstil verfasst sein. Eigenwerbung wird schnell gelöscht.
- Eine zweite Variante der Wikipedia-Nutzung ist, sich als Autor einzubringen. Längst wird das Lexikon nicht mehr überwiegend von Laien erstellt, viele Experten bringen ihr Fachwissen in die Artikel ein. Hier können Ärzte ihre fachliche Reputation durch die Mitarbeit an wichtigen Artikeln zu ihrem Fachgebiet pflegen, ähnlich wie bei Gesundheitsportalen oder Facebook-Communities. Ganz nebenbei gehört zu einem Benutzerkonto, das man sich als regelmäßiger Autor auf jeden Fall anlegen sollte, auch eine Profilseite, auf der man eine Selbstbeschreibung und Links veröffentlichen kann.

Fachspezifische Ableger von Wikipedia

Neben der weltbekannten Enzyklopädie haben sich kleinere Wikis zu unzähligen Spezialthemen entwickelt – auch für den Gesundheitssektor. So gibt es beispielsweise seit dem Jahr 2006 das ArztWiki, betreiben vom änd Ärztenachrichtendienst Verlags-AG das sich auf das deutsche Gesundheitswesen und Medizinthemen spezialisiert hat. Das PflegeWiki ist ein mehrsprachiges Projekt für den Gesundheitsbereich Pflege und wurde 2004 von Schülern aufgebaut. Jetzt wird es unterstützt von der DBfK Nordwest. Derzeit gibt es knapp 7000 Artikel zum Thema.

5.1.11 Fazit

Verwechseln Sie Kommunikations-Maßnahmen im sozialen Netz nicht mit Werbung. Pauschale Eigenwerbung interessiert die User nicht – sie kann sogar verärgern. Die Nutzer möchten ernst genommen werden und zeitnah konkrete Reaktionen auf ihre Fragen und Kritiken erhalten. Das Engagement im Netzwerk sollte für Sie also mit einer klaren Entscheidung einhergehen: sich auf die direkte Kommunikation ernsthaft einzulassen. Dabei gibt es einen Nachteil: Social-Media-Strategien sind zwar unterschiedlich aufwändig, aber alle erfordern persönliches Engagement und Kontinuität. Und Kommunikation kostet Zeit. Überlegen Sie daher gut, ob sich diese Investition lohnt bzw. ob Sie es personell überhaupt leisten können. Haben Sie sich dafür entschieden, sollten Sie konsequent sein: Kommunikation über diese Kanäle ist kein Gelegenheitsjob, sondern permanentes Engagement. Wenn es gelingt, können Sie sich an aktiven und treuen Followern sowie Mitgliedern und Weiterempfehlungen erfreuen (▶ Abschn. 5.4).

5.2   Experte in Gesundheitsportalen

Diagnose Meniskusriss – der Orthopäde rät zu einem operativen Eingriff, obwohl angeblich auch eine konservative Behandlung ohne Operation möglich wäre. Zudem sprach der Herr Doktor über eine offene Methode und von minimal-invasiv. Viele Fragezeichen für den betroffenen Patienten. Im Anschluss an das Arztgespräch suchen Patienten häufig Rat, weil manchmal die Zeit für die Beantwortung aller Fragen fehlt. Und vor einem tatsächlichen Krankenhausbesuch haben sie unbedingt das Bedürfnis, sich ausgiebig zu informieren. Doch zu Hause bei den Patienten steht meist nur ein in die Jahre gekommenes Medizinlexikon, das in aller Kürze Krankheitsbilder definiert. Gesammelte Antworten finden sie auf Gesundheitsportalen. Von Asthma bis zum Zwölffingerdarmgeschwür – schon ein einziges Portal listet über 700 Krankheiten auf. Bereits 2009 nutzten 79 Prozent der Patienten das Internet als wichtigste Informationsquelle, ermittelte die Studie Healthcare Monitoring. Mittlerweile gibt es mehr als 50 solcher Portale. Diese bieten Krankheits-, Symptom- und Medikamentenfinder, Medizinlexika, Arzt- und Kliniksuche teils mit Bewertungen, Selbsttest, Audio- und TV-Beiträge, aktuelle Gesundheitsnews und Foren, auf denen Patienten sich mit Gleichgesinnten austauschen können.

Auf vielen dieser Portale können User in Expertenforen zu den unterschiedlichsten Themen und Krankheiten Fragen stellen, zu denen die Mediziner unverbindlich Stellung nehmen. Es gilt dabei stets: Die Antworten können einen Besuch beim Arzt oder Apotheker keinesfalls ersetzen, und eine Fernbehandlung ist gesetzlich verboten. Dennoch haben diese ärztlichen Experten eine wichtige Position auf derartigen Portalen, tragen sie doch erheblich zur Verlässlichkeit der Informationen bei.

Auf dem Portal Lifeline.de beispielsweise werden die Experten mit Foto und Kurzprofil mit ihren Fachrichtungen vorgestellt. Darunter gelistet sind auch die zuletzt beantworteten Fragen. Knapp 100 Ärzte der verschiedensten Fachrichtungen sind

dort aufgeführt. Auf diese Weise können Mediziner Gesundheitsportale als Marketing-Instrument nutzen, um sich als Experte zu positionieren und ihren eignen Bekanntheitsgrad sowie gleichzeitig den ihrer Fachgesellschaft fördern (◘ Tab. 5.1). Eventuell lassen sich auch Kooperationen vereinbaren, dass Ihre Fachgesellschaft mit Ihren Mitgliedern als Partner mit Bezug auf die ärztliche Expertise auftritt.

Neben bekannten Gesundheitsportalen haben auch kleinere themenbezogene Websites, Krankenkassen oder Verlage (► Abschn. „Medizinischer Experte für Journalisten" in Kap. 2) Bedarf an ärztlichen Experten, die einen fachlichen Kontrollblick auf die Texte werfen oder in Foren als Ansprechpartner zur Verfügung stehen. Auch hier kann es eine Kooperation mit Fachgesellschaften geben. Dadurch stärken Sie Ihren Expertenstatus.

- **Praxisbeispiel eines Experten-Gesundheitsportals**

Auf dem seit Juli 2012 online geschalteten Gesundheitsportal „Frag-den-Professor.de" stehen insgesamt 25 Professoren bereit, um individuelle Gesundheitsfragen von Patienten zu verschiedenen Themen per Videobotschaft zu beantworten. Als Initiator und

◘ **Tab. 5.1** Gesundheitsportale im Überblick

Portal	Gründung	Betreiber
www.apotheken-umschau.de	2001	Wort & Bild Verlag, Baierbrunn bei München
www.dr-gumpert.de Medizin online	2002	Dr. Gumpert GmbH, Taunusstein
www.gesundheit.de	2001	Andrae-Noris Zahn AG, Frankfurt am Main
www.gesundheit-aktuell.de	1997	Medoline Ltd., Großbritannien und Frankfurt
www.gesundheit-heute.de	2007	Wissenschaftliche Verlagsgesellschaft mbH, Stuttgart
www.lifeline.de	1997	Springer Science & Business Media (BSMO GmbH), Berlin
www.medical-tribune.de	1999	Medical Tribune Verlagsgesellschaft mbH, Wiesbaden
www.meine-gesundheit.de	1998	Medizinische Medien Informations GmbH, Neu-Isenburg
www.netdoktor.de	1999	NetDoktor.de GmbH, München, seit 2007 Tochter der Holzbrinck eLAB GmbH
www.onmeda.de	1997	goFeminin.de GmbH, Köln
www.paradisi.de	2003	OC Projects, Optendrenk & Calinski GmbH, Kaarst
www.qualimedic.de	1999	Qualimedic.com AG, Köln
www.vitanet.de	2003	Vitanet GmbH, Mannheim

Herausgeber der Website zeichnet Professor Dr. med. W.A. Scherbaum, Direktor der Klinik für Endokrinologie, Diabetologie und Rheumatologie des Universitätsklinikums Düsseldorf. Alle beteiligten Professoren arbeiten ehrenamtlich an dem Projekt mit. Ziel ist es, einem großen Patientenkreis verlässliche Antworten auf medizinische Fragen zu geben. Zu 25 verschiedenen Themengebieten werden jeweils neun Fragen in je 1–2 Minuten erläutert, darunter Indikationen wie Kopfschmerzen, Prostata-Erkrankungen, Brustkrebs und Bluthochdruck. Neben den inhaltlichen Informationen findet der User auch Informationen über die Professoren: Dort aufgeführt werden ihr Lebenslauf, ihre Publikationen sowie eine Liste der Fachgesellschaften, in denen die Professoren aktiv sind. Wenn Ihr Spezialgebiet fehlt und Sie derjenige sein wollen, der dieses Thema der breiten Öffentlichkeit vorstellt, bewerben Sie sich unter: redaktion@ frag-den-professor.de

5.3   Ärztliche Fachportale

Marketing ergibt nicht nur bei Patienten Sinn, auch andere ärztliche Kollegen und Einrichtungen sind eine wichtige Zielgruppe. Hier geht es um den Ausbau und die Pflege von Kontakten unter Kollegen über Fachportale im Internet. Sie funktionieren im Großen und Ganzen wie soziale Netzwerke, beispielsweise Xing – mit der Einschränkung, dass hier nur Ärzte als Mitglieder zugelassen sind und keine Laien. Marketing ist hier jedoch lediglich mittelbar möglich: zum einen durch den Aufbau eines guten Kollegennetzwerks, bei dem alle Beteiligten einander vertrauen und bei Bedarf mit Rat helfen – zum anderen durch den Aufbau eines Expertenstatus für eine bestimmte Spezialisierung.

Der eigentliche Sinn dieser Fachportale liegt woanders: Sie sollen allen Ärzten Möglichkeiten bieten, schnell und ökonomisch an Fachinformationen zu gelangen. Eine Umfrage des Fachportals Univadis hat ergeben, dass Ärzte im Internet am häufigsten Antworten zu fachlichen Fragen sowie den Online-Dialog mit Kollegen suchen. Konnte man sich früher meist nur bei Fortbildungen oder auf Kongressen mit Kollegen über spezielle Problemfälle und Erfahrungen austauschen, ist dies in den Fachportalen mit wenigen Klicks möglich. Je nach Themenschwerpunkt finden sie in den Portalen Informationen zu gesundheitspolitischen und medizinischen Themen sowie Diskussionsforen.

Um aktiv teilnehmen zu können, müssen sich Ärzte zunächst registrieren, wobei in der Regel ein Identitätsnachweis verlangt wird. Danach können sie in den Foren oder Experten-Communities selbst Beiträge verfassen, über Probleme diskutieren und sich mit Kollegen austauschen, um gemeinsam eine Lösung zu finden. Bei Fragen können sie auch Antworten in bereits bestehenden Einträgen suchen. Zudem können Mediziner hier an Online-Fortbildungen teilnehmen, die die Portal-Betreiber organisieren, und sich zu Themen wie Abrechnungen und EDV informieren.

Das Internet bietet eine Reihe von Portalen, die der Kommunikation zwischen ärztlichen Kollegen dienen. Welche Portale sind innerhalb der Ärzteschaft die bekanntesten, und welche werden am intensivsten genutzt? Dazu hat die GGMA (Gesellschaft für Gesundheitsmarktanalyse mbH) 2011 eine Studie veröffentlicht: „Fachkommunikation niedergelassener Ärzte – Medienrezeption, Fachkommunikation und Dialogoptionen bei den niedergelassenen Ärzten in Deutschland". An erster Stelle liegt nicht etwa ein direkt auf Ärzte zugeschnittenes Portal, sondern mit 57,9 Prozent Facebook (▶ Abschn. 5.1.2). Dies liegt möglicherweise auch an dem hohen Bekanntheitsgrad und der allgegenwärtigen Präsenz dieses Portals. Immerhin knapp die Hälfte der Ärzte, Zahnärzte und Psychologischen Psychotherapeuten kennen führende Fachportale. An vierter Stelle im Bekanntheitsgrad findet sich erneut ein eher fachfremdes Portal, das Business-Portal Xing (34,4 Prozent), allerdings tauschen sich Ärzte innerhalb dieses Business-Portals inzwischen auch untereinander in spezialisierten Gruppen aus (▶ Abschn. 5.1.5). Grundsätzlich ist eine Tendenz absehbar, dass die bekanntesten Portale auch am häufigsten genutzt werden. Jedoch ist ersichtlich, dass die Ärzte diejenigen Portale am häufigsten nutzen, die primär mit ihrem Beruf im Zusammenhang stehen. Die beiden branchenunabhängigen Portale, Xing (26,3 Prozent) und Facebook (23 Prozent), werden zwar auch genutzt, hier lässt sich aber nicht endgültig klären, ob diese Portale

◨ Tab. 5.2 Fachportale für Ärzte im Überblick

Portal	Gründung	Betreiber
www.coliquio.de	2007	Coliquio GmbH, Konstanz
www.doktorlar24.de (das deutsch-türkische Ärzte- und Gesundheitsportal)	2007	Think.different GmbH, Berlin
www.esanum.de		Esanum GmbH, Berlin
www.hippokranet.com (www.facharzt.de, www.hausarzt.de und zaend.de)	2001	Änd – Ärztenachrichtendienst Verlagsgesellschaft mbH, Hamburg
www.medical-tribune.de	1999	Medical Tribune Verlagsgesellschaft mbH, Wiesbaden
www.springer-medizin.de	2010	BSMO GmbH, ein Unternehmen der Springer Science & Business Media, Berlin
www.univadis.de	2004	MSD SHARP & DOHME GMBH, Haar

möglicherweise nur zum privaten oder berufsunabhängigen Austausch der Ärzte dienen. Laut der Studie sind in den Augen der Responder die drei wichtigsten Anforderungen an ein deutschlandweites Kommunikationsportal für Ärzte, dass das Portal unabhängig (87,5 Prozent), kostenfrei (46 Prozent) und werbefrei (29 Prozent) ist.

Das größte deutsche Fachportal ist mit 120.000 Mitgliedern Springer Medizin. Dort finden Ärzte Auskünfte zu ihren Fachgebieten, gesundheitspolitischen Themen, aber auch zu Abrechnungen, Praxis-Management und IT-Fragen. Für Kliniken gibt es eine Extra-Rubrik, wo es beispielsweise um KPC-Keime oder CIRS geht. Weiterhin bietet Springer Medizin neben Experten-Communities auch viele interaktive Elemente, wie Videos, Bilderstrecken, Podcasts und für etwas Spaß bei der Arbeit Cartoons oder einen Ärztequiz – Doktorspiele mit Ranglisten von Teilnehmern und Fachgruppen. Ebenfalls gibt es einen Zugang zu Fachzeitschriften und Fortbildungen in der e.Akademie – zum Beispiel zum Thema Infektionen – mit 5-CME-Punkten.

Das Portal Coliquio setzt hingegen vermehrt auf den Austausch von Wissen und Erfahrungen zwischen den Mitgliedern. Das Expertennetzwerk gliedert sich nach Fachgebieten und Themen, sodass man mit wenigen Klicks zu Foren oder Informationen eines Spezialgebiets gelangt (◨ Tab. 5.2).

5.4 Empfehlungsmarketing und Mitgliedergewinnung

Mundpropaganda ist das einfachste und zugleich wirksamste Mittel, um neue Patienten zu gewinnen – in Ihrem Fall geht es natürlich um neue Mitglieder. Wenn zufriedene Patienten Freunden und Bekannten, aber auch anonym anderen Patienten über Bewertungsportale (▶ Abschn. 5.5) einen Arzt, eine Klinik oder eben bereits bestehende Mitglieder einen Verband weiterempfehlen, wirkt das viel stärker als jedes Werbebanner im Internet oder Zeitungsanzeigen. Eine Umfrage des Forschungsunternehmens Booz Allen Hamilton in Deutschland und der USA hat ergeben, dass 90 Prozent der Verbraucher den Empfehlungen von Freunden und Bekannten vertrauen. Die klassische Werbung hingegen hat diese Wirkung auf weniger als 10 Prozent der befragten Personen.

Zu einem Marketing-Instrument wird Mundpropaganda, wenn man sie aktiv fördert. Bislang geschieht dies eher verhalten im Gesundheitswesen: Das Empfehlungsportal „KennstDuEinen.de" und der eco Verband der deutschen Internetwirtschaft haben die Marketing-Aktivitäten verschiedener Branchen erfasst. Unter den 1500 befragten Dienstleistern befanden sich auch 650 Ärzte und Zahnärzte. Die Ergebnisse: 72,5 Prozent der befragten Ärzte setzen auf klassische Werbung, zum Beispiel auf Einträge in Branchenbücher oder Anzeigen in Lokalzeitungen. 59 Prozent werben für ihre Praxis über Online-Verzeichnisse im Internet (▶ Kap. 2). 55,5 Prozent der teilnehmenden Ärzte betreiben eine eigene Website. Nur 12 Prozent der Ärzte nutzen die E-Mail-Adresse der Patienten, etwa für Erinnerungen an Vorsorgeuntersuchungen. Über Werbung werden nur 9,5 Prozent der neuen Patienten generiert. 5 Prozent der Neuzugänge wurden als Laufkundschaft klassifiziert. Jedoch: 85,5 Prozent der Ärzte gewinnen ihre neuen Patienten durch persönliche Empfehlungen ihrer Stammpatienten.

Diese Ergebnisse zeigen, wie wichtig Empfehlungsmarketing ist. Das gesamte Team sollte daher die Empfehlungen nicht dem Zufall überlassen.

5.4.1 Strategien für Empfehlungsmarketing

Empfehlungsmarketing lässt sich aktiv forcieren oder passiv gestalten. Natürlich dürfen Sie beim aktiven Werben nicht zu forsch vorgehen, sonst wird dies schnell als aufdringlich empfunden. Im persönlichen Gespräch, etwa auf Kongressen oder Seminaren, haben Sie die Möglichkeit, Ihre Leistungen zu präsentieren und Ihre Vorteile für Mitglieder zu benennen. An der Reaktion merken Sie schnell, ob der Gesprächspartner interessiert ist und weitere Informationen wünscht. Versuchen Sie ebenfalls, bestehende Mitglieder zu gewinnen, damit diese Sie empfehlen – wie eingangs erwähnt, wirkt das meistens stärker als Eigenwerbung.

Geschenkaktion: Mitglied werden oder Mitglied werben und Stethoskop erhalten

Bis zum dritten Advent 2016 hat der Marburger Bund ein Stethoskop an neu beigetretene Mitglieder und solche, die einen Kommilitonen oder Kollegen als Neumitglied werben, verschenkt.

Neben den bereits aktiven Mitgliedern sollten Sie auch weitere Empfehlungskreise berücksichtigen, die für Sie sprechen: das berufliche Umfeld, also alle Mitarbeiter, Arztpraxen, Kliniken, Labore, Medizintechnik- und Pharma-Unternehmen sowie jegliche andere Player der Gesundheitsbranche, Ihre Kooperationspartner, Dienstleister und ebenfalls

die Medien. Wichtig sind natürlich zudem sämtliche Universitäten, um den ärztlichen Nachwuchs anzusprechen. Berücksichtigen Sie auch das örtliche Umfeld mit Gesundheitsbezug, wie Senioren- oder Pflegeheime, Hotels oder Fitness-Studios. Sie alle gehören zu Ihrem Netzwerk. Das Ziel sollte sein, mit Ihrer Organisation bei all den Gruppen bekannt zu sein, ein hohes Ansehen zu genießen und weiterempfohlen zu werden.

Bestimmt kennen Sie Meinungsführer oder Multiplikatoren Ihrer Branche. Ob Persönlichkeiten aus Politik, Wirtschaft oder Medien: Diese Kontakte sind als Empfehlende besonders wertvoll. Denn wenn der jeweilige Multiplikator ein hohes Ansehen in der Öffentlichkeit genießt, folgt sie seiner Meinung oftmals ohne zu zweifeln.

Dienliche Hinweise für Ihr Empfehlungsmarketing liefert eine kleine Befragung neuer Mitglieder: Warum haben sie sich für Sie entschieden? So erfährt man schnell, welche Maßnahmen besonders gut und welche weniger gut funktionieren sowie welche Leistungen ausschlaggebend gewesen sind, um sich für Sie zu entscheiden. Um Ihr Empfehlungsmarketing aktiv zu steuern, sollten Sie folgende Fragen beantworten können:

Fragen zur aktiven Steuerung des Empfehlungsmarketings

— Wie sind die neuen Mitglieder auf uns aufmerksam geworden? War dafür eine bestimmte Marketing-Aktion verantwortlich, z. B. eine Geschenkaktion?
— Wie viele Mitglieder empfehlen uns weiter?
— Wer hat uns weiterempfohlen? Zum Beispiel eher Frauen oder Männer und welche Altersklasse?
— Warum und welche genaue Leistung wurde weiterempfohlen?
— Wie kann man die Bereitschaft der Weiterempfehlung weiter ausbauen?

Die Angaben sollten von einem Mitarbeiter in einer Excel-Tabelle vermerkt und regelmäßig ausgewertet werden. Beziehen Sie auch Neuanmeldungen nach Kongressen, intensiver Lobbyarbeit oder oben genannten Geschenkaktionen mit ein. So können

Sie feststellen, was die jeweilige Aktion an neuen Mitgliedern gebracht hat und Sie erfahren, wie viel Engagement Sie in das Thema Empfehlungsmarketing investieren sollten.

5.5 Online-Bewertungsportale

Für Fachgesellschaften und Verbände ist dieses Thema nicht direkt relevant, jedoch umso mehr für all ihre ärztlichen Mitglieder, daher möchten wir es an dieser Stelle kurz anreißen.

Umzug in eine neue Stadt, Praxis-Aufgabe des bisherigen Arztes, Unzufriedenheit mit diesem oder dem Praxis-Team, eine Diagnose, die eine andere ärztliche Weiterbehandlung erfordert – es gibt viele Gründe, warum Patienten einen neuen Arzt suchen, der zu ihren Bedürfnissen passt. Neben Empfehlungen von Freunden und Verwandten setzen immer mehr Patienten dabei auf das Internet. Das private Schwätzchen am Gartenzaun hat sich in die Öffentlichkeit verlagert: in soziale Netzwerke oder Online-Bewertungsportale, wo jeder hört, was andere zu sagen haben – gutes wie schlechtes.

Mehr als ein Dutzend Anbieter sind online zu finden (◘ Tab. 5.3). Die Basis dieser Portale ist meist eine Datenbank mit Adressen von niedergelassenen Ärzten, Zahnärzten und Kliniken (▶ Kap. 2 Online-Suchverzeichnisse). Je nach Leistungen, die verzeichnet werden sollen, muss dafür bei einigen Anbietern monatlich oder jährlich eine Gebühr bezahlt werden. Damit sollen die Spezialisten noch besser von Patienten gefunden werden. Oftmals werden die Zahler auch optisch betont, beispielsweise durch Hervorhebung der Schrift.

In der Regel anonym können Nutzer durch Eingabe ihrer Postleitzahl oder ihres Ortes und des Behandlungswunsches einen Arzt oder eine Klinik suchen, die vorhandenen Bewertungen lesen oder selbst ihren Arzt nach der Therapie beurteilen. Je nach Portalbetreiber geschieht dies über die Vergabe von Punkten, über das Schulnotenprinzip oder mit Sternen. Bewertet werden der Arzt oder die Ärztin selbst, die Praxis-Organisation und der Service (Wartezeiten, Erscheinungsbild der Räumlichkeiten sowie die Freundlichkeit des Personals). In einem häufig vorhandenen Freitextfeld können User ihren persönlichen Eindruck nochmals in eigenen Worten verfassen, wie „Zu lange Wartezeiten", oder „Arroganter Arzt", aber auch durchweg positive Beurteilungen wie „Arzt nimmt sich viel Zeit", „Heilung beginnt schon im Wartezimmer" oder „Praxis unbedingt zu empfehlen".

> **Tipp**
>
> Werturteile wie „Dieser Arzt ist unfreundlich" müssen Sie hinnehmen, sofern sie nicht ehrverletzend sind. Bei unwahren Tatsachenbehauptungen oder gar Beleidigungen können Sie den Betreiber des Forums (Pflichtangabe im Impressum) anschreiben und verlangen, dass der Eintrag entfernt wird.

Einige Betreiber kontrollieren jede Bewertung vor dem Freischalten, um Schmähungen oder auch Eigenlob zu vermeiden. Ärzte sollten in der Regel von den Bewertungen erfahren, weil die Betreiber grundsätzlich verpflichtet sind, bewertete Mediziner zu informieren. Das hat die Aufsichtsbehörde für Datenschutz und Wirtschaft festgelegt. Jedoch reagieren einige Arzt-Bewertungsportale nicht auf diese bindende Vorgabe.

Eine Befragung des Instituts für betriebswirtschaftliche Analysen, Beratung und Strategie-Entwicklung (IFABS) kommt zu dem Ergebnis, dass nur 5 Prozent der Ärzte schon einmal Arztbewertungsportale nach der eigenen Praxis durchsucht haben. Bei den MFA hatten das dagegen schon 63 Prozent getan. Das Institut hat je 200 Allgemeinmediziner, MFA und Patienten telefonisch zum Thema Internetportale mit Bewertungen zu Arztpraxen befragt. Von den Patienten haben 87 Prozent schon mindestens einmal ein Bewertungsportal genutzt. Laut Studienautor zeigt diese Diskrepanz, dass den meisten Ärzten die Bedeutung und auch die daraus resultierenden Chancen dieser Portale noch gar nicht bewusst sind. Die Portale kooperieren – zum Beispiel gibt es den Arzt-Empfehlungspool der Stiftung Gesundheit mit mehreren Teilnehmer –, andere haben starke Medienpartner zur Seite. Darüber hinaus nutzen auch Krankenkassen bereits Empfehlungssysteme von Portalen oder betreiben ein eigenes, beispielsweise der AOK-Arztnavigator oder TK-Ärzteführer.

◻ Tab. 5.3 Arzt-Bewertungsportale im Überblick

Portal	Gründung	Betreiber	Benotungssystem	Freitextkommentare möglich?	Redaktionelle Prüfung vor Freischaltung?
topmedic.de (Empfehlungspool-Teilnehmer)	2007	TopMedic ist ein Service der ArztData GmbH, Hamburg	Notensystem: 1 (sehr gut) bis 6 (ungenügend)	Ja	Ja
arzt-auskunft.de (Arztprofil und Empfehlungspool der Stiftung Gesundheit)	1997	Stiftung Gesundheit, Hamburg	Notensystem: 1 (sehr gut) bis 6 (ungenügend)	Ja, Kommentarfunktion	Ja
docinsider.de	2007	**DocInsider GmbH, Hamburg**	Punktesystem: 0 (schlecht) bis 5 (sehr gut)	Ja, Erfahrungsbericht	Nein
esando.de	2008	Projekt der Comventure GmbH, Ludwigshafen	Notensystem: sehr gut bis mangelhaft; sowie Sterne bei den Freitextbewertungen	Ja, zu Praxis-Organisation, Ausstattung und Behandlungsverlauf	Keine Angabe
imedo.de	2007	imedo Gmbh, Berlin	Sternesystem: 1 (nicht ganz so gut) bis 5 (hervorragend)	Ja, Empfehlungsschreiben – E-Mail-Adresse muss angegeben werden	Freitexte werden nach der Veröffentlichung geprüft
jameda.de	2007	jameda GmbH, Tochter der TOMORROW FOCUS AG, München	Notensystem: 1 (sehr gut) bis 6 (ungenügend)	Ja	Stichprobenartige Prüfung durch die Redaktion
vdek-arztlotse.de (Empfehlungspool-Teilnehmer)	2011	Verband der Ersatzkassen, integriert bei der DAK, HEK, HKK und KKH-Allianz	Notensystem: 1 (sehr gut) bis 6 (ungenügend)	Ja, Kommentarfunktion	Ja
Angebote von GKVen, z. B. aok-arztnavi.de, tk.de/aerztefuehrer	2011	AOK, TK, Barmer, u. a.	Bei der TK z. B. Fragebogen zu vier Bereichen	Nein	Nein
medfuehrer.de	2006	Medfführer GmbH, Heidelberg			
onmeda.de (Empfehlungspool-Teilnehmer)	1997	goFeminin.de GmbH, Köln	Notensystem: 1 (sehr gut) bis 6 (ungenügend)	Ja, Kommentarfunktion	Ja
sanego.de	2009	**continuo invest UG**, Dreieich	Punktesystem: 1 (schlecht) bis 10 (sehr gut) – je nach Kategorie	Ja, Kommentarfunktion	Der Anbieter behält sich vor, die Einträge zu prüfen und gegebenenfalls ganz oder teilweise zu entfernen, zu ändern oder zu ergänzen.

Ärzten ist grundsätzlich zu empfehlen, mit Bewertungsportalen offensiv umzugehen. Die Tatsache, dass Ärzte online anonym bewertet werden, ist nicht mehr aus der Welt zu schaffen. Nun heißt es, produktiv damit umzugehen. Wie im vorhergehenden Abschnitt beschrieben, kann man zufriedene Patienten motivieren, die Praxis zu empfehlen und so implizit für gute Bewertungen sorgen. In einer hohen Anzahl guter Empfehlungen gehen auch die wenigen schlechten Beurteilungen schnell unter.

AEZQ-Clearing Arztbewertungsportale

Die Bundesärztekammer (BÄK) und Kassenärztliche Bundesvereinigung (KBV) hat im Dezember 2008 dem Ärztlichen Zentrum für Qualität in der Medizin (ÄZQ) den Auftrag erteilt, einen Katalog mit Anforderungen für gute Arztbewertungsportale zu erarbeiten. Dazu hat das ÄZQ einen Expertenkreis aus Juristen und Qualitätsfachleuten einberufen, um entsprechende Kriterien zu entwickeln und formulieren. Im Dezember 2009 ein Anforderungskatalog vorgelegt, der erstmals Qualitätsstandards für Arztbewertungsportale definiert. Die 2. Auflage des Kriterienkatalogs „Gute Praxis Bewertungsportale" wurde gemeinsam mit der Bundespsychotherapeutenkammer und der Bundesärztekammer weiterentwickelt und ist unter www.arztbewertungsportale.de abrufbar.

Neben den hier aufgelisteten speziellen Arztbewertungsportalen, deren Funktion zum Teil auch in Gesundheits- und Krankenkassenportale integriert ist, gibt es auch allgemeine Anbieter, zum Beispiel Qype oder Google Places, bei denen User schlichtweg alles bewerten können – vom Restaurant über die Stadtbibliothek bis hin zur Arztpraxis. Durch ihre große Themenbreite und gute Integration in die Suchmaschinen werden diese Portale sehr stark wahrgenommen. Seit Ende 2010 zeigt auch Google direkt in der Suchergebnis-Liste einen mit Sternchen illustrierten Link zu Bewertungen an, die sich die Suchmaschine von vielen verschiedenen Anbietern zusammensammelt. Seitdem ist es für Ärzte kaum möglich, die Bewertungen völlig zu ignorieren.

Weitere Möglichkeiten für Ärzte, ihren Ruf im Auge zu behalten, sind in ▶ Abschn. 5.6 „Online-Reputation" aufgeführt.

5.6 Online-Reputation: Der Ruf von Ärzten und ihren Organisationen

Reputation basiert auf den Erfahrungen und Erwartungen der Menschen. Jede Person, die in der Öffentlichkeit steht, wie Politiker, Mediziner oder Unternehmen, und auch Verbände und Fachgesellschaften haben eine Reputation: einen guten oder schlechten Ruf. Eine positive Reputation steht auf vier Säulen: Glaubwürdigkeit, Zuverlässigkeit, Vertrauenswürdigkeit und Verantwortung.

Das soziale Internet hat die klassischen Mechanismen der Reputation völlig verändert. Nie zuvor konnte die Reputation von Unternehmen und Menschen so einfach, schnell und nachhaltig beeinflusst werden wie heute. Das liegt daran, dass die Möglichkeiten und Realitäten der Mediennutzung und -produktion grundlegend verändert wurden.

Drei Faktoren bestimmen die neuen Rahmenbedingungen, in denen Reputation entsteht:

Jeder kann heute publizieren Innerhalb weniger Minuten und ohne nennenswerte Kosten kann heute jeder Nachrichten über Blogs, Foren und soziale Netzwerke veröffentlichen – und die Verbreitung läuft ganz von allein. Die klassischen Gatekeeper des Publizierens – Journalisten und Verleger – sind im Internet bedeutungslos.

Die Anzahl der Kommunikationskanäle steigt exponential Eigene Websites lassen sich heute mühelos und praktisch ohne technische Vorkenntnisse aufsetzen – möglich wird dies durch Content-Management-Systeme (CMS) (▶ Kap. 3) und kostenlose Bloghoster (▶ Kap. 6). Wo früher wenige Hundert Printmedien existierten, sind heute Millionen von Internetseiten aktiv.

Publizierte Texte sind mühelos und dauerhaft auffindbar Früher war es mit erheblichem Aufwand verbunden, den Überblick über die Inhalte aller Medien zu behalten. Nachrichten erreichten selten ein breites Publikum und wurden schnell wieder vergessen. Heute sind publizierte Nachrichten mühelos per Stichwortabfragen über die Suchmaschinen auffindbar und werden vom Internet dauerhaft gespeichert.

Diese neuen Rahmenbedingungen machen die Reputation zu einem fragilen Konstrukt in einer schnelllebigen und komplexen Umwelt. Niemand ist heute mehr vor Kritik im Internet gefeit, nur weil er oder sie von sich aus nicht im Netz präsent ist. Die Augen zu verschließen schützt nicht vor Schaden. Nur wer selbst aktiv die Kontrolle übernimmt, kann sich den neuen Rahmenbedingungen gewachsen zeigen.

5.6.1 Reputationsmonitoring: Überblick verschaffen und behalten

Zum ersten Schritt eines erfolgreichen Online-Reputationsmanagements gehört, sich einen Überblick darüber zu verschaffen, was im Internet geschieht, konkret: was über einen selbst bzw. über die Organisation geschrieben wird. Nur wer überhaupt weiß, was vor sich geht, kann zielgerichtet vorgehen und entsprechend reagieren. Das verbreitete Ego-Googeln, das Suchen nach dem Vorstands sowie der Organisation, beispielsweise durch die Marketing- oder Öffentlichkeitsarbeitabteilung, ist dabei nur die einfachste Maßnahme und auf Dauer zu aufwändig.

Die drei Phasen beim professionellen Reputationsmonitoring

1. **Die Keyword- und Medien-Recherche**
2. Dabei finden Sie heraus, welche Termini und Internetseiten Sie überwachen müssen, um einen effektiven Überblick über Ihre Online-Reputation zu erhalten.
3. **Eine Ersterfassung**
4. Verschaffen Sie sich einen Überblick über den Ist-Zustand: Was findet man über Sie im Netz? In Artikeln über Ihren Verband oder in Foren über Ihren Vorstand oder in Bewertungsportalen über populäre ärztliche Mitglieder?
5. **Die konkrete Überwachung**
6. Richten Sie dafür ein automatisiertes Monitoring ein, das Sie über Veränderungen auf dem Laufenden hält.

Im Folgenden werden diese drei Schritte praxistauglich erläutert und ausgewählte Tools vorgestellt, um die Umsetzung zu erleichtern.

Keyword- und Medien-Recherche

Mit Keywords sind hier jene Wörter gemeint, die ein Suchender in eine Suchmaschine eingibt (▶ Kap. 4). Suchmaschinen sind das erste Orientierungsinstrument im Internet – ohne sie könnte man die unendlichen Weiten des Netzes niemals sinnvoll nutzen.

Konkret ist Google das Eingangstor zum Internet. Dort wird über den guten Ruf eines Arztes oder einer Organisation entschieden. Denn wer etwas über Sie oder den Verband erfahren will, wird in aller Regel zuerst nach den Namen googeln.

Die Treffer, die Nutzer auf den Suchergebnisseiten finden, stellen oftmals den ersten Eindruck dar. Besonders wichtig sind die obersten Treffer auf der ersten Ergebnisseite. Sie werden am häufigsten angeklickt. Je weiter hinten ein Suchergebnis auftaucht, desto unwahrscheinlicher ist es, dass es sich jemand genauer anschaut. Wegen der Gatekeeper-Funktion der Suchmaschinen ist die Überwachung passender Keywords die effektivste Form des Reputationsmonitoring. Erste Aufgabe des Reputationsmanagements ist also, ein durchdachtes Set von Keywords festzulegen, die dem jeweiligen Arzt oder der Organisation einen ausreichenden Einblick in die Online-Reputation gibt.

Keywords für Personen   Für die Erfassung der persönlichen Reputation via Suchmaschine ist der eigene Name das wichtigste Keyword. Einige Besonderheiten sind allerdings zu beachten, um die Anzahl der irrelevanten Treffer zu minimieren: Viele Nachnamen sind zugleich alltagssprachliche Begriffe (z. B. Richter, Förster) oder finden auch als Vornamen Verwendung (z. B. Steffen). Um allzu viele irrelevante Suchergebnisse zu vermeiden, setzen Sie beim Suchen Ihren Namen bzw. den des Vorstandes, Pressesprechers o. a. in Anführungszeichen. Dann wird nur die konkrete Wortkombination ("Vorname Nachname") von Google berücksichtigt.

Bedenken Sie, dass Ihr Name falsch geschrieben sein könnte, weil es verschiedene Schreibweisen gibt, wie etwa "Stefan" statt "Stephan". Verfügen Sie über einen zweiten Vornamen, den Sie zuweilen nutzen, sollten Sie nach beiden Kombinationen googeln (also "Vorname Nachname" sowie "Vorname Vorname Nachname").

Bedenken Sie, dass der Name gelegentlich umgekehrt geschrieben wird (also "Hinrich, Axel" statt "Axel Hinrich"). Wenn Sie über besonders viele Namensvetter verfügen (z. B. Christian Müller, Hans Meier), werden Sie beim Ego-Googeln sehr viele irrelevante Treffer erhalten. In diesem Fall sollten Sie Ihren Namen mit Zusätzen versehen, die die Zuordnung erleichtern (z. B. Titel, Firma, Stadt). In Extremfällen – mit vielen Namensvettern – kann die Online-Reputation von Personen via Google gar nicht sinnvoll erfasst werden, etwa wenn Ihr Namensvetter eine bekannte Persönlichkeit aus der Politik ist. Dies hat natürlich auch den Vorteil, dass man selbst weniger angreifbar ist.

Keywords für Unternehmen Die Reputation von Verbänden und Fachgesellschaften via Google-Suche zu erfassen ist selbstverständlich komplexer. Nicht nur der Name der Organisation muss gescannt werden, sondern auch die der wichtigsten Repräsentanten (z. B. Vorstand, Geschäftsführer, Pressesprecher, Delegierten). Auch hier sollten die Streuverluste minimiert werden. Die Keywords müssen durch zusätzliche Begriffe so präzisiert werden, dass sie alles Wichtige erfassen, aber so wenig wie möglich Irrelevantes einschließen.

Medien unter Beobachtung Mit der Festlegung der richtigen Keywords ist die Basisarbeit noch nicht getan. Google erfasst zwar einen großen Teil des Internets, aber bei weitem nicht alles. Besonders die Kommunikation in den Social Networks läuft häufig an den Suchmaschinen vorbei, da sie oftmals durch Datenschutzmaßnahmen ausgesperrt sind. Das gilt vor allem für Social Networks und für viele Foren. Auch Beurteilungen in Bewertungsportalen werden nicht zuverlässig von den Suchmaschinen erfasst und in den Suchergebnissen ausgeworfen. Daher ist es empfehlenswert, die relevanten Social-Media-Angebote zu identifizieren und in das Monitoring einzubeziehen.

Nutzen Sie als ersten Anhaltspunkt die folgenden Dienste als Recherchetools:

> **Recherchetools**
> - www.yasni.de
> - Personenbasierter Monitoring-Dienst, der Ihnen neben Suchtools und einer hilfreichen Übersicht auch die Möglichkeit bietet, ein Profil anzulegen und die Treffer zu Ihrer Person zu ordnen und zu hierarchisieren.
> - www.howsociable.com
> - Eine Suchmaschine, die schnellen Überblick über die Erwähnung eines Keywords in Social Media-Portalen, Twitter usw. gibt.
> - www.technorati.com

> - Technorati ist die führende Suchmaschine für Blogs; hier behalten Sie den Überblick über die große weite Welt der Webpublikationen.

Ersterfassung der Reputation

Nach der Festlegung eines Sets von Keywords und relevanter Webdienste ist es nötig, den Ist-Zustand zu erfassen. Das dient vor allem dem Überblick. Googeln Sie die festgelegten Keywords und gehen Sie mindestens die ersten 100 Suchergebnisse systematisch durch. Zum Suchwort „Frank Ulrich Montgomery" findet Google ungefähr 439.000 Ergebnisse – da gibt es also einiges zu sichten. Identifizieren Sie die für Ihre Reputation bzw. die des Verbandes/der Fachgesellschaft förderlichen und kritischen Ergebnisse. Gibt es unter den kritischen Resultaten welche, die ernsthaft schädlich sind? Stellen Sie fest, welche der Ergebnisse Sie selbst unter Kontrolle haben (z. B. eigene Website, Profile in Netzwerken, online veröffentlichte Presse-Meldungen). Legen Sie bei all dem besonderes Augenmerk auf die ersten zehn Suchergebnisse.

Verschaffen Sie sich einen Überblick z. B. über das Standing des Vorstands in den wichtigsten Web-2.0-Angeboten: Wikipedia, die sozialen Netzwerke und die relevanten Bewertungsportale. Wird dort über Sie geschrieben? Gibt es Profile von Ihnen, die die Dienste automatisch oder andere Personen angelegt haben? Aus den Daten der Ersterfassung können Sie im Weiteren den konkreten Handlungsbedarf ableiten. Zunächst gilt es jedoch, diese Informationsbasis nicht veralten zu lassen.

Überwachung der Reputation

Um nicht jedes Mal wieder die Schritte der Ersterfassung wiederholen zu müssen und dabei Neuigkeiten zwischen dem vielen schon Bekannten zu übersehen, sollten Sie im dritten Schritt automatisierte Monitoring-Systeme schaffen, die Sie über jede Veränderung in Kenntnis setzen.

Google überwachen Ein einfaches, effektives – und überdies kostenloses – Mittel, die Google-Suchergebnisse zu bestimmten Keywords im Blick zu behalten, ist Googles eigener Benachrichtigungsdienst „Google Alerts". Einen Alert für ein Keyword können Sie unter www.google.com/alerts anlegen. Geben Sie einfach den gewünschten Suchbegriff ein, legen Sie fest, wie häufig Sie eine E-Mail mit den Ergebnissen erhalten wollen, geben Sie Ihre E-Mail-Adresse ein und fertig. Google wird Sie nun im gewünschten Intervall davon unterrichten, welche neuen Ergebnisse zum gewünschten Suchterm gefunden wurden.

Diese Einstellungen wiederholen Sie für alle festgelegten Keywords, und schon haben Sie ein einfaches Monitoring-System geschaffen, mit dem Sie immer auf dem Laufenden bleiben. Noch bequemer können Sie mit Google Alerts arbeiten, wenn Sie über einen Google-Account verfügen. Dann werden die Alerts automatisch Ihrem Konto zugeordnet und Sie können sie nach Wunsch bearbeiten, erweitern oder löschen. Zudem können Sie anstatt der regelmäßigen E-Mail-Benachrichtigungen auf das bequemere Abonnement eines RSS-Feeds (▶ Kap. 3) im Google Reader zurückgreifen. Auch die oben bereits erwähnten Recherchetools für die sozialen Medien, wie Yasni, bieten zum Teil Benachrichtigungsdienste an, die Sie über Veränderungen im Netz informieren. Und wenn es Wikipedia-Artikel gibt, die Sie im Auge behalten wollen, können Sie auch dort einen Benachrichtigungs-Feed zu beobachteten Artikeln anlegen.

Dienstleister für das Reputationsmonitoring Über die Google Alerts hinaus gibt es eine Reihe von Dienstleistern, die mehr oder weniger professionell anbieten, Ihr Reputationsmonitoring für Ihre Organisation zu betreiben. Der Vorteil: Sie oder die Presseabteilung müssen sich nicht selbst um die Einrichtung eines sinnvollen Monitorings kümmern, und auch ein Großteil der Ergebnisselektion und der Analyse wird Ihnen von den Diensten abgenommen. In der Regel bieten derartige Dienste überdies Services zur Verbesserung der Online-Reputation an. Die Services sind jedoch mit Kosten verbunden – wägen Sie das Angebot mit Ihrem Aufwand, den Sie einsetzen müssten, gegeneinander ab.

5.6.2 Prävention: Digitalen Schutzschild aufbauen

Die Kontrolle über die eigene Reputation zu übernehmen heißt vor allem, mit eigenen Informations-

angeboten die vorderen Suchergebnisse bei Google zu belegen. Es bedeutet aber auch, auf den wichtigsten Social-Media-Portalen Präsenz zu zeigen, damit man dort nicht von der Dynamik der Kommunikationsprozesse überrollt werden kann. Bauen Sie einen starken digitalen Schutzschild, der es missgünstigen Zeitgenossen schwer macht, Ihre Online-Reputation bzw. die der Organisation anzugreifen, und Ihnen selbst machtvolle Instrumente an die Hand gibt, mit denen Sie auftretende Krisen schnell und effektiv in den Griff bekommen.

Im Folgenden werden eine Reihe von Maßnahmen vorgestellt, die effektive Elemente in Ihrem digitalen Schutzschild darstellen können. Die einzelnen Maßnahmen sind unterschiedlich aufwändig. Sie müssen in jedem Fall genau abwägen, was zu Ihrem Image und den verfügbaren Ressourcen am besten passt.

Die eigene Website Ihre eigene Website oder die der Fachgesellschaft/des Verbandes ist Ihre Zentrale im Internet. Hier haben Sie alles selbst in der Hand, niemand kann Ihnen die Kommunikationshoheit nehmen. Sprechen Sie alle Themen an, die für Sie und Ihre Reputation wichtig sind. Das wird besonders wichtig, wenn tatsächlich eine Krise auftritt, mit ungünstigen Berichten in der Lokal- oder überregionalen (Fach-)Presse. Nehmen Sie Ihren Gegnern die Deutungshoheit, indem Sie eventuelle Kritik explizit aufgreifen und dazu Stellung nehmen. Mit etwas Glück lesen genügend Menschen Ihre Stellungnahme zur Kritik, um den Angriffen selbst die Schärfe zu nehmen.

Wenn die eigene Website suchmaschinenoptimiert ist, sollte sie bei Eingabe Ihres Namens/des Namens der Organisation bei Google sehr weit vorn gelistet werden (▶ Kap. 4). Optimieren Sie einzelne Seiten der Website auf unterschiedliche, für Ihre Reputation entscheidende Keywords, um so mit Ihrer eigenen Netzpräsenz ein breites Spektrum abzudecken.

Geben Sie Besuchern die Möglichkeit, auf Ihrer Website mit Ihnen zu kommunizieren, zum Beispiel über Kommentare oder ein Gästebuch (▶ Kap. 3). Machen Sie sich so ansprechbar und gewinnen Sie dadurch die Möglichkeit, auf Kritik direkt einzugehen und ihr so die Schärfe zu nehmen. Seien Sie offen und diskussionsfreudig. Das Einzige, was Sie erreichen, wenn Sie sich gegenüber der Kommunikation sperren, ist Folgendes: Die Diskussion wird ohne Sie stattfinden, auf Plattformen, die Sie nicht kennen und nicht beeinflussen können, und ohne eine Stimme, die in Ihrem Sinne spricht.

Social Media Zur Nutzung der Sozialen Medien, wie Netzwerke, Blogs, Wikipedia, wurde bereits in den jeweiligen Abschnitten dieses Kapitels viel gesagt. Für die Reputation ist entscheidend, dass es auf all diesen Plattformen um Kommunikation geht. Wer hier offen auf Kritik reagiert, hat das Schlimmste meist schnell überstanden. Bedenken Sie: Auf Plattformen kann auch in Ihrer Abwesenheit über Sie gesprochen werden. Für den digitalen Schutzschild ist es wichtig, dass Sie in den Plattformen präsent sind, um gegebenenfalls zügig auf Kritik reagieren zu können.

Multimediale Inhalte: Bilder und Videos Praktisch jeder kann heute jederzeit ein Foto oder Video mit der Handykamera machen und es im Netz hochladen – binnen Sekunden, und ohne Sie gefragt zu haben. Das ist zwar rechtswidrig, aber es geschieht dennoch. Peinliche Szenen werden inzwischen täglich zuhauf fotografiert: als Schnappschüsse beim Essen oder auf Firmenfeiern. Vieles davon landet inzwischen im Netz, bei Facebook oder einem der großen Bilderhoster, wie Instagram, Pinterest, Flickr oder Picasa.

Bei diesen Diensten können auch auf Gruppenfotos einzelne Personen markiert und mit Namen identifiziert werden und sind dann mit der Suchmaschine hervorragend auffindbar. Zudem ist die technische Entwicklung inzwischen so weit, Gesichter auch ohne diese Identifizierungsleistung einzelnen Personen zuordnen zu können.

Selbst wenn Sie keine Bilder von sich ins Netz stellen, können es andere jederzeit tun. Bauen Sie daher einen Schutzschild auf und schaffen Sie Bilder- und Videowelten, über die Sie selbst entscheiden. So übernehmen Sie die Kontrolle über den multimedialen Content, der von Ihnen im Netz verfügbar ist. Und andere Inhalte, die eventuell Ihrer Reputation weniger schmeicheln, gehen in der Masse unter. (Weitere Informationen zum Thema Bilder finden Sie in ▶ Kap. 2.)

> **Tipp**
>
> Stellen Sie Fotos und Videos zu Ihren Profilen in die Netzwerke. Lassen Sie von sich während Ihrer Vorträge auf Kongressen

oder Hauptversammlungen professionelle Bilder und Videos machen und richten Sie dafür Galerien bei den Bilderhostern ein. Die Plattform mit der stärksten Reichweite für Videos ist YouTube. Seien Sie hier mit eigenem Material ebenfalls präsent.

Foto- und Video-Seiten

Foto-Seiten
- Flickr.com
- Fotolia.de
- Fotolog.com
- Instagram.com
- Imageshack.us
- Photobucket.com
- Picasa.google.com
- Pinterest.com
- Webshots.com
- 500px.com

Video-Seiten
- Bing.com/videos
- Clipfish.de
- Dailymotion.com
- Myvideo.de
- Vimeo.com
- Video.yahoo.com
- Youtube.com

5.6.3 Krisenbewältigung: Die Reputation retten

Damit kein Missverständnis aufkommt: Ein Reputationsdesaster zu reparieren, ist sehr schwierig und in der Regel eine sehr langwierige und harte Arbeit. Je schwächer der digitale Schutzschild vor dem Desaster ausgeprägt ist, desto aufwändiger und mühsamer werden sich die Gegenmaßnahmen gestalten. Erfolgreiches Reputationsmanagement findet nicht in der Krise statt, sondern vorher. Eventuell haben Sie ja schon mal eine solche Krise durchlebt und können andere gut funktionierende Maßnahmen zu den hier genannten Empfehlungen hinzufügen.

■ **Juristische Maßnahmen – selten zu empfehlen**

Grundsätzlich ist bezüglich juristischen Vorgehens im Internet Vorsicht geboten. Ein großer Teil des Internets ist vom Presserecht nicht zuverlässig abgedeckt. Blogger sehen sich gern als unabhängige Kräfte. Gegendarstellungen auf Blogs sind unüblich, juristisches Vorgehen führt meist zu gereizten Gegenreaktionen. Selbst wenn Sie im Recht sind, und das ein Gericht sogar irgendwann bestätigt, könnten Sie den Schaden in der Zwischenzeit vergrößert haben – durch weitere Berichte und einen Sturm der Empörung. Das haben einige Markenunternehmen in der Blogosphäre schon erlebt. Und auch künftig wird man Sie besonders auf dem Kicker haben und Sie kritisch beleuchten und hinterfragen.

Grundsätzlich haben Sie einen Richtigstellungs- bzw. Unterlassungsanspruch bei faktisch unrichtigen oder verleumderischen Berichten. Diesen Anspruch durchzusetzen ist jedoch oft schwierig. Hinzu kommt, dass auch eine Löschung des Beitrags oft nichts bringt. Das Internet verfügt über ein Elefantengedächtnis: Artikel sind längst in die Indizes der Suchmaschinen und in Blogverzeichnissen gelandet, wurden via Facebook und Twitter kopiert und verbreitet und sind in aller Regel schon nach einigen Stunden nicht mehr effektiv aus dem Internet entfernbar.

■ **Die Alternative: Diskussion selbst bestimmen**

Statt sich also mit ohnehin unwirksamen juristischen Maßnahmen unbeliebt zu machen, sollten Sie versuchen, die Diskussion zu entern und die Deutungshoheit zu gewinnen. Leider werden Krisen selbst bei großen Unternehmen oft eher ausgesessen und totgeschwiegen als wirksam bekämpft. Der Effekt: Eine negative Debatte kann sich ungehindert ausbreiten und dem Unternehmen einen erheblichen Reputationsschaden zufügen, den man jederzeit und dauerhaft wieder in den Suchmaschinen recherchieren kann.

Machen Sie im Krisenfall die Quelle des Problems ausfindig und identifizieren Sie die Kanäle, in denen die kritischen Diskussionen laufen. Schalten Sie sich in die Debatte ein, indem Sie Stellung zu den Vorwürfen nehmen – nüchtern und professionell – und, wenn nötig, mit einer ordentlichen Portion Selbstkritik. Versuchen Sie zu erreichen, dass nirgendwo die Kritik stattfindet, ohne dass Ihre eigene Sichtweise gleichzeitig präsent ist. Stiften Sie auch Ihre Kontakte in sozialen Netzwerken und sonstige Stakeholder an, in Ihrem Sinne zu intervenieren – genau dazu haben Sie ja den digitalen Schutzschild. Und bieten Sie Informationen zum kritischen Thema in Ihren eigenen Kanälen an: auf der Website, Ihrer Facebook-Präsenz usw. Lassen Sie nicht zu, dass der Eindruck entsteht, Sie würden etwas totschweigen und wollten keinesfalls etwas verbessern. Schweigen ist der beste Nährboden für diesen Eindruck. Setzen Sie stattdessen auf Transparenz.

Interview mit Sarah Fischer, Referentin Kongresse und Social Media der Deutschen Diabetes Gesellschaft (DDG)

1. Wie wichtig ist generell Öffentlichkeitsarbeit für Fachgesellschaften und Verbände?

„Öffentlichkeitsarbeit ist ein wichtiger Aspekt unserer Arbeit. Von der Volkskrankheit Diabetes sind mehr als sechs Millionen Menschen in Deutschland betroffen. Daher ist es ganz zentral, in den Austausch mit der Öffentlichkeit zu gehen und das Wissen aus der Fachgesellschaft in Debatten über Prävention und gesundheitspolitische Maßnahmen einzubringen. Die Politik erreicht man nur über wirksame Öffentlichkeitsarbeit."

2. Was sollten Organisationen bei der Planung und Umsetzung von Social Media-Maßnahmen beachten?

„Die Zielgruppe sollte im Mittelpunkt stehen. Die Wahl der Social Media-Kanäle und die Kommunikation sollten zur Organisation, zur Zielgruppe und zu den Themen passen – ein kontinuierlicher Lernprozess, in dem wir selbst gerade stecken. Und auch die sozialen Medien entwickeln sich ja immer weiter. Hier lohnt es sich, Dinge auszuprobieren und zu testen. Außerdem sollte man überprüfen, wie viele Ressourcen man hat und was sich dauerhaft umsetzen lässt."

3. Zu Social Media gehört mehr als Facebook – welche Maßnahmen können Sie noch empfehlen?

„Die DDG hat aktuell einen Twitter-Kanal (@DDG_Tweets) und ist zu besonderen Anlässen, wie beispielsweise zu den beiden großen Fachkongressen, auf YouTube aktiv. Außerdem haben wir einen Blog, in dem unsere Reisestipendiaten über ihre Themen und Erfahrungen schreiben (www.blog.ddg.info). Welche Social Media-Kanäle passen, muss jede Organisation für sich selbst herausfinden – abhängig von Thema und Zielgruppe."

4. Welche Zielgruppe erreichen Sie über Social Media-Kanäle?

„Im Vergleich zur Altersstruktur unserer Gesellschaft sprechen wir mit unserer Social Media-Kommunikation – das überrascht sicher nicht – eine etwas jüngere Zielgruppe an. Neben Fachleuten, wie zum Beispiel Ärzten, Diabetesberatern, Apothekern sowie anderen Fachgesellschaften und Organisationen, erreichen wir auch interessierte Menschen mit Diabetes und Nachwuchskräfte in der Diabetologie, worüber wir uns sehr freuen."

5. Können Sie sich vorstellen, zurück zu den klassischen Marketingmaßnahmen zu wechseln und nicht mehr online zu kommunizieren? Wenn nein, warum nicht?

„Ich denke, dass der Anteil der Online-Kommunikation eher zunehmen wird. Die sozialen Medien bieten einfach viele Möglichkeiten, in den Austausch zu treten und wichtige Themen kreativ zu vermitteln und zu diskutieren."

Ein Blog für den Verband

© Springer-Verlag GmbH Deutschland 2017
A. Köhler, M. Gründer, *Online-Marketing für medizinische Gesellschaften und Verbände,*
Erfolgskonzepte Praxis- & Krankenhaus-Management, DOI 10.1007/978-3-662-53469-4_6

Während in anderen Branchen sogar von kleinen Unternehmen Blogs längst als erfolgreiches Marketing-Tool genutzt werden, gibt es nur wenige medizinische Fachgesellschaften und Verbände, die echte Blogs betreiben. Dabei hat der Einsatz von Blogs zur Imagepflege und Kundenbindung in vielen Branchen inzwischen gute Tradition. Ungezählte Firmen, Vereine und Stiftungen betreiben Blogs, in denen Chefs oder Mitarbeiter im Plauderton aus dem Arbeitsalltag erzählen, Aktionen ankündigen, Fundraising betreiben oder Branchen-News kommentieren. Der Vorteil von Blogs gegenüber einer normalen Unternehmens-Website ist: Das Medium wirkt ungezwungen und authentisch. Hier bekommt eine abstrakte Institution Gesicht und Charakter. Was vielfach schon verloren schien, wird hier wieder erlebbar: der persönliche Kontakt zu einer Organisation oder Marke.

Auch für medizinische Verbände bietet das Bloggen als Kommunikationsform vielfältige Chancen. Sind die Hürden – gesetzliche Einschränkungen und verfügbare Ressourcen – erst einmal überwunden, kann das Bloggen völlig neue Wege eröffnen, um mit der Öffentlichkeit oder der Fachwelt ins Gespräch zu kommen, neue Mitglieder zu gewinnen und seine Autorität und seinen guten Ruf als Verband auszubauen.

6.1   Was ist eigentlich ein Blog?

Der Begriff „Blog" ist eine Abkürzung für das englische Wort „Weblog". Also ein öffentliches Internet-Tagebuch oder – bei mehreren Autoren – eine Art Zeitung im Internet. Artikel werden von ihren Autoren dort veröffentlicht und erscheinen gewöhnlich chronologisch sortiert, mit dem neuesten ganz oben. Die Einsatzmöglichkeiten dieses Grundprinzips sind vielfältig: vom einfachen Webtagebuch, in dem jemand Interessantes aus seinem Alltag publiziert, bis zum professionellen Serviceblog eines Weltkonzerns. Manche Blogs sind im Laufe der Jahre zu sehr erfolgreichen Nachrichten- oder Themenmagazinen avanciert.

Die Welt der Blogs, deren Anzahl auf weltweit fast 150 Millionen geschätzt wird, heißt Blogosphäre. In ihr kommunizieren die Blogger – die Autoren der Blogs – miteinander und mit ihren Lesern. Die Blogosphäre ist eng vernetzt. Kommunikativität ist ein wichtiges Grundelement des Bloggens und

unterscheidet das Bloggen deutlich vom Publizieren traditioneller Magazinartikel. Blogartikel sind dazu da, diskutiert zu werden, und nicht selten misst man den Erfolg eines Artikels daran, wie leidenschaftlich die Diskussion in der darunter stehenden Kommentarspalte abläuft. Wegen dieser Charakteristika zählen Blogs auch zu Social Media.

Die Anzahl der Blogs zeigt deutlich, dass es sich dabei längst nicht mehr um ein Nischenphänomen handelt, das von einigen Internet-Freaks als Privatvergnügen betrieben wird. Bei fast beliebigen Recherchen in Suchmaschinen werden Blogartikel oft sehr prominent angezeigt. Die enorme Popularität und Breitenwirkung von Blogs beruht auf vier Säulen:

Die vier Säulen der Blog-Popularität

- Unabhängigkeit: Hier publizieren scheinbar Menschen „wie du und ich", also keine von etablierten Verlagen angestellte Journalisten. Das hat den Reiz unverfälschter Information.
- Persönlichkeit: Blogger schreiben selten in objektivierendem Stil, sondern meist explizit aus ihrer Sicht. Sie bringen ihre Person und Meinung offen ein.
- Originalität: Oft schreiben Blogger über Themen, die in den großen Medien kaum behandelt werden.
- Kommunikation: Durch die Möglichkeit, über Artikel zu diskutieren, entsteht eine enge Leserbindung.

Auf diese vier Säulen kann geschicktes Marketing aufbauen und die Kommunikationsform des Bloggens für sich nutzbar machen. Solche geschäftlichen Blogs, die von Firmen betrieben werden, heißen auch „Corporate Blogs".

6.2   Einsatzmöglichkeiten in der Verbands-PR

Verbände können einen Blog vor allem einsetzen, um ihre Zielgruppen besser zu erreichen und zu informieren, potenzielle Mitglieder auf sich und ihre Leistungen aufmerksam zu machen und Fundraising zu betreiben. Dabei lassen sich die eigentlichen Stärken medizinischer Netzwerke gut ausspielen: Vertrauen und fachliche Kompetenz werden in einem Blog besonders gut kommuniziert.

Dafür müssen Verbände allerdings drei Grundprinzipien beachten:

Keine Werbefloskeln   Der Blog ist nicht dazu da, Pressemitteilungen zu veröffentlichen. Blogleser wollen brauchbare Informationen von echten Menschen. Niemand möchte hier die klassische Öffentlichkeitsarbeit sehen.

Regelmäßigkeit   Um einen Blog zum Erfolg zu machen, muss er regelmäßig aktualisiert werden. Ein Artikel pro Woche ist Pflicht, um Leser zu binden.

Persönlichkeit   Bloggen können nur Personen, nicht Institutionen. Vorstand und Mitglieder sind die Repräsentanten des Verbands. Im Blog müssen sie zu Wort kommen und in Dialog mit den Lesern treten. Die PR-Abteilung kann koordinieren und auch als Ghostwriter agieren. Nach außen aber müssen dann sie Persönlichkeit zeigen.

6.2.1 Ziele festlegen

Wozu genau soll der Blog da sein? Wie bei allen Marketing-Instrumenten müssen Sie die Ziele vorher definieren. Verschiedene Zielstellungen lassen sich mit einem Blog erreichen – nicht alle davon sind zwanglos miteinander kompatibel:

Information und Bindung der Mitglieder   Je nach Ausrichtung kann ein Verband oder eine Fachgesellschaft mehrere Tausend Mitglieder haben, die über die Tätigkeiten des Verbandes auf dem Laufenden gehalten werden wollen. Ein Blog kann das kostspielige klassische Rundschreiben an die Mitglieder ersetzen und überdies einen echten Kommunikationskanal zu ihnen herstellen, indem er es ihnen ermöglicht, News zu kommentieren und zu diskutieren. Transparenz und Kommunikationsbereitschaft sind wichtige Elemente zur Bindung von Mitgliedern.

Neue Mitglieder gewinnen   Um potenzielle neue Mitglieder über einen Blog anzusprechen, muss dieser vor allem deutlich machen, was der Verband seinen Mitgliedern zu bieten hat. Dies lässt sich über einen Blog, in dem die Leistungen des Verbandes nicht in einer trockenen Übersicht, sondern quasi als aus Einzelbausteinen zusammengesetztes Gesamtbild entstehen, sehr authentisch darstellen. In Berichten von Tagungen, in Stellungnahmen zu aktuellen Problemen oder auch in der Vorstellung einzelner Mitglieder und ihrer Praxen finden sich potenzielle Mitglieder als Person schneller wieder als in der abstrakten Auflistung des Tätigkeitsspektrums des Verbands.

Information der Öffentlichkeit   Ein medizinischer Verband vereint geballte medizinische Sachkompetenz – dies sieht auch und gerade die Öffentlichkeit so. Informationen des Verbands zu Heilmitteln und Therapien haben besonderes Gewicht und können in einem Blog hervorragend aufgearbeitet werden – als Einzelthemen, laiengerecht dargestellt. Sind die Informationen angemessen suchmaschinenoptimiert, werden sie von Interessenten auch leicht gefunden. Für den Verband ist dies ein guter Weg, seine Bekanntheit und Autorität in der Öffentlichkeit zu steigern. Einmal etabliert ist dieser Kanal hervorragend geeignet, auch Stellungnahmen zu aktuellen medizinischen oder gesundheitspolitischen Themen an die breite Öffentlichkeit weiterzugeben.

Marketing für die Mitglieder   Sieht es der Verband als seine Aufgabe an, seine Mitglieder beim Marketing zu unterstützen, lässt sich ein Blog hervorragend für diesen Zweck nutzen. In Informationsartikeln zu Heilmitteln oder Therapien können etwa Mitglieder als Experten zitiert werden. Ein schönes Feature für einen Verbandsblog wäre auch eine Serie, in der Mitglieder und/oder ihre Praxen vorgestellt werden. Auf allgemeinerer Ebene kann der Verband durch seine Informationen im Blog bestimmte Therapien bewerben, die für seine Mitglieder von besonderem (wirtschaftlichen) Interesse sind.

Der Verband als Marke   Durch Themenspektrum und Stil des Blogs lässt sich der Verband wesentlich besser als Marke etablieren, als dies durch eine klassische Website möglich ist. Vorstand und Mitglieder treten durch selbst verfasste Artikel als Persönlichkeiten auf und zeigen ihre Kompetenzen fern vom üblichen Marketing-Duktus, gegenüber dem viele Menschen bereits recht abgestumpft sind. So kann sich ein Verband jenseits des technokratischen

Alltags sowohl kompetent als auch sympathisch und menschlich präsentieren.

Lobbyarbeit   Für viele Verbände spielt die Interessenvertretung für ihre Mitglieder eine zentrale Rolle. In einem Blog lassen sich die Positionen des Verbands wesentlich griffiger präsentieren als in einem offiziellen Positionspapier – etwa dadurch, dass sie in Einzelelemente zerlegt und in journalistischem Stil dargestellt werden. Zwar muss die konkrete Lobbyarbeit sicher weiterhin klassisch in persönlichem Gespräch erfolgen, als unterstützende Maßnahme kann ein Blog jedoch wertvoll sein.

Fundraising   Natürlich spielt die Einwerbung von Spenden und Sponsoren nicht für alle Verbände eine zentrale Rolle. Doch nicht selten werden so Tagungen finanziert, zuweilen sogar die gesamte Verbandsarbeit. Gegenüber Spendern und Sponsoren ist es besonders wichtig, transparent über die Verwendung von Geldern zu berichten und Erfolge, die damit erreicht wurden, darzustellen. Besondere Aktionen im Fundraising können im Blog als langfristige Strategien aufgezogen werden.

6.2.2   Themen finden

In den Vorständen stellt sich, wenn über einen Blog diskutiert wird, meist schnell die Frage: Was ist angemessenes Material für ein bis zwei Artikel pro Woche? Worüber sollen wir eigentlich schreiben? Blogartikel sind keine offiziellen Verlautbarungen, wie etwa Pressemitteilungen. Blogs erzählen Geschichten und liefern ansonsten schwer zugängliche Hintergrundinformationen. Aber auch das normale Tagesgeschäft von Verbänden, Vereinen und Fachgesellschaften ist voll von Begebenheiten und Zusammenhängen, die es sich zu erzählen und darzustellen lohnt, und von Fragen, die einer Antwort bedürfen.

Einige Anhaltspunkte für die Themensuche sind:

Neues aus dem Verband   Sie können von allen Veränderungen im Verband im Blog berichten: Personalwechsel in Geschäftsstellen und Gremien, Renovierungs- oder Umbauarbeiten in Büros, neue Projekte. Nebenbei ergibt sich hier die Gelegenheit, die News zu kommentieren und zu erklären.

> **Tipp**
>
> Die Mitglieder und die Öffentlichkeit sind durchaus interessiert daran, wer das neue Vorstandsmitglied ist. Eine Vorstellung neuen Personals schafft eine persönliche Ebene im Kontakt mit den Zielgruppen. Achten Sie jedoch darauf, nicht nur stereotyp den Karriereverlauf darzulegen – das möchte niemand lesen, und es vermittelt zwar Wissen, schaffte aber keine persönliche Ebene. Entwickeln Sie eine Erzählung aus den Fakten, streichen Sie die charakteristischen Punkte heraus, oder ein durchgehendes Motiv der Person. Oder noch besser: Lassen Sie das neue Team-Mitglied selbst etwas schreiben.

Erlebter Verbands-Alltag   Diese Themengruppe wird je nach Tätigkeitsspektrum sehr unterschiedlich sein. Beratungsgespräche mit Mitgliedern oder Patienten können Anlass und Gegenstand sein, allgemeinere Informationen gut verpackt an den Leser zu bringen. Es kann aus dem Nähkästchen bei der Arbeit an Projekten des Verbandes geplaudert werden, etwa der Vorbereitung und Durchführung einer Tagung, einer Pressekonferenz, einer Mitgliederversammlung – gehen Sie davon aus, dass man aus fast allem, was der Verband tut, in der richtigen Verpackung einen Blog-Artikel machen kann.

🛈 **Bei Episoden aus Beratungsgesprächen müssen Sie natürlich besondere Vorsicht walten lassen. Sowohl die Prinzipien der ärztlichen Schweigepflicht als auch allgemeine Datenschutzbestimmungen müssen gewahrt bleiben. Vermeiden Sie auf jeden Fall, dass man Beteiligte wiedererkennen kann.**

Besonders interessant für dieses Themenfeld sind natürlich die Tätigkeiten, die jeweils im Alleinstellungsmerkmal des Verbandes liegen. Nur zwei Beispiele: Wird etwa in einer Fachgesellschaft an einer neuen Leitlinie gearbeitet, kann im Blog der Entstehungsprozess begleitet und das Ergebnis in Schlaglichtern präsentiert und kommentiert werden. Konzentriert sich der Verband darauf, Rechtsberatung für seine Mitglieder anzubieten, kann er im Blog einen juristischen Schwerpunkt aufbauen und aktuelle Rechtsprechung kommentieren.

Die Mitglieder und ihre Themen Wenn es ihr Ziel ist, Marketing für Ihre Mitglieder bzw. für Themen zu machen, die Ihren Mitglieder wichtig sind, ergibt sich ein weiteres großes Themenfeld. Sie können es z. B. abdecken durch eine Serie, in der Sie Mitglieder und Ihre Einrichtungen vorstellen, und durch Artikel, in denen etwa Behandlungen dargestellt werden, die von Ihren Mitgliedern angeboten werden. Vieles ist dabei denkbar und kann zwanglos mit den folgenden vier Themenkomplexen verbunden werden:

Aktuelle Gesundheitsthemen Fast immer gibt es aktuelle Gesundheitsgefährdungen, die von den Medien aufgegriffen werden. 2005/2006 war es die Vogelgrippe, 2010 die Schweinegrippe, 2011 die EHEC-Infektion, 2016 Zika. Solche, aber auch andere wiederkehrende saisonale Themen wie Impfungen und Verhaltensregeln zur Reise- oder Grippezeit können Verbände in Blogs aufgreifen, wenn sie zur Zielgruppe passen. Und wie steht es mit Empfehlungen, die durch die Werbeindustrie verbreitet werden, oder alternativmedizinischen Behandlungen, die gerade populär sind? Welche Innovationen sind tatsächlich medizinisch sinnvoll, welche nicht? Von den medizinischen Experten erwartet die Bevölkerung Informationen über die tatsächliche Lage und Hinweise, was zu tun ist. Fachgesellschaften haben hier sogar eine besonders hohe Autorität. Ein Blog ist ein geeigneter Ort für solche Informationen.

Neuigkeiten aus der Medizin Die Wissenschaft steht nicht still. Meldungen über neue Forschungsergebnisse, Behandlungsoptionen und Geräte gelangen regelmäßig an die Öffentlichkeit. Die Öffentlichkeit interessieren sich für diese Fortschritte. Natürlich müssen sie für diese laiengerecht aufgearbeitet werden. Richtet sich der Blog eher an Fachpublikum, müssen Stil und Tiefgang natürlich entsprechend anders bestimmt werden.

Auseinandersetzungen Viele Menschen beschäftigen sich ernsthaft mit ihrem Gesundheitszustand, möglichen Vorsorgemaßnahmen und Behandlungsformen. Sie finden Auskünfte online und in Zeitschriften. Oftmals ärgern sich Mediziner über die Qualität der Informationen, die ihre Patienten dort finden. Im Verbands-Blog können sie – wenn Sie sich an diese Zielgruppe richten – den Kampf gegen Fehlinformationen aufnehmen und die Auseinandersetzung mit fadenscheinigen Behandlungstechniken und Heilungsversprechen führen.

Gesundheitstipps Ob saison- oder situationsbedingt oder ganz allgemein – Gesundheitstipps kann jeder Arzt zuhauf bieten: Von Allergietipps im Frühjahr über Impfhinweise und Sonnenschutz zum Urlaub bis hin zu Tipps für erste Hilfe, gesunde Ernährung oder passenden Sport gibt es ein nahezu unerschöpfliches Reservoir an Themen, mit denen sich ein Blog füllen lässt.

Gesundheitspolitik Verbände und Fachgesellschaften verstehen sich oft als Interessenvertretung ihrer Mitglieder bzw. des gesamten Fachsegments. Als solche sind sie politisch engagiert und entwickeln eine Position zu allen politischen Themen, die sie betreffen. Der Blog ist der richtige Ort, diese Position in aller Deutlichkeit zu formulieren – für die Öffentlichkeit und Pressevertreter, aber auch für die Mitglieder und die Politik. Interessant sind dann besonders auch weitere Hintergründe zu den Positionen sowie eventuell mal eine Darstellung der Diskussionen, die geführt wurden.

Meinungsumfragen Um eine Beteiligung in Ihrem Blog anzuregen können Sie hin- und wieder Fragen in den Raum werfen. Durch die Antworten erfahren Sie mehr über Wünsche und Ansichten Ihrer Mitglieder oder eventuell auch anderer Leser, und können selbst einen Nutzen daraus ziehen. Hier müssen Sie sich auf einige Kommentare einstellen, aber schließlich ist der Blog für Kommunikation und Austausch gedacht.

Spannen Sie als PR-Verantwortliche bei der Themenfindung die Gremien und Mitglieder ein! Sie sollen im Alltag die Ohren spitzen und sensibel besonders auf Fragen und Kritik reagieren. Dies sind oft gute Ansätze für einen Blogbeitrag. Auch können Sie auf Ihrer Verbands-Website und auf Flyern für den Blog werben und ein Feedback-Feld für Themenvorschläge einrichten.

6.2.3   Dialog mit den Lesern

Zu einem echten Blog gehört die Kommentarfunktion. Auf gar keinen Fall sollte sie aus Angst vor Kritik oder Spam total deaktiviert werden. Wer sich der offenen Kommunikation verweigert, macht sich in der Blogosphäre unmöglich – und beraubt sich selbst einer interessanten Feedback-Quelle.

Kommentare managen

Medizinische Verbände müssen besondere Sorgfalt im Umgang mit Blogkommentaren an den Tag legen. Sowohl die ärztliche Schweigepflicht als auch andere rechtliche Anforderungen – insbesondere die des Heilmittelwerbegesetzes – machen dies erforderlich. Der Verband ist als Betreiber eines Blogs im Zweifelsfall für alles verantwortlich, was dort veröffentlicht wird. Das gilt in gewissem Umfang auch für Kommentare. Unter Artikeln, die z. B. eine Therapie darstellen werden in der Regel Patienten Fragen dazu stellen, oft auch unter detaillierter Angabe ihrer eigenen Leidensgeschichten. Solche Kommentare müssen gründlich geprüft werden, ebenso wie Wortmeldungen, die etwa die Behandlungsleistung eines bestimmten Kollegen loben.

In der Regel erlaubt es die Blog-Software, Kommentare erst nach einer Prüfung durch eine befugte Person online zu veröffentlichen. So kann vermieden werden, dass schädliche oder gar rechtswidrige Kommentare für eine gewisse Zeitspanne unbemerkt im Blog stehen – diese können nicht nur von Patienten kommen, sondern z. B. auch von Seiten der Industrie. Eine E-Mail-Benachrichtigung, sobald ein Kommentar auf Freischaltung wartet, hilft zusätzlich. Denn Sie sollten zeitnah reagieren – sonst ist der Blog nicht das richtige Instrument. In der Regel sollte der Autor des Blogartikels oder ein Vertreter noch am selben Tag auf den Kommentar reagieren.

Oft stellen Patienten in den Kommentaren direkte Fragen und erwarten ärztlichen Rat. Hierbei ist insbesondere das Fernbehandlungsverbot zu beachten. Nur allgemeine Ausführungen sind zulässig, für alles andere verweisen sie die Patienten an ihren Arzt. Achten Sie auch besonders auf das Verbot von Heilsversprechen, wenn es in einer Diskussion um bestimmte Behandlungsformen geht, sowie auf die ärztliche Schweigepflicht. Denn alle Kommentare erscheinen nach der Freischaltung für jeden sichtbar online. Es sollte Ihren Bloglesern in jedem Fall möglich sein, anonym zu kommentieren.

Umgang mit Kritik

Kritiker gibt es immer. Nicht selten ist ihre Kritik aus einer gewissen Perspektive sogar berechtigt. Auf keinen Fall sollte man kritische Kommentare einfach löschen. Kritik, die im eigenen Blog diskutiert wird, hat man wenigstens unter Kontrolle und kann angemessen reagieren. Eine seriöse und offene Antwort nimmt dem Kritiker oft den Wind aus den Segeln. Sie bietet die Chance, zu erklären, wie es zu einem Missstand kam und was man dagegen unternimmt.

Beschimpfungen oder Beleidigungen müssen Sie natürlich nicht dulden. Löschen Sie solche Kommentare einfach.

> **Tipp**
>
> Seien Sie ansprechbar und kommunikationsfreudig. Begreifen Sie Kritik als wertvolle Rückmeldung, die vielleicht Veränderungen anstoßen kann, und als Chance, den Lesern Ihre eigene Sicht der Dinge darzulegen.

6.3   Aufwand versus Nutzen

Unumstritten: Das Bloggen macht Arbeit. Ein oder mehrere Artikel pro Woche plus Kommentarmanagement – da kommen schnell einige Wochenstunden zusammen, was die ohnehin meist dünne Personaldecke zusätzlich strapaziert. PR-Abteilung und Vorstand müssen also genau abzuwägen, ob sich der Aufwand für den Verband lohnt.

6.3.1   Was bringt ein Blog?

Die möglichen Vorteile eines Blogs sind sehr von den konkreten Zielstellungen und dem Grad des Engagements abhängig, mit denen der Blog betrieben wird. In jedem Fall gibt ein Blog dem Verband die Möglichkeit, die Öffentlichkeit und andere Zielgruppen anzusprechen, ohne dabei auf klassische Medien als Mittler angewiesen zu sein.

Neben der eigentlichen Verbands-Website ist der Blog eine weitere Website, mit der Menschen via Suchmaschinen auf den Verband und seine Positionen aufmerksam werden können. Durch Themenschwerpunkte lässt sich sogar besonders gut steuern, welche Zielgruppe zu welchen Themen auf den Blog stößt. Während die offizielle Verbands-Website eher grundlegende Infos und Verlautbarungen enthält, erzählt der Blog von den Dingen, die der Verband tut und mit denen er sich beschäftigt. Ein wunderbares Beispiel sind die Mitarbeiter- und Patienten-Blogs von „Ärzte ohne Grenzen" – es ist kaum ein besserer Weg vorstellbar, plastisch zu zeigen, wofür diese Institution steht, als durch die dort berichteten Schicksale. So wird die Marke entwickelt, neue Mitarbeiter werden gewonnen und das Fundraising gestützt.

Zudem kann der Blog ein wertvoller Feedback-Kanal sein. Hier können Verbände Diskussionen anstoßen, die ihnen helfen, die jeweils angesprochene Zielgruppe und deren Wünsche und Probleme besser zu verstehen. Es ist auch möglich, die Mitglieder oder andere Zielgruppen in Umfragen zu bestimmten Themen zu befragen und so den Blog als eigene kleine Marktforschung zu nutzen.

Der Blog als Medium dient dazu, Leser aus der Zielgruppe zu binden und neue hinzuzugewinnen. Ein gut gemachter Blog lässt den Verband und seine Vertreter sympathisch, offen und kompetent wirken – wie Menschen, denen man sich und seine Themen gern anvertraut. Wenige medizinische Verbände nutzen bislang das Potenzial von Logs – wer es doch tut, ist etwas Besonderes und hebt sich aus der Masse ab. So lässt sich für den Verband zusätzliche Aufmerksamkeit erzeugen. Nicht zuletzt kann Bloggen auch allen Beteiligten Spaß machen und zum regelrechten Hobby werden. Auch der Effekt, der einsetzt, wenn man sich etwas von der Seele geschrieben hat, ist nicht zu unterschätzen.

Es ist nicht einfach, den Erfolg langfristiger Marketing-Maßnahmen wie einen Blog einzuschätzen. Er dient mehr der Imagebildung und benötigt einen langen Atem, um volle Wirkung zu entfalten. Indizien sind die Zugriffszahlen und die Anzahl der Kommentatoren.

6.3.2 Wer soll bloggen?

Im Blog einer Klinik sollten regelmäßig Beiträge der Repräsentanten des Verbands erscheinen: dies sind vor allem die Gremienmitglieder, aber auch normale Mitglieder. Die Vorstandsmitglieder sind die wichtigsten Gesichter des Hauses und gelten zugleich als die entscheidenden Kompetenzträger. Dennoch ist es auch sinnvoll, den Blog von Anfang an auf eine breite Grundlage zu stellen. Je nach Interesse und Talent sollten weitere Mitglieder schreiben. Das hat nicht nur den Vorteil, dass die Arbeitslast auf mehrere Schultern verteilt wird, sondern auch den, dass viele verschiedene Perspektiven an den Tag kommen. Jedes bloggende Mitglied wird zum Markenbotschafter des Verbands. Implizit zeigt dies auch, dass ein offenes und kollegiales Klima im Verband herrscht, in dem sich jeder einbringen kann.

Weiteres Potenzial lässt sich durch Gastautoren gewinnen: Fachleute aus anderen Verbänden und Netzwerken, Politiker und Prominente haben Ihrer Zielgruppe je nach Thema und Anlass ebenfalls Interessantes mitzuteilen. Das lockert den Blog weiter auf und zeigt, dass der Verband in Branche und Gesellschaft verankert ist.

Die Schlüsselrolle bei all dem hat die PR-Abteilung inne: Hier laufen die Fäden zusammen, werden die Beiträge geplant, redigiert und online gestellt. Oftmals springen die Öffentlichkeitsarbeiter auch als Ghostwriter für das vielbeschäftigte Personal ein – dennoch sollte ein gewisser Input oder zumindest Stichwörter von den jeweils betroffenen Autoren kommen. Natürlich ist bei einer Autorenschaft von mehreren Personen ein gewisses Maß an Planung notwendig. Eine monatliche „Redaktionssitzung", bei der Themen aufgelistet werden und ein Zeitplan erstellt wird, genügt aber in der Regel als Abstimmung.

Auch das Management der Kommentare erfolgt hier. Die PR-Abteilung sollte die Freiheit haben, eigenständig Kommentare freizuschalten, zu moderieren und zu beantworten – bei Bedarf und entsprechendem Vertrauen auch im Namen eines Arztes oder anderen Autors.

Tipp

Wenn vielbeschäftigte Ärzte als Autoren auftreten sollen, ist es oft sinnvoll, den Beitrag in der PR-Abteilung vorzuschreiben – für mehr Authentizität auf der Basis gelieferter Stichwörter – und dem eigentlich vorgesehenen Autor zum gegenlesen und zur Überarbeitung zu geben. Ohne ein solches Ghostwriter-Verfahren wird ein Verbands-Blog in der Regel schwer zu betreiben sein.

6.3.3 Redaktionellen Aufwand kontrollieren

Damit der Zeitaufwand nicht aus dem Ruder läuft, sollte jedem bloggenden Mitarbeiter ein festes Kontingent an Arbeitszeit zum Bloggen zugeordnet werden. Für einen Blogbeitrag von normaler Länge braucht ein Autor mit einiger Übung 30–60 Minuten. Wenn zuvor noch Fakten recherchiert oder bestätigt werden müssen, kann es deutlich länger dauern. Hinzu kommt der Aufwand für das Kommentar-Management, der bei einem gut besuchten Blog ein beachtliches Ausmaß erreichen kann. Auf gar keinen Fall sollte der Zeitaufwand unbeaufsichtigt wachsen. Die tatsächlich benötigte Zeit sollten die Mitarbeiter erfassen und monatlich auswerten. Das hilft, den Aufwand im Blick zu behalten und gegebenenfalls regulierend einzugreifen.

6.3.4 Unterstützung durch externe Dienstleister

Eine Möglichkeit, die interne Arbeitslast zu reduzieren, besteht darin, eine Agentur, ein Redaktionsbüro oder Freie Blogger, etwa selbstständige spezialisierte Journalisten, zu beauftragen, die Blogbeiträge zu liefern. Dagegen sprechen die nicht unerheblichen Kosten für eine solche Dienstleistung und noch etwas anderes: Es ist kompliziert, eine auswärtige Agentur einzuweisen und sich permanent mit dieser abzustimmen. Kaum eine Agentur hat echten Einblick in den Alltag medizinischer Einrichtungen, in medizinische Forschung oder die Abgründe der Gesundheitspolitik. So wird es schwerfallen, authentische Beiträge zu verfassen. Artikel, die von außerhalb kommen, wirken in der Regel genau so: unbeteiligt und unpersönlich.

Das schließt jedoch nicht aus, dass ein Redaktionsbüro oder eine Agentur Beiträge vorrecherchiert

oder Rohtexte liefert. Besonders im Themensegment Gesundheitsinformationen und -tipps können solche Zuarbeiten viel Arbeit ersparen, denn meistens sind auch die PR-Abteilungen bereits mit ihren ureigenen Tätigkeiten voll ausgelastet.

6.4   Die technische Basis

In aller Regel werden Blogs mit einem einfachen Content-Management-System (CMS) erstellt. Über eine benutzerfreundliche Bedienoberfläche werden die Artikel erstellt und veröffentlicht, Schlagwörter und Kategorien zugewiesen und verwaltet. Es gibt im Wesentlichen zwei Wege, einen Blog einzurichten: bei einem kostenlosen Bloghoster oder auf einem eigenen Webserver.

Sie verschaffen sich einen wesentlichen Vorteil, wenn Sie den Blog nicht als Untereinheit auf Ihrer Verbands-Website anlegen, sondern eigenständig unter eigener Domain betreiben. Suchmaschinen nehmen beide Seiten dann als unabhängige Auftritte wahr. Im Idealfall schaffen Sie es so, mehrere gute Treffer in den Suchergebnissen zu landen.

> **Tipp**
>
> Eine nutzerfreundliche Domain für den Blog kreieren Sie, indem Sie an die Webadresse der Verbands-Website ein „-blog" anhängen, zum Beispiel www.abc-verband-blog.de.

6.4.1 Bloghoster

Mit nur wenig technischen Voraussetzungen und ohne nennenswerte Zusatzkosten lässt sich ein Blog in kurzer Zeit selbst einrichten – vorausgesetzt, man möchte auf einen der kostenlosen Bloghoster im Internet zurückgreifen. Für medizinische Verbände ist diese Low-Budget-Lösung eher nicht empfehlenswert.

Die beiden bedeutendsten sind WordPress.com und Blogger.com, ein Service von Google. Die Einrichtung ist spielend einfach: Man legt einen Benutzernamen an, der zugleich als Blogadresse dient. Schon ist ein rudimentärer Blog funktionsbereit. Mit einer Reihe vorgefertigter Designs lässt sich der Blog individuell gestalten – auch das Logo ist schnell eingebaut. Und dem Bloggen steht nichts mehr im Wege.

So einfach die Einrichtung ist, die Nutzung der kostenlosen Bloghoster hat auch ihre Nachteile. Der größte davon: Die Daten – Blogartikel, Bilder und Kommentare – liegen auf dem Server des Bloghosters. Der damit einhergehende Kontrollverlust ist beträchtlich. Es ist nicht so einfach, die Daten zu sichern und zu übertragen, wenn man zum Beispiel irgendwann auf ein anderes System umsteigen will. Die meisten Bloghoster blenden außerdem vollautomatisch Werbung ein, über deren Inhalt und Platzierung der Blogger selbst praktisch keinen Einfluss hat – für medizinische Verbände könnte dies unter Umständen imageschädigend, in seltenen Fällen sogar rechtlich problematisch sein. Nicht zuletzt sind Speicherplatz und Funktionalitäten begrenzt.

6.4.2 Den Blog selbst hosten

All diese Einschränkungen entfallen, wenn Verbände ihren Blog selbst hosten, also auf einem eigenen oder gemieteten Webspace installieren. Dies ist mittlerweile mit etwas Einarbeitung auch für Nicht-Profis zu bewerkstelligen. Blogger benötigen dazu zunächst Speicherplatz auf einem geeigneten Webserver, den man beispielsweise bei einem Webhoster für eine überschaubare Monatsmiete (üblicherweise 4–10 Euro) buchen kann. Verbände werden in der Regel bereits über einen eigenen Webserver verfügen, auf den der Blog platziert werden kann.

Dann muss eine Blogsoftware ausgewählt und installiert werden. Bekannte Systeme sind beispielsweise Serendipity, Nucleus und das besonders weit verbreitete Wordpress. All diese Systeme können kostenlos aus dem Internet heruntergeladen werden und verursachen neben dem Pflegeaufwand keine weiteren laufenden Kosten.

Der Vorteil dieser aufwändigeren Variante ist vor allem, dass man selbst die Hoheit über alle Daten behält und nicht von den Schicksalen eines Webdienstes wie Blogger.com abhängig ist. Zudem gibt es keine Beschränkungen, was das Design und die Funktionsbreite des Blogs anbelangt. Achten Sie aber darauf, dass eine gängige und verbreitete Blogsoftware benutzt wird, damit Sie sich nicht zu sehr von

einem einzigen Programmierer oder Webdesigner abhängig machen.

Die laufende Pflege des Blogsystems ist technisch nicht sehr anspruchsvoll und kann in der hauseigenen PR-Abteilung durch einen speziell eingewiesenen Mitarbeiter erfolgen. Sie muss also nicht unbedingt an externe Dienstleister ausgelagert werden.

6.5 Den Blog bekannt machen

Ein Blog ist gestaltet, und die ersten Artikel sind veröffentlicht – aber niemand weiß davon, niemand liest sie? Obwohl der Blog Werbung sein soll, muss auch er selbst zunächst beworben werden. Um einen neuen Blog im Internet bekannt zu machen, ist es sinnvoll, sich die Strukturen der Blogosphäre zunutze machen. Gerade bei einem neu einzuführenden Blog sollte die PR-Abteilung hier etwas Zeit investieren. Es gibt viele Blogverzeichnisse im Netz, die Unmengen von Blogs nach Themen geordnet auflisten. Bei vielen davon können sich Blogger ohne Gegenleistung anmelden, andere Verzeichnisse wollen einen Link im Blog als Gegenleistung für die Auflistung – was aus SEO-Gründen eher nicht zu empfehlen ist.

Ein weiterer wichtiger Weg zur Verbreitung des Blogs sind Empfehlungen einzelner Artikel in Social Networks wie Facebook und Xing. Dort lässt sich der Schneeballeffekt nutzen: Gute Inhalte werden weiter geteilt und erlangen so schnell eine beachtliche Verbreitung.

> **Tipp**
>
> Weisen Sie für eine optimale Vernetzung auf Ihrer offiziellen Verbands-Website sowie Ihrer Facebook-Präsenz auf Ihren Blog hin. Dort können Sie auch die Überschriften der jeweils aktuellsten Blogartikel einbinden.

Neben den Maßnahmen, die für eine solide Vernetzung im Internet sorgen, muss der Blog vor allem bei den eigentlichen Zielgruppen bekannt gemacht werden. Dazu sollte die Webadresse des Blogs neben den Online-Präsenzen auf allen relevanten Informationsmaterialien des Verbands auftauchen – vom Info-Flyer über Visitenkarten bis zu E-Mail-Signaturen. Es bietet sich ebenfalls an, mit Presseinformationen die Presse über das neue Angebot zu informieren und mit spannenden Meldungen auf dem Laufenden zu halten.

Interview mit Astrid Donalies, Referentin für Presse- und Öffentlichkeitsarbeit beim Berufsverband Oecotrophologie e. V.

Warum sollte ein Berufsverband bloggen wollen? Was hat den VDOE dazu motiviert?

„Unser Blog bietet die Möglichkeit, stärker an Personen, ihre Verantwortung, ihr Engagement und ihren Berufsweg heran zu zoomen. Wir wollen transparente und persönliche Einblicke in Studium, Forschung und Berufspraxis bieten. Das ist für Bestandsmitglieder und Partner des Verbandes interessant. Aber natürlich auch für potenzielle Mitglieder, insbesondere Studierende, die eine berufliche Orientierung suchen. Der Blog dient aber auch dazu, berufspolitische Themen aktuell zu diskutieren und dabei die Standpunkte der handelnden Personen im Verband klar zu machen: Geschäftsstelle, Vorstand, Arbeitskreise, Arbeitsgruppen, örtliche Gruppen und Fachnetzwerke. Und natürlich bietet sich ein solcher Kanal sehr gut an, um im Sinne von SEO zu arbeiten.

Unsere Motivation kommt durch mehrere Einflüsse zustande: Mit einem Blog können wir schneller als mit einer gedruckten Verbandszeitschrift auf Themen und aktuelle Diskussionen reagieren. Außerdem konnten wir nicht mehr alle Themen, die uns angeboten wurden, in unserer Verbandszeitschrift unterbringen. Wir stellen zudem fest, dass es keine Substitutionseffekte zwischen Blog und Zeitschrift gibt, sondern beide Medien unterschiedliche Rollen haben und von den Mitgliedern auch unterschiedlich genutzt werden."

Welche Themen sind für einen solchen Blog geeignet? Welche eher nicht?

„Alles, was die Menschen im Verband beschäftigt, ist geeignet. Aber man sollte sich überlegen, was man der öffentlichen Diskussion stellt. Bei einigen Themen ist es eine ganz hervorragende Plattform, um die Diskussion öffentlich zu machen, neue Argumente oder andere Sichtweise zu bekommen. Bei anderen Themen müssen diese erst verbandintern ‚reifen‘ bzw. geführt werden, bevor das Scheinwerferlicht auf sie gerichtet wird."

Wie wird ihr Blog von Ärzten und anderen Lesern wahrgenommen?

„Speziell von Ärzten haben wir wenige und nur vereinzelte Rückmeldungen, was aber natürlich nicht heißt, dass wir nicht wahrgenommen werden. Von den Mitgliedern und anderen Dialogpartnern in jedem Fall positiv. Im Blog selber finden wenige Diskussionen statt, das dann eher über die Social Media Kanäle wie Facebook, Twitter, wo die Blogbeiträge angeteasert werden."

Sehen Sie Ihren Blog (auch) als Marketinginstrument für den Verband?

„Auf jeden Fall! Aber er ist nur ein Instrument, das zusammen mit den weiteren das gesamte Orchester ergibt und für die guten Töne sorgt: Newsletter, Facebook, Twitter, Website … Und in Zeiten, in denen eine Verbandsmitgliedschaft gerade für jüngere Zielgruppen nicht mehr so selbstverständlich ist, gehört es einfach dazu, über alle Kanäle zu zeigen, welchen Nutzen ein Verband haben kann und dass man aktiv mitmachen kann."

Was würden Sie anderen Verbänden raten, die auch bloggen wollen?

„Redaktionell auf die Themen, Ergebnisse und Termine schauen, die ein Verband ohnehin hat. Aber nicht einfach nur alten Wein in neuen Schläuchen verkaufen. Ein Berufsverband lebt von den Mitgliedern und diese haben Meinungen und ihre Themen. Nutzen Sie die Kraft des Schwarms!

Wichtig ist auch, alle auch – langjährigen – Haupt- und Ehrenamtlichen bzw. die Gremien von der strategischen Bedeutung eines Blogs in Bezug auf Online-Marketing überzeugen. Und dass dafür auch Kapazitäten bereitgestellt werden sollten.

Ansonsten: Man muss sich einfach trauen und den Verantwortlichen auch freie Hand geben, agieren zu können. Ein Redaktionsplan hilft, alles Weitere ergibt sich von selbst."

Rechtsvorschriften für das Online-Marketing

© Springer-Verlag GmbH Deutschland 2017
A. Köhler, M. Gründer, *Online-Marketing für medizinische Gesellschaften und Verbände*,
Erfolgskonzepte Praxis- & Krankenhaus-Management, DOI 10.1007/978-3-662-53469-4_7

Ärzte und medizinische Einrichtungen unterliegen Einschränkungen bei der Werbung – inwieweit medizinische Fachgesellschaften und Verbände unter diese Einschränkungen fallen, ist vielfach unklar. Gerade unter dem Gesichtspunkt Werbe- und Wettbewerbsrecht ist der Status von Verbänden und Netzwerken etwas neblig. Die folgenden Erläuterungen sind unter diesen Vorzeichen zu beurteilen: Es wird die Rechtslage unter der Voraussetzung dargestellt, dass im Zweifelsfall die engere Auslegung zu beachten ist. Da viele Verbände sowohl wissenschaftlich (etwa mit der Arbeit an Leitlinien) als auch unterstützend beim Marketing ihrer Mitglieder aktiv sind, gibt es viele Grauzonen, in denen sich Konkurrenten in ihren Rechten beschnitten fühlen können.

Ein generelles Werbeverbot im medizinischen Bereich besteht nicht (mehr). Das lange Zeit gültige Werbeverbot für Ärzte hatte seinen Grund darin, dass sich die ärztliche Tätigkeit an medizinischen – und nicht an wirtschaftlichen – Notwendigkeiten orientieren sollte. Zudem herrschte die Meinung vor, dass Ärzte aufgrund ihres Berufs eine solche Autorität besitzen, dass Patienten ihrem Urteil uneingeschränkt vertrauen und unkritisch folgen. Dies gilt umso mehr für eine so ehrwürdige Institution wie eine Fachgesellschaft.

Seit Ende der 90er Jahre hat sich die Perspektive hin zu mehr Wettbewerb im Gesundheitswesen und Betonung der Berufsfreiheit verschoben. Die Gerichte, allen voran das Bundesverfassungsgericht und der Bundesgerichtshof, haben die Rechtsprechung liberalisiert und dafür gesorgt, dass Leistungserbringer mehr Freiheit in Bezug auf die eigene Werbung haben, um an dem geforderten Wettbewerb teilnehmen zu können. Zugleich beginnen Konkurrenten und eine kritische Öffentlichkeit die Arbeit von Medizinern kritischer zu begleiten – die steigenden Zahlen bei Behandlungsfehler-Verfahren belegen dies beispielhaft.

> **Urteile zur Werbung von medizinischen Einrichtungen**
> - Eine Klinik unterliegt als juristische Person nicht den berufsrechtlichen Werbebeschränkungen. Sie darf aber mit ihrer Werbung nicht dazu beitragen, dass ein angestellter Arzt gegen die für ihn geltenden Einschränkungen verstößt. (OLG Hamburg, Urteil v. 10.11.1994, Az. 3 U 266/93)
> - Für Kliniken gelten nicht dieselben Werbebeschränkungen wie für selbstständige Ärzte. Es ist grundsätzlich nicht zu beanstanden, dass eine Klinik bei der Internetwerbung auch Aussagen über Klinikführung, -ausstattung und -atmosphäre trifft. (BVerfG, Beschluss vom 17.07.2003 zur Internetwerbung einer Klinik, Az. 1 BvR 2115/02)
> - Ärzte dürfen ihre Tätigkeitsschwerpunkte angeben. (Beschluss von 2001 in Bezug auf den zahnärztlichen Schwerpunkt „Implantologie", Az. 1 BvR 872/00)
> - Ärzte dürfen sich unter besonderen Umständen als Spezialisten bezeichnen. (Beschluss von 2002 in Bezug auf einen Orthopäden, Az. 1 BvR 1147/01)
> - Die Angabe von Spezialisierungen darf nicht irreführend sein. (Beschluss von 2013 in Bezug auf einen Zahnarzt, der sich „Kinderzahnarzt" nannte, ohne über den Tätigkeitsschwerpunkt „Kinderzahnheilkunde" zu verfügen; Az. 3 B 62/12)
> - Wer mit der gesundheitsfördernden Wirkung von Produkten wirbt, muss diese wissenschaftlich beweisen können. (Beschluss von 2013, Az. 9 U 922/12)
> - Konkrete ärztliche Empfehlungen bei Patientenfragen in einer Online-Kommunikation sind ein Verstoß gegen das Fernbehandlungsverbot. (Beschluss von 2012 in Bezug auf eine Online-Patientenfrage zur Verträglichkeit einer Medikation; Az. 6 U 235/11)
> - Die Werbung mit Vorher-Nachher-Abbildungen ist grundsätzlich erlaubt, sofern sie nicht irreführend, abstoßend oder missbräuchlich sind. (Beschluss von 2013 in Bezug auf Fotos einer Gebisssanierung; Az. 13 U 160/12)
> - Wenn der Gesamtauftritt der Werbung einen grundsätzlich informativen Charakter

hat, sind Aussagen erlaubt, die auf einen Sympathieeffekt abzielen. (Beschluss von 2005 in Bezug auf die Formulierung, frisch Operierte könnten mit Klinikmitarbeitern „ein Tänzchen wagen", Az. 1 BvR 191/05)
- Eine geschäftliche Internetpräsenz oder Social-Media-Präsenz ohne korrektes Impressum kann ein Ordnungsgeld von bis zu 250.000 Euro nach sich ziehen. (Beschluss von 2013; Az. 16 O 154/13)

Das im Jahr 2012 komplett überarbeitete Heilmittelwerbegesetz trug der liberaleren Rechtsprechung Rechnung und lässt vieles zu, was zuvor undenkbar war. Leider bleibt die Rechtslage für Marketing im Gesundheitswesen dennoch schwer überschaubar. Die Regelungen ergeben sich aus dem Berufsrecht für Ärzte, aus dem Heilmittelwerbegesetz, dem Wettbewerbsrecht, dem Telemediengesetz sowie dem Urheberrecht und Regelungen zum Datenschutz. Viele dieser Rechtsquellen überschneiden sich und widersprechen sich zum Teil sogar, sodass immer wieder die Gerichte zu klären haben, welche Regelung Vorrang hat.

Für Verbände stellt sich zudem stärker als für Ärzte die Frage, welche der Regelungen überhaupt für sie einschlägig sind, insbesondere bei den berufsrechtlichen Vorschriften. Generell ist es Verbänden natürlich wie jedem anderen erlaubt, Ärzte und die Öffentlichkeit sachlich und wahrheitsgemäß zu informieren. Zur Sicherheit ist aber davon auszugehen, dass sie ähnlich wie Krankenhäuser mit ihren Werbemaßnahmen nicht dazu beitragen dürfen, dass ein Mitglied gegen die für ihn geltenden berufsrechtlichen Beschränkungen verstößt. Dies ist in der Praxis oft ein schmaler Grat.

Verbände können sich bei ihrer Werbung sowohl auf Artikel 5, Satz 1 des Grundgesetzes berufen – das Recht auf freie Meinungsäußerung – als auch auf das Grundrecht der Berufsfreiheit (Artikel 12, Satz 1 des Grundgesetzes). Diese Grundrechte dürfen nur eingeschränkt werden, wenn das Gemeinwohl gefährdet ist, etwa wenn Ärzte ihre berufliche Autorität missbrauchen, um für Produkte oder Verfahren zu werben, die nicht notwendig bzw. gefährlich sind, oder wenn sie für Produkte auf unzulässige Weise werben (Ries et al. 2007).

7.1 Berufsordnung

Im Marketing von Verbänden und Fachgesellschaften ist das ärztliche Berufsrecht – wenn überhaupt – nur indirekt von Bedeutung. Als juristische Person (üblicherweise ein Verein) unterliegt ein Verband nicht den berufsrechtlichen Beschränkungen, die den Arzt als Person betreffen. Mittelbar ist es jedoch möglich, dass die ärztlichen Mitglieder des Verbandes, für die die Beschränkungen ja gelten, Nachteile durch die Werbemaßnahmen des Verbandes erleiden. Enthält also die Werbung einen Bezug auf die Person eines Arztes (etwa ein Zitat von ihm oder eine Auflistung seiner Qualifikationen im Mitgliederverzeichnis), so ist anzuraten, die Beschränkungen des Berufsrechtes für diese Einzelmaßnahme einzuhalten. Im Folgenden geht es um die Beschränkungen, die in einem solchen Fall zu beachten sind.

Jede Landesärztekammer erlässt eine eigene Berufsordnung für diejenigen Ärzte, für die sie zuständig ist. Es gibt keine einheitliche Berufsordnung, die für alle Ärzte in Deutschland gilt. Zwar gibt es eine Musterberufsordnung der Bundesärztekammer. Die Bundesärztekammer ist jedoch keine Kammer oder Körperschaft des öffentlichen Rechts, sondern nur eine Arbeitsgemeinschaft der Länderärztekammern. Ihre Beschlüsse sind nicht bindend. Änderungen an der Musterberufsordnung können auf dem Deutschen Ärztetag beschlossen werden. Es liegt dann aber an den Landesärztekammern, diese für ihren Wirkungsbereich umzusetzen.

Wichtig ist, sich zu verdeutlichen, dass die Berufsordnungen von Ärztevertretern beschlossen werden, wohingegen die gesetzlichen Regelungen von der Legislative, also dem Bundestag und dem Bundesrat, festgelegt werden. Diese müssen also nicht übereinstimmen. Sie können sich sogar widersprechen. In der Regel vertreten die Kammern eher restriktive Auslegungen des Werberechts und sind in den vergangenen Jahren vielfach von Gerichten und Gesetzgeber korrigiert worden.

7.1.1 Vorschriften

Nach der Musterberufsordnung § 27 (Stand 2015) sind dem Arzt „sachliche berufsbezogene Informationen" gestattet. Berufswidrige Werbung ist Ärzten hingegen verboten. Berufswidrig ist Werbung, wenn sie anpreisend, irreführend oder vergleichend ist. Eine solche Werbung dürfen Ärzte weder veranlassen noch dulden.

Erlaubt ist es hingegen explizit, Qualifikationen sowie die Schwerpunkte der eigenen Tätigkeiten zu nennen. Das können Bezeichnungen sein, die Ärzte nach der Weiterbildungsordnung erworben haben, oder einfache Tätigkeitsschwerpunkte, sofern sie nicht mit ersteren verwechselt werden können.

Ein Chirurg darf angeben, dass er Chirurg ist. Er kann auch angeben, dass er Endoprothetik betreibt, wenn dies der Wahrheit entspricht. Er darf sich allerdings nicht als Chirurg und Herz-Spezialist bezeichnen, da dies mit der Facharzt-Bezeichnung „Herzchirurg" verwechselt werden könnte.

Diese Tätigkeiten dürfen Ärzte allerdings „nicht nur gelegentlich" ausüben. Führen Ärzte beispielsweise nur gelegentlich plastische Gesichtsoperationen durch, darf diese Tätigkeit entsprechend der Berufsordnung zu Werbezwecken nicht nach außen kommuniziert werden. In der Berufsordnung fehlt allerdings eine genaue Angabe, wann eine Tätigkeit als gelegentlich gilt.

Irreführend ist beispielsweise, wenn Ärzte mit Leistungen werben, die zur beruflichen Normalität gehören. Das hat das Verwaltungsgericht Münster 2009 entschieden (Az. 5 K777/08). Die Entscheidung richtete sich gegen einen Zahnarzt, der in Anzeigen zahnärztliche Regelleistungen als Besonderheit angepriesen hatte. Er erwecke damit den Eindruck, dass sein Angebot besonders vorteilhaft wäre, so die Richter. Die Werbung sei irreführend und verstoße gegen die Berufsordnung.

Organisatorische Hinweise des Arztes, beispielsweise auf Sprechzeiten, Anfahrtswege, Hinweise zur Barrierefreiheit oder zu den Parkmöglichkeiten sind zulässig.

7.2   Heilmittelwerbegesetz

Das Heilmittelwerbegesetz (HWG) heißt ausführlich „Gesetz über die Werbung auf dem Gebiete des Heilwesens". Es gilt für die Werbung für Arzneimittel, Medizinprodukte sowie „andere Mittel, Verfahren, Behandlungen und Gegenstände", die sich auf die „Erkennung, Beseitigung oder Linderung von Krankheiten, Leiden, Körperschäden oder krankhaften Beschwerden bei Mensch oder Tier" beziehen. Ebenfalls einbezogen sind kosmetische Eingriffe, bei denen keine medizinische Notwendigkeit besteht. Online-Marketing-Maßnahmen, in denen Verbände Behandlungen und Verfahren darstellen, können also unter das Gesetz fallen, sofern sie als werblich eingestuft werden – anders als das Berufsrecht der Ärzte gilt das HWG also grundsätzlich auch für Verbände. Nicht erfasst ist hingegen die sogenannte Imagewerbung von Ärzte und medizinischen Institutionen.

Die Grenzen zwischen Imagewerbung und Produktwerbung (Werbung für Therapieverfahren) sind fließend. Eine Verbands-Website ist zwar insgesamt eher Imagewerbung, dennoch werden unter Umständen auch Behandlungsverfahren vorgestellt, wenn z. B. ein Newsletter für die Öffentlichkeit angeboten wird, in dem der Verband Empfehlungen ausspricht und Entwicklungen bewertet (oft kommen in diesem Zusammenhang auch ärztliche Mitglieder zu Worte). Im Zweifelsfall wird ein Gericht meist den ganzen Internetauftritt als Werbung für Therapieverfahren einstufen. Daher sollten sich Verbände im Zweifelsfall stets an die Vorgaben aus dem Heilmittelwerbegesetz halten, um rechtlich auf der sicheren Seite zu sein.

Verbände sollten sich nie einfach hinter der Vorstellung vermauern, nur „sachliche Information" zu betreiben und eben keine „Werbung". Konkurrenten (z. B. konkurrierende Verbände oder Verbände mit anderer Philosophie) oder Vertreter divergierender Positionen werden dies im Zweifel ganz anders sehen, und schnell kann man sich wegen einer publizierten nüchternen Einschätzung der Wirkung eines bestimmten Heilmittels oder einer Therapie vor Gericht sehen. Kenntnis und Beachtung der Vorschriften des Heilmittelwerbegesetzes ist in jeder publizistischen Tätigkeit angeraten.

Das HWG wurde im Jahr 2012 einer größeren Revision unterzogen, wobei eine Reihe überkommener Verbote ganz gefallen oder deutlich eingeschränkt worden sind.

7.2.1 Werbung innerhalb der Fachkreise

Für die Werbung medizinischer Einrichtungen gelten unterschiedliche Maßstäbe, je nachdem, an welche Zielgruppe sie gerichtet ist. Werbung innerhalb der Fachkreise hat weniger strenge Richtlinien als Werbung, die sich an Patienten richtet. Für Verbände bedeutet dies: Für die Website gelten die strengen Vorschriften, da diese öffentlich zugänglich ist. Lediglich wenn ein geschlossener Bereich für Mediziner (z. B. die Mitglieder) vorgehalten oder ein Newsletter an Fachkreise verschickt wird, gelten darin nur die spezielleren Vorschriften innerhalb der Fachkreise.

Irreführende Werbung   Werbung ist nach dem Heilmittelwerbegesetz dann irreführend (§ 3 HWG), wenn den beworbenen Mitteln oder Verfahren Wirkungen beigelegt werden, die sie nicht haben, wenn fälschlicherweise der Eindruck erweckt wird, dass sich mit Sicherheit ein Erfolg erwarten lässt (Heilversprechen) oder dass sie keine schädlichen Nebenwirkungen haben. Zudem muss deutlich sein, dass die Werbung zum Zweck des Wettbewerbs veranstaltet wird. Außerdem dürfen die Zusammensetzung und Beschaffenheit der Produkte sowie die Art und Weise der Verfahren nicht fälschlich oder täuschend angegeben werden. Das gilt auch für alle Aussagen über den Hersteller oder Erfinder sowie andere beteiligte Personen.

Geschenke   Wenn Verbände mit Geschenken werben, dürfen diese nur geringen Wert haben (§ 7 HWG). Ein bestimmter Geldwert ist dabei nicht festgelegt. Typische Give-aways, wie Kugelschreiber oder Aufkleber sind definitiv erlaubt. Für das Online-Marketing kommen solche Sachgeschenke ohnehin in der Regel nicht in Betracht, doch gilt dies auch für Gutscheine. Technisch ist es möglich, mit Gutscheinen für bestimmte Behandlungen oder für den Einkauf bei Versandapotheken über die Website oder einen Newsletter zu werben. Dies ist juristisch aber unzulässig.

Das Landgericht Frankfurt hat die Werbung mit Rabatten auf Schönheitsoperationen verboten (Urteil von 2003, Az. 32 O 43/03). Die Rabatte gelten als Geschenke von mehr als geringem Wert und sind damit unzulässig.

Fernbehandlung   Es ist verboten, für eine Behandlung zu werben, „die nicht auf eigener Wahrnehmung beruht" (§ 9 HWG). Das bedeutet, dass sich Arzt und Patient zumindest eingangs gegenübersitzen müssen. Verbände dürfen also nicht damit werben, dass sie Patienten per E-Mail diagnostizieren oder beraten – ein Service, der ohnehin durch das andernorts geregelte Fernbehandlungsverbot untersagt ist.

7.2.2 Werbung außerhalb der Fachkreise

Für die Werbung gegenüber Patienten gelten zusätzlich zu den bisher genannten Vorschriften innerhalb der Fachkreise weitere. 2012 wurden durch die Novellierung des HWG vor allem zahlreiche alte Verbote aufgehoben oder entschärft, die die Werbung außerhalb der Fachkreise betreffen.

Gutachten   Verbände dürfen seit der HWG-Novelle 2012 mit Gutachten, wissenschaftlichen Tätigkeiten oder Zeugnissen für sich und ihre Ärzte werben.

Fotos in Berufskleidung   Lange Zeit war Werbung mit Fotos von Ärzten in Berufskleidung grundsätzlich verboten. Dieses Verbot wurde in der HWG-Novelle 2012 vollständig gestrichen.

Das Kittelurteil des Bundesgerichtshofs
Das so genannte „Kittelurteil" des BGH vom 1.3.2007 ist ein hervorragendes Beispiel für die lange Zeit völlig verworrene Rechtslage: Zwar verbot das Heilmittelwerbegesetz in der damals gültigen Fassung Ärzten die Werbung für Behandlungen und Verfahren in Berufskleidung, etwa im weißen Kittel. Dennoch entschied der Bundesgerichtshof damals gegen den ausdrücklichen Wortlaut des Gesetzes geurteilt. Das Verbot sei ein so großer Eingriff in die Berufsfreiheit der Ärzte, dass es nur dann gerechtfertigt sei, wenn die Werbung geeignet ist, „das Laienpublikum unsachgemäß zu beeinflussen und dadurch zumindest eine mittelbare Gesundheitsgefährdung zu bewirken" (Az. I ZR 51/04). Seit der HWG-Novelle von 2012 gibt es das Verbot auch im Gesetz nicht mehr.

Vorher-Nachher-Bilder   Fotos von Veränderungen des menschlichen Körpers, beispielsweise bei Geschwüren, dürfen seit 2012 zu Werbezwecken eingesetzt werden. Das gilt auch für die Gegenüberstellung solcher Fotos mit normalen Bildern, also etwa ein Bild vom menschlichen Körper vor und nach der Anwendung eines Medikaments oder Verfahrens. Ausnahmen sind selbstverständlich Darstellungen in missbräuchlicher, abstoßender oder irreführender Weise – sowie der gesamte Bereich der Schönheitsoperationen.

Ärzte-Latein   Fach- und Fremdsprachen galten für medizinische Werbung ebenfalls lange als tabu, soweit sie nicht in den deutschen Sprachgebrauch eingegangen sind. Nunmehr ist die Verwendung von Fachbegriffen ausdrücklich erlaubt, sofern damit keine Irreführung verbunden ist.

Angst   Werbung für Heilmittel, die Angst hervorrufen kann oder diese ausnutzt, ist nicht erlaubt. Eine abschreckende (Anti-)Werbung, wie sie auf Zigaretten-Packungen in Deutschland betrieben wird („Rauchen kann tödlich sein"), wäre als Werbung für Heilmittel undenkbar.

Dankesschreiben   Verbände dürfen nun Äußerungen Dritter zu Werbezwecken einsetzen. Das betrifft vor allem Dankesschreiben, Anerkennungs- und Empfehlungsschreiben. Sie dürfen ebenso positive Krankheitsverläufe zu Werbezwecken einsetzen wie auch Patientengeschichten, die negativ verlaufen sind, weil eine Behandlung ausgeblieben ist. Allerdings darf diese Werbung mit Krankengeschichten und Dankesschreiben weder in missbräuchlicher, abstoßender oder irreführender Weise erfolgen noch zu einer falschen Selbstdiagnose verleiten. Zudem gilt es hier natürlich in jedem Fall die ärztliche Schweigepflicht zu beachten.

Minderjährige   Werbung, die sich ausschließlich oder überwiegend an Kinder unter 14 Jahren richtet, ist verboten.

Preisausschreiben   Verfahren, deren Ausgang vom Zufall abhängig ist, wie Preisausschreiben und Verlosungen, sind für Werbezwecke grundsätzlich erlaubt,

sofern sie nicht einer unzweckmäßigen oder übermäßigen Verwendung von Arzneimitteln Vorschub leisten.

Muster und Proben   Werbung zu betreiben, indem Muster und Proben von Arzneimitteln oder Gutscheine dafür verteilt werden, ist untersagt.

Spezielle Krankheiten   Neben den genannten Einschränkungen der Werbemethoden gibt es auch einige Krankheitsbilder, auf die sich Werbung generell nicht beziehen darf. Es geht dabei um Suchtkrankheiten (mit Ausnahme der Nikotinsucht), alle Arten von Krebs, Komplikationen im Zusammenhang mit der Schwangerschaft und Geburt sowie alle meldepflichtigen Krankheiten. Das heißt, auch wenn sich Werbung für eine bestimmte Chemotherapie gegen Krebs an alle zuvor genannten Kriterien halten würde, wäre sie immer noch verboten.

7.3   Wettbewerbsrecht

Das Gesetz gegen den unlauteren Wettbewerb (UWG) regelt den fairen gewerblichen Wettbewerb. Es soll Verbraucher, Mitbewerber und sonstige Marktteilnehmer vor unlauteren geschäftlichen Handlungen schützen. Das Gesetz wurde im Jahr 2008 letztmalig umfassend novelliert. Dabei wurden überwiegend EU-Vorgaben umgesetzt. Für Verbände findet es dort Anwendung, wo sie sich gegenüber der Konkurrenz oder ihren Mitgliedern gegenüber deren Konkurrenten durch unlautere Werbung einen Vorteil verschaffen. Viele Vorschriften aus dem UWG zur Werbung sind ebenfalls durch das HWG verboten, oft sind sie dort sogar viel detaillierter geregelt. Das UWG umfasst aber nicht nur Werbung, sondern alle Arten geschäftlicher Handlungen.

Unlauter sind diese, wenn sie die Interessen der Patienten, Kollegen oder sonstigen Marktteilnehmer spürbar beeinträchtigen. Zu den sonstigen Marktteilnehmern gehören nicht nur eventuelle konkurrierende Verbände, sondern auch Gesundheitsdienstleister wie niedergelassene Ärzte, Apotheker, Physiotherapeuten und auch Pharmaunternehmen. Auch Webdesigner und Fotografen können sich unlauter behandelt fühlen, etwa wenn der Verband beim Bau seiner Website deren Rechte missachtet.

7.3.1 Verbot unlauterer geschäftlicher Handlungen (§ 3)

Unlautere geschäftliche Handlungen sind unzulässig, wenn sie geeignet sind, die Interessen von Mitbewerbern, Verbrauchern oder sonstigen Marktteilnehmern spürbar zu beeinträchtigen.

Ein medizinischer Leistungserbringer darf keine Reklame mit einer Pauschale machen. Im vorliegenden Fall warb der Betreiber einer oral-chirurgischen Facharztpraxis für den Einsatz von Zahnimplantaten mit einer Pauschale in Höhe von 888 Euro. Die Zahnärztekammer verklagte ihn auf Unterlassung dieser Werbung. Das Landgericht Bonn gab der Klage mit Urteil vom 21.04.2011 (Az. 14 O 184/10) statt. Ein Anspruch auf Unterlassung ergibt sich daraus, dass diese Werbung gegen das Wettbewerbsrecht verstößt, insbesondere als unlautere Werbung im Sinne des § 3 UWG. Durch die Angabe einer Pauschale wird gegen die Gebührenordnung für Zahnärzte verstoßen. Von den darin festgesetzten Gebühren dürfe nicht einfach abgewichen werden.

7.3.2 Beispiele für unlautere geschäftliche Handlungen (§ 4)

Ein Marktteilnehmer darf keinen Druck ausüben oder auf menschenverachtende Weise handeln. Ebenfalls dürfen keine Zwangslage oder die Leichtgläubigkeit, das Alter oder körperliche Gebrechen ausgenutzt werden. Natürlich verdienen Ärzte daran, dass ihre Patienten „körperliche Gebrechen" haben, etwa altersbedingte Schäden am Bewegungsapparat. Sie behandeln diese aber und nutzen sie nicht aus. Insofern liegt hier selbstverständlich keine unlautere Handlung vor.

Verboten ist weiterhin, den Werbecharakter zu verschleiern, wenn es sich um Werbung handelt. Auch negative Äußerungen über Mitbewerber sind untersagt. Verbände dürfen ihre Konkurrenz bzw. die Konkurrenten ihrer Mitglieder nicht verunglimpfen oder herabsetzen.

7.3.3 Irreführende geschäftliche Handlungen (§ 5)

Geschäftliche Handlungen dürfen nicht irreführen, das heißt, sie müssen stets der Wahrheit entsprechen. Das betrifft zum Beispiel die Merkmale der Dienstleistungen und der Waren. Diese müssen immer wahr sein und dem Stand des medizinischen Wissens entsprechen.

Auch Angaben zum Preis müssen wahr sein. Im allgemeinen Geschäftsbereich betrifft diese Vorschrift zum Beispiel Sonderangebote. Manche Unternehmen weisen auf angeblich kurzfristige Sonderangebote hin, die aber in Wirklichkeit der Dauerpreis sind. Das ist unzulässig.

Auch zur Täuschung geeignete Anlehnungen an andere Unternehmen sind unlauter. Ein Verband darf beispielsweise nicht das Logo oder Corporate Design eines Konkurrenten übernehmen und nur die Namen austauschen. Dabei sind natürlich neben dem UWG auch Marken-, Urheber- und Geschmacksmusterrechte an Logos und Designs Dritter zu beachten (▶ Abschn. 7.6).

7.3.4 Irreführung durch Unterlassen (§ 5a)

Irreführend und damit unlauter kann eine Handlung auch sein, wenn bestimmte Tatsachen verschwiegen werden. Das Verschweigen muss sich eignen, die Entscheidung eines Kunden oder Unternehmens zu beeinflussen. Falls Unternehmer eine Leistung über ein Kommunikationsmittel anbieten, mittels dem ein Geschäft abgeschlossen werden kann, müssen diverse Pflichtangaben gleich ersichtlich sein. Diese Regelung bezieht sich beispielsweise auf einen Online-Shop von Apotheken. Dort müssen der Preis, das Produkt, das Unternehmen, der tatsächliche Endpreis inklusive möglicher Versandkosten, Zahlungs- und Lieferbedingungen und das Widerrufsrecht genannt sein.

Auch wenn Verbände in der Regel keinen eigenen Online-Shop betreiben werden, finden diese Regelungen unter Umständen auch auf sie Anwendung. Bieten sie beispielsweise für Tagungen oder Fortbildungen eine Buchungsfunktion an, sollten sie auf alle

Kosten, inklusive Mahngebühren oder Stornierungskosten, hinweisen.

7.3.5 Vergleichende Werbung (§ 6)

Um vergleichende Werbung handelt es sich, wenn Verbände ihre Konkurrenten vergleichend erwähnen. Stellt ein Verband auf seiner Website dar, dass er eng mit einer verwandten Fachgesellschaft zusammenarbeitet, ist zwar eine andere Institution genannt, jedoch nicht vergleichend. Behauptet ein Verband hingegen, der größte oder einzige Verband in einem bestimmten Segment zu sein, ist dies vergleichende Werbung und damit unter Umständen unlauter. Hier spielen die genaue Formulierung und die tatsächlichen Fakten eine Rolle – im Zweifel ist es sinnvoll, den Rat eines Anwalts einzuholen.

7.3.6 Unzumutbare Belästigungen (§ 7)

Geschäftliche Handlungen dürfen keine anderen Marktteilnehmer unzumutbar belästigen. Das gilt sowohl für Privatpersonen als auch für juristische Personen, also Unternehmen. Die Belästigung bezieht sich vor allem auf Werbung. Wenn ein Marktteilnehmer keine Werbung geschickt bekommen möchte, darf er auch keine mehr erhalten.

Das Gesetz macht einen Unterschied zwischen Verbrauchern und anderen Marktteilnehmern. Bei der Kommunikation zwischen zwei Unternehmen (business-to-business = B2B) gelten andere Grundsätze als bei der Werbung an Verbraucher (business-to-consumer = B2C). Die Werbung gegenüber Verbrauchern unterliegt viel strengeren Regeln.

Für medizinische Verbände hat dies Auswirkungen auf zwei Ebenen: Zum einen müssen sie sich in der Kommunikation mit der Öffentlichkeit an die Werbevorgaben gegenüber Verbrauchern halten. Zum anderen dürfen sie Unternehmen gegenüber, z. B. niedergelassenen Ärzten, Krankenhäusern, Pharma- und Medizintechnikfirmen, Werbung nach B2B-Kriterien betreiben.

Generell darf keine Ansprache per E-Mail, Fax, Telefon oder Brief erfolgen, wenn die angeschriebene Person dies explizit nicht wünscht. Für Telefonkontakt müssen Verbraucher sogar ausdrücklich

zustimmen, bei Geschäftskunden reicht die mutmaßliche Einwilligung. Für Werbung per E-Mail, Fax oder mit einer automatischen Anrufmaschine muss sowohl bei Verbrauchern als auch bei Geschäftskontakten stets die ausdrückliche Einwilligung vorliegen. Außerdem muss bei jeder Ansprache deutlich sein, wer der Absender ist. Die Angesprochenen müssen darüber hinaus stets die Möglichkeit haben, weitere Werbung durch eine einfache Standardantwort unterbinden zu können. Diese Vorschriften sind beispielsweise besonders beim Direktmarketing zu beachten.

Ausnahmen

Per E-Mail dürfen Unternehmer werben, wenn sie von Kunden die E-Mail-Adresse beim Kauf einer Ware erhalten haben. Sie müssen aber darauf hinweisen, dass die Kunden dem jederzeit widersprechen können. Für Verbände heißt dies, dass sie auf jeden Fall ihre Mitglieder anschreiben dürfen. Der sicherere Weg ist jedoch allemal, sich bei Gelegenheit die schriftliche Einwilligung der Mitglieder für die Ansprache per E-Mail einzuholen und dabei auch darauf hinzuweisen, dass sie dem jederzeit widersprechen können.

> **Tipp**
>
> Nehmen Sie die Vorgaben in Ihren Mitgliedsantrag auf. Fragen Sie schriftlich nach der E-Mail-Adresse. Weisen Sie darauf hin, dass Sie Informationen zusenden möchten, und geben Sie an, dass Ihre Mitglieder dies jederzeit per E-Mail widerrufen können.

> **Geschichte der Rechtsvorschriften des Direktmarketings**
>
> Der Passus zu „unzumutbaren Belästigungen" wurde bei der letzten Gesetzesreform von 2008 deutlich verschärft. Unzumutbare Belästigungen kommen vor allem bei Direktmarketing vor. Bis zum Jahr 2008 war es Unternehmen erlaubt, Verbrauchern Werbung zu schicken, wenn eine mutmaßliche Einwilligung vorliegt. Eine mutmaßliche Einwilligung ist es dann, wenn eine Person beispielsweise ein ähnliches Produkt gekauft hat wie das, auf das er nun hingewiesen wird. Diese Regelung hatte dazu geführt, dass Adress-Broker beispielsweise die Kundendaten von Versandhäusern

gekauft und an andere Versandhäuser weiterverkauft haben. Wer bereits bei Versandhaus A gekauft hat, so die Rechtsprechung der Gerichte, hat mutmaßlich Interesse am Angebot von Versandhaus B. Durch die Technisierung innerhalb der vergangenen Jahre kam es allerdings dazu, dass Verbraucher per E-Mail oder Anruf-Maschinen mit Werbung überhäuft wurden, die sie zunehmend als Belästigung empfunden haben. Deshalb ist Werbung gegenüber Verbrauchern nur erlaubt, wenn diese ausdrücklich zugestimmt haben. Ausnahme: Werbung per Brief. Diese ist vergleichsweise kostenintensiv, sodass es sich kein Unternehmen dauerhaft leisten kann, Verbraucher damit übermäßig zu belästigen.

7.3.7 Blacklist (Anhang)

Im Anhang an das Gesetz gegen den unlauteren Wettbewerb gibt es eine sogenannte Blacklist – eine Liste mit unzulässigen geschäftlichen Handlungen. Dazu gehören u. a.:

- fälschlicherweise zu behaupten, man habe einen Verhaltenskodex unterschrieben,
- sich mit Gütesiegeln ohne Genehmigung auszuzeichnen,
- die unwahre Behauptung, gesetzlich bestehende Rechte stellten eine Besonderheit des Angebots dar,
- redaktionelle Inhalte in Medien zu kaufen, um so die Werbung zu verschleiern,
- darzustellen, eine Person hätte bereits einen Preis gewonnen, wenn es den Preis nicht gibt oder der Preis daran gekoppelt ist, dass die Person weitere Kosten übernimmt,
- die Werbung so zu verschleiern, als wäre der Absender nicht der Verband, sondern eine Privatperson,
- die Werbung gemeinsam mit einer Rechnung zu verschicken und damit den Eindruck zu vermitteln, die Dienstleistung oder Ware sei bereits bestellt.

7.4 Das Telemediengesetz

Das Telemediengesetz (TMG) wird umgangssprachlich auch Internetgesetz genannt. Es fasste drei alte Gesetze zusammen, die mit seiner Einführung 2007 außer Kraft getreten sind: das Teledienstegesetz, das Teledienstedatenschutzgesetz und weitestgehend auch den Mediendienste-Staatsvertrag. Das TMG gilt für alle elektronischen Informations- und Kommunikationsdienste, wenn sie nicht durch Teile des Telekommunikationsgesetzes abgedeckt sind. Das Telekommunikationsgesetz bezieht sich vor allem auf Access-Provider, also das Aussenden, Übermitteln und Empfangen von Daten.

Für Verbände, die einen eigenen Internetauftritt betreiben und die Werbung per E-Mail versenden wollen, gelten dafür die Vorschriften des Telemediengesetzes. Diese Vorschriften bestehen gleichermaßen für Aktivitäten in Arzt-Suchmaschinen und Bewertungsportalen sowie für Social-Media-Profile.

Das TMG hat eine Unterscheidung in Teledienste und Mediendienste hinfällig gemacht. Jetzt gelten für alle Dienste dieselben Vorschriften. Unterschieden wird hingegen in wirtschaftsbezogene und in inhaltsbezogene Anforderungen. Die wirtschaftsbezogenen betreffen vor allem Regelungen, wer verantwortlich ist. Bei den inhaltsbezogenen geht es um journalistische Sorgfaltspflichten und die Impressumspflicht.

7.4.1 Allgemeine Informationspflichten (§ 5)

Für Internetseiten gilt Impressumspflicht. Das bedeutet, dass spätestens innerhalb von zwei Klicks ein Internetbenutzer zu einem Impressum gelangen kann, das folgende Pflichtangaben enthält:

- den Namen des Betreibers, bei juristischen Personen zusätzlich die Rechtsform und den Vertretungsberechtigten,
- die Anschrift (ein Postfach reicht nicht aus),
- eine Kontaktmöglichkeit, die die schnelle elektronische Kontaktaufnahme ermöglicht, also eine E-Mail-Adresse oder ein Kontaktformular,
- Angaben zur zuständigen Aufsichtsbehörde,
- gegebenenfalls Angaben zum Handelsregister/Vereinsregister/Partnerschafts- oder Genossenschaftsregister sowie die entsprechende Registernummer,
- die Umsatzsteueridentifikationsnummer oder die Wirtschafts-Identifikationsnummer.

In Bezug auf das Xing-Profil eines Rechtsanwalts entschied das Landgericht München I am 3.6.2014, dass auch ein beruflich genutztes Profil in einem sozialen Netzwerk ein ordnungsgemäßes Impressum benötigt. (Az. 33 O 4149/14)

7.4.2 Besondere Informationspflichten (§ 6)

Bei der kommerziellen Kommunikation gelten besondere Informationspflichten. Diese treffen Verbände nicht, jedoch für ärztliche Mitglieder, wenn diese zum Beispiel im Rahmen der Verbands-Website selbstverantwortlich eigene Bereiche betreuen. In diesem Fall sollte für diese Bereiche ein eigenes Impressum vorgehalten werden, in dem die für den Arzt relevanten besonderen Informationen aufgeführt sind. Dies betrifft vor allem Angaben zur gesetzlichen Berufsbezeichnung, zur zuständigen Ärztekammer und Kassenärztlichen Vereinigung sowie zu den berufsrechtlichen Regelungen.

Die Vorschriften

Es ist vielleicht selbstverständlich, muss aber dennoch deutlich gesagt werden: Wenn Verbände elektronische Medien zur werblichen Kommunikation nutzen, muss der kommerzielle Hintergrund klar als solcher erkennbar sein. Die Einrichtung, in deren Auftrag die Kommunikation stattfindet, muss ebenfalls deutlich zu identifizieren sein. Bei E-Mails darf die Kopf- und die Betreffzeile nicht den Absender oder den werblichen Charakter verschleiern. Das bedeutet: Sie müssen bei E-Mails Ihrer Verband als Absender angeben. Und die Betreffzeile muss deutlich den Inhalt der E-Mail wiedergeben. Außerdem sollten die E-Mails eine Signatur enthalten, in welcher der Absender mit Kontaktdaten aufgeführt ist. (Mehr zum Thema E-Mail erfahren Sie in ▶ Kap. 2.)

7.4.3 Datenschutz im TMG (Abschnitt 4)

Generell dürfen Verbände bei ihren Internetauftritten Daten erheben und verwenden. Dazu müssen die Nutzer aber ihre Einwilligung geben. Damit die Nutzer wissen, in was sie einwilligen, muss die Seite eine Datenschutzerklärung enthalten. (Ein Muster dazu finden Sie in ▶ Kap. 3.)

Wenn Nutzer einer Internetseite Kontaktformulare ausfüllen, senden sie Daten von sich: im Allgemeinen den Namen und die E-Mail-Adresse. Falls eine E-Mail-Adresse verlinkt (anklickbar) auf der Internetseite eingebunden ist und Nutzer an diese E-Mail-Adresse schreiben, wird ebenfalls mindestens die E-Mail-Adresse gesendet. Damit die Nutzer wissen, was mit ihren Daten geschieht, können sie die Datenschutzerklärung lesen und der Speicherung ihrer Daten zustimmen. In der Datenschutzerklärung muss deutlich aufgeführt sein, welche Daten zu welchen Zwecken und über welche Dauer gespeichert werden. Die Einwilligung der Nutzer kann elektronisch erfolgen. Die Anbieter, also die Website-Betreiber, müssen sicherstellen, dass die Nutzer ihre Einwilligung bewusst und eindeutig erteilt haben, dass diese Einwilligung protokolliert wird, dass die Nutzer den Inhalt der Einwilligung jederzeit abrufen können – daher die Datenschutzerklärung – und dass sie die Einwilligung widerrufen können.

Achtung: Auch wenn eine Website kein Kontaktformular und keine verlinkte E-Mail-Adresse hat, werden Daten erhoben. Denn die IP-Adressen, also die Adressen der Computer, mit denen die Nutzer im Internet surfen, werden gespeichert. Kommt beispielsweise ein User über eine Suchmaschine zur Website, wird sowohl die IP-Adresse als auch der Suchbegriff gespeichert – dabei ist es egal, ob der Verband selbst diese Daten tatsächlich nutzt. Die Anbieter der Seite müssen „zu Beginn des Nutzungsvorgangs" darüber informieren, was mit den Daten geschieht.

Da nicht nur die Startseite der Internetpräsenz, sondern auch Unterseiten als Erstes aufgerufen werden können, beispielsweise, wenn ein Treffer in einer Suchmaschine auf eine Unterseite verweist, ist es sinnvoll, auf allen Seiten auf die Datenschutzerklärung zu verlinken.

> **Tipp**
>
> Stellen Sie die Datenschutzerklärung am besten gemeinsam mit dem Impressum in die Fußzeile jeder Seite. Dort suchen Internetnutzer meistens zuerst danach, und beide sind jederzeit verfügbar. Außerdem ist der Verweis in der Fußzeile so unauffällig, dass er das Gesamtbild Ihres Internetauftritts nicht beeinflusst.

Haftung

Website-Betreiber haften für die Informationen, die sie auf ihren Seiten darbieten. Wenn Verbände also Untersuchungsmethoden und Therapieverfahren vorstellen, müssen sie sichergehen, dass die Angaben auch der Wahrheit entsprechen.

Binden sie zudem Informationen Dritter ein, muss dies als solches kenntlich gemacht werden. Dann entsteht auch keine Haftung. Informationen Dritter können beispielsweise vorliegen, wenn der Verband in seinem Internetauftritt ein Medienecho anbietet, wo er Zeitungsartikel darstellt, in denen er und seine Tätigkeiten dargestellt werden. Diese Zeitungsartikel sind in der Regel deutlich als Informationen Dritter zu erkennen. Das gilt auch für Links zu anderen Internetauftritten, beispielsweise, wenn ein Verband im Mitgliederverzeichnis zu niedergelassenen Ärzten oder MVZs verlinkt.

Website-Betreiber sind nicht in der Verantwortung, die verlinkten Seiten regelmäßig zu überwachen. Erhalten sie jedoch Kenntnis davon, dass sie zu rechtswidrigen Seiten verlinken, sind sie in der Verantwortung zu handeln, etwa, indem sie die Links löschen.

Falls Website-Betreiber Informationen Dritter einbinden und diese modifizieren, ändert sich jedoch die Rechtslage. Stellt ein Verband beispielsweise Studien auf seinen Seiten dar und verändert diese im Wortlaut, macht er sich die Äußerungen zu Eigen. Damit wird es verantwortlich für den Inhalt.

> ❯ Ein Disclaimer, also die Erklärung, nicht für die Inhalte Dritter zu haften, ist per se kein Freifahrtschein. Entscheidend ist, ob der Disclaimer im Kontext der Seite ernst gemeint scheint und ob er gut sichtbar ist. Eine solche Erklärung erhöht die Chance, in einem möglichen Rechtsstreit erfolgreich zu sein.

7.5 Das Bundesdatenschutzgesetz

Das Bundesdatenschutzgesetz (BDSG) soll verhindern, dass Personen durch den Umgang Dritter mit ihren Daten in ihren Persönlichkeitsrechten eingeschränkt werden. Das Gesetz gilt für die Erhebung, Verarbeitung und Nutzung von personenbezogenen Daten. Verarbeiten bedeutet, Daten zu speichern, zu verändern, zu übermitteln, zu sperren und zu löschen. Personenbezogene Daten sind beispielsweise der Name, die Adresse, das Geburtsjahr und die Telefonnummer, aber auch Informationen zu Einkommensverhältnissen. Daneben gibt es im Gesetz auch „besondere Arten personenbezogener Daten". Darunter fallen Angaben zur „rassischen und ethnischen Herkunft, politischen Meinungen, religiösen oder philosophischen Überzeugungen, Gewerkschaftszugehörigkeit, Gesundheit oder Sexualleben".

7.5.1 Datenvermeidung und Datensparsamkeit (§ 3a)

In Deutschland gilt das Prinzip der Datenvermeidung. Das heißt, es sollen nur solche Daten erhoben und gespeichert werden, die absolut notwendig sind. Es ist nicht gestattet, Daten zu speichern, die nicht an einen bestimmten Zweck gebunden sind.

Im Hinblick auf Online-Marketing gilt diese Vorschrift vor allem bei der Analyse der Website-Besucher. Wenn Verbände etwa durch eine Software wie Google Analytics erfahren möchten, durch welche Suchbegriffe Internetnutzer auf ihre Seite kommen (▶ Kap. 4), wie lange sie dort verweilen, welches die häufigsten Ein- und Ausgangsseiten sind, so müssen diese Informationen ohne Verlust des Aussagegehalts anonymisiert erhoben werden. Es ist nicht gestattet, eine IP-Adresse über Jahre zu speichern, um gegebenenfalls feststellen zu können, welcher Nutzer wie lange auf welcher Seite war.

7.5.2 Datenschutzbeauftragter (§ 4f)

Institutionen, die Daten automatisiert verarbeiten, müssen einen Datenschutzbeauftragten schriftlich benennen, falls mindestens zehn Personen regelmäßig die Daten verarbeiten – so sieht es das BDSG vor. Dabei muss es sich um Personen handeln, die fachkundig und zuverlässig sind. Datenschutzbeauftragte sind bei der Ausübung ihrer Tätigkeit weisungsfrei. Ihre Aufgabe ist es, die Daten bestmöglich zu schützen. Dabei dürfen Datenschutzbeauftragte am Arbeitsplatz nicht benachteiligt werden. Sie stehen unter Kündigungsschutz – es sei denn, es kommt zu einer fristlosen Kündigung wegen schweren Fehlverhaltens. Der Verband muss ihnen notwendige externe Fort- und Weiterbildungsmaßnahmen ermöglichen und die Kosten dafür übernehmen. Die Datenschutzbeauftragten sind zur absoluten Verschwiegenheit verpflichtet.

Aufgaben von Datenschutzbeauftragten

Datenschutzbeauftragte sind dafür zuständig, dass das jeweilige Unternehmen die Vorschriften des BDSG und gegebenenfalls weitere geltende Vorschriften einhält. Dabei haben Datenschutzbeauftragte die Software-Programme zu überwachen, die die Daten verarbeiten. Technisches Verständnis ist für diese Aufgabe also zwingend erforderlich. Will ein Verband beispielsweise eine neue Verwaltungssoftware installieren, ist es die Aufgabe des Datenschutzbeauftragten, diese auf die Datensicherheit hin zu überprüfen.

Außerdem ist es die Aufgabe von Datenschutzbeauftragten, die Mitarbeiter, die die Daten verarbeiten, über die Vorschriften und ihre Pflichten aufzuklären. Die Durchführung der Aufklärung, etwa durch Handzettel, Checklisten, Inhouse-Schulungen oder externe Fortbildungen, ist Aufgabe der Datenschutzbeauftragten. Sofern dabei Kosten entstehen, ist dies mit dem Arbeitgeber abzustimmen. Es gibt kein vorgeschriebenes Budget, das Unternehmen dafür bereitstellen müssen.

7.6   Das Urheberrecht

Das Urheberrecht schützt immaterielles, geistiges Eigentum. Es umfasst Literatur, Kunst und Wissenschaft, insbesondere:

- Schriften und Texte,
- Computerprogramme,
- Musik,
- Fotos und Bilder,
- Filme,
- Zeichnungen, Pläne, Karten, Skizzen, Tabellen und plastische Darstellungen,
- bildende Künste, einschließlich Werke der Baukunst und der angewandten Kunst und Entwürfe solcher,
- pantomimische Werke und Tanzkunst.

Die Rechte an den jeweiligen Werken besitzen die Urheber – es sei denn, sie haben diese veräußert. Nur die Urheber dürfen entscheiden, ob, wann und wie ihre Werke veröffentlicht werden. Auch das Vervielfältigungsrecht und das Recht zur „öffentlichen Zugänglichmachung" liegen bei den Urhebern.

7.6.1   Fotos auf der Website

Für medizinische Verbände hat das Urheberrecht folgende Auswirkungen beim Onlinemarketing: Sie dürfen auf ihrer Website und in den sozialen Medien nur solche Werke „öffentlich zugänglich machen", an denen sie die Urheberrechte (übertragen bekommen) haben, sowie solche Werke, an denen keine Urheberrechte (mehr) bestehen, oder deren Nutzung vom Urheber freigegeben sind („Public Domain"). Auch wenn etwa die Bildersuche von Google viele interessante Ergebnisse für die Suche zu einem bestimmten Stichwort anzeigt, ist es nicht erlaubt, die Bilder einfach abzuspeichern und im eigenen Internetauftritt zu verwenden.

Die Rechte an Fotos haben zunächst die Fotografen. Das gilt auch für Porträtfotos, etwa von Mitarbeitern. Zwar haben die abgebildeten Personen das Recht am eigenen Bild. Das bedeutet aber nur, dass diese Bilder nicht ohne ihre Einwilligung veröffentlicht oder öffentlich zugänglich gemacht werden dürfen. Sie haben sozusagen ein Vetorecht bei der Veröffentlichung. Das Urheberrecht liegt jedoch beim Fotografen. Wenn ein Verband etwa seine Mitglieder bittet, Fotos von sich für das Mitgliederverzeichnis zu schicken, und diese ungeprüft einbindet, läuft er Gefahr, Urheberrechte zu verletzen. Es kann sein, dass sich die Fotografen der Bilder melden und Ansprüche erheben.

> **Daher ist es ratsam, sich von den Mitgliedern in einer schriftlichen Erklärung die Verwendung der Bilder genehmigen und ferner versichern zu lassen, dass sie die erforderlichen Nutzungsrechte an den Bildern besitzen. So sichern Sie sich gegen spätere Forderungen ab.**

Wenn Verbände selbst Fotografen beauftragen – z. B. für Fotos der Geschäftsräume oder des Vorstands –

sollten sie bereits im Vorfeld sicherstellen, dass sie alle Rechte an den Bildern erwerben. Druckrechte für Print-Veröffentlichungen, beispielsweise für eine Informationsbroschüre, umfassen nicht zwangsläufig auch die Online-Nutzungsrechte. Es ist daher ratsam, sich gleich alle Rechte an den Bildern zu sichern – auch wenn weitergehende Projekte noch nicht geplant sind.

Fremde Texte verwenden

Nicht nur Fotos, auch Texte sind urheberrechtlich geschützt. Das heißt, dass PR-Mitarbeiter nicht ohne Weiteres Texte von anderen Internetseiten kopieren oder aus Büchern abschreiben dürfen, um sie für den Internetauftritt zu verwenden. Dasselbe gilt für Newsletter. Es ist nicht gestattet, die Nachrichten aus anderen Newslettern ohne die explizite Erlaubnis des Urhebers zu kopieren und als eigenen Newsletter zu versenden.

Es ist hingegen erlaubt, unter Angabe der Quelle aus anderen Texten zu zitieren. Dabei muss jedoch ein eigenes Werk entstehen. Einen fremden Text auf der eigenen Website darzubieten und diesen zu kommentieren ist kein Zitat. Um sicherzugehen, können Sie auf Texte Dritter aus dem Internet verlinken, und diese dann kommentieren. Jeder interessierte User kann dann den Link anklicken und sich den Originaltext durchlesen. Oder Sie fragen die Urheber, ob Sie die Texte verwenden dürfen. Hierbei ist es ratsam, sich die Erlaubnis auch in schriftlicher Form geben zu lassen.

Das Landgericht Köln hat mit Beschluss vom Mai 2011 entschieden, dass sogar suchmaschinenoptimierte Online-Produktbeschreibungen urheberrechtlich geschützt sind. Der Text war elf Zeilen lang und hatte ein Produkt vorgestellt. (Az. 33 O 267/11)

Karten und Logos

Auch Karten unterliegen dem Urheberrecht. In den frühen Jahren des Internets kam es häufig zu Abmahnungen, weil Website-Betreiber einfach Stadtpläne eingescannt hatten, um daraus Anfahrtsskizzen zu erstellen. Diese hatten sie online gestellt, ohne dazu berechtigt zu sein.

Mittlerweile hat der Dienst Google Maps eine so weite Verbreitung im Internet, dass die meisten User darauf zurückgreifen. Google Maps lässt sich relativ einfach in die eigene Website einbauen, und die Benutzung ist vielen Usern bereits vertraut. Dennoch müssen Nutzer hierbei das Urheberrecht berücksichtigen und die Quelle angeben (▶ Kap. 3).

Auch Logos sind künstlerische Erzeugnisse. Wenn Verbände ein Logo bei einem Grafiker in Auftrag geben, sollten sie – wie beim Umgang mit Fotografen – darauf achten, dass ihnen alle Rechte übertragen werden, also auch das Recht, das Logo abzuändern. Wenn beispielsweise eine Fachgesellschaft – aus welchem Grund auch immer – den Namen ändert, muss möglicherweise das Logo angepasst werden. Dazu benötigt sie die entsprechenden Nutzungs- und Veränderungsrechte – eine Änderung ohne Einwilligung kann teuer werden.

Beachten Sie bei der Zusammenarbeit mit Künstlern auch die Abgabepflicht an die Künstlersozialkasse (Kasten in ▶ Kap. 2).

7.7   Fazit

Die Rechtslage für medizinische Verbände und Fachgesellschaften ist durch ihren schwammigen Rechtsstatus nicht einfach und wird dadurch zusätzlich kompliziert, dass unter Umständen sogar das ärztliche Berufsrecht einschlägig sein könnte. Viele Details bleiben klärungs- und auslegungsbedürftig, und erst nach und nach werden durch die Rechtsprechung konkretere Maßstäbe entwickelt.

Für die Gerichte ist stets entscheidend, ob eine Werbemaßnahme unmittelbar oder zumindest mittelbar die Patienten gefährden kann. Denn nur dann ist es gerechtfertigt, die ärztliche Berufsausübungsfreiheit, die Freiheit der Forschung und der Meinungsäußerung einzuschränken. In Zweifelsfällen empfiehlt es sich für die Verantwortlichen, im Vorfeld den Rat eines Medizinrechtsanwalts einzuholen.

> **Tipp**
>
> Bei Fragen zum Medizin- oder Berufsrecht können Sie beim Medizinrechts-Beratungsnetz ein kostenloses juristisches Orientierungsgespräch durch ausgewählte Vertrauensanwälte in Anspruch nehmen.

Beratungsscheine gibt es online oder unter der gebührenfreien Rufnummer 0800 0732483 (Montag bis Freitag von 9 bis 17 Uhr). Träger dieses Services ist der Medizinrechtsanwälte e.V., Lübeck. Weitere Informationen sowie das Verzeichnis der Vertrauensanwälte finden Ärzte unter www.medizinrechts-beratungsnetz.de.

Interview mit Dr. Thomas Motz, Rechtsanwalt und Fachanwalt für Medizinrecht in der Kanzlei Dr. Bergmann in Lübeck und Vorsitzender des Medizinrechtsanwälte e. V.

Müssen sich Fachgesellschaften und Verbände im Online-Marketing an die ärztliche Berufsordnung halten? – Wenn ja, inwiefern?

„Woran sich Fachgesellschaften und Verbände im Einzelnen halten müssen, ist weitgehend ungeklärt. Man könnte sich auf den Standpunkt stellen, dass es sich hierbei ja um einen Zusammenschluss von Ärzten handelt, die jeweils an die Vorgaben der ärztlichen Berufsordnungen gebunden sind. Insofern müsste auch eine Fachgesellschaft an derartige Vorgaben gebunden sein. Die Äußerungen der Fachgesellschaften insbesondere dann, wenn von dort Leitlinien erarbeitet und veröffentlicht werden, fassen wissenschaftliche Ergebnisse zusammen, so dass hier die Forschungsfreiheit zugunsten der Fachgesellschaften eingreifen dürfte. Außerdem dürften wettbewerbsrechtliche Bestimmungen wie das HWG und das UWG nicht eingreifen bzw. nur mit erheblicher Zurückhaltung Anwendung finden, da nicht jede Handlung der Fachgesellschaften darauf gerichtet ist, die wettbewerblichen Interessen ihrer Mitglieder zu fördern. Hier wird es schwierig: Die Erstellung von Leitlinien durch Fachgesellschaften ist natürlich relevant für beispielsweise ein Pharmaunternehmen, dessen Produkt nach der Empfehlung einer Leitlinie nicht mehr zur Anwendung kommen soll. Andererseits ist die Empfehlung nicht darauf gerichtet, den Wettbewerb eines Pharmaunternehmens zu fördern oder zu beschränken. Demgegenüber dürften zahlreiche andere Tätigkeiten von Fachgesellschaften durchaus wettbewerbsrelevant sein und darauf gerichtet sein, den Wettbewerb der eigenen Unternehmen zu fördern. Insofern unterliegen dann die Tätigkeiten der Fachverbände auch der Regulierung durch das Heilmittelwerbegesetz oder das Gesetz gegen den unlauteren Wettbewerb."

Inwiefern unterliegen die Internet-Aktivitäten der Fachgesellschaften besonderen Beschränkungen? Welche Rechtsstreitigkeiten sind zu erwarten?

„Die Fachgesellschaften treffen durchaus grundrechtsrelevante Entscheidungen, sowohl in Bezug auf die Patienten als auch in Bezug auf Marktteilnehmer, wie Arzneimittel- und Medizinproduktehersteller. Umso erstaunlicher ist es, dass die Betätigungen der Fachgesellschaft, insbesondere dann, wenn sie durch Leitlinien den Wettbewerb beeinflussen, bisher offenbar kaum Gegenstand juristischer Betrachtungen in der medizinrechtlichen Literatur und Parteien von Rechtsstreitigkeiten gewesen sind. Die Entscheidungen der Fachgesellschaften werden im Wettbewerbsrecht regelmäßig als Argument für oder gegen die Wirksamkeit eines Heilmittels herangezogen. Bei der Bewertung von bestimmten Behandlungsmethoden oder Heilmitteln als wirksam oder unwirksam bezogen auf den einzelnen Behandlungsfall, kann die Fachgesellschaft bzw. die Autoren der Leitlinien auf die Forschungs- und Meinungsfreiheit zurückgreifen. Auch ist offenbar noch nie ein Rechtsstreit darüber geführt worden, unter welchen Bedingungen ein Zusammenschluss an Leistungserbringern im Medizinrecht sich als ‚Fachgesellschaft' bezeichnen kann. Je nach Größe des Zusammenschlusses – ich denke da an sehr kleine Einheiten – kann dies durchaus einmal zweifelhaft sein."

Ist in der Zukunft eine Zunahme an Rechtsstreitigkeiten zu erwarten?

„Ich glaube nicht. Es besteht in der Branche wohl ein weitgehender Konsens darüber, dass Fachgesellschaften bei der Festlegung von Leitlinien und Empfehlungen weitgehende Freiheiten genießen. Die Veröffentlichung der Leitlinien im Internet dürfte daher auch in Zukunft keine allzu großen Probleme aufwerfen. Anders ist dies bei den übrigen Tätigkeiten von Fachgesellschaften, soweit beispielsweise öffentlich in den politischen Diskurs eingegriffen wird, und soweit der Wettbewerb der eigenen Mitglieder erkennbar gefördert werden soll: Hier sind die Grenzen des HWG und UWG zu beachten."

Ist das Internet ein rechtsfreier Raum oder mittlerweile völlig überreguliert?

„Das Internet ist sicherlich kein rechtsfreier Raum mehr. Die Tätigkeit der Fachverbände allerdings ist weitgehend unreguliert. Wann sich der Zusammenschluss von Ärzten als Fachverband bezeichnen kann, inwiefern die Bewertungen dieses Fachverbandes dann Allgemeingültigkeit für die jeweilige Fachärzteschaft hat, welche Tätigkeit der jeweiligen Fachgesellschaft jeweils dem

Wettbewerbsrecht unterworfen werden muss, ist weitgehend ungeklärt."

Was erwarten Sie, wie sich die Rechtslage im Online-Marketing der Fachgesellschaften künftig entwickelt?

„Bei den Fachgesellschaften ist eine Konfliktsituation zwischen der notwendigen Berücksichtigung von Sachkompetenz und der Vertretung standesrechtlicher Interessen möglich. Ich gehe davon aus, dass es hier über kurz oder lang erste Regulierungsansätze – sei es durch den Gesetzgeber, sei es durch erste Urteile – geben wird. Ob damit dann Streitigkeiten zunehmen, wage ich allerdings erst einmal zu bezweifeln. Im Wesentlichen sind die Fachgesellschaften in ihrer Kommunikation relativ frei und sollen es auch bleiben."

Grundlagen der IT-Sicherheit

© Springer-Verlag GmbH Deutschland 2017
A. Köhler, M. Gründer, *Online-Marketing für medizinische Gesellschaften und Verbände*,
Erfolgskonzepte Praxis- & Krankenhaus-Management, DOI 10.1007/978-3-662-53469-4_8

Online-Marketing findet – wie der Name schon sagt – im Internet statt. Die für den Zugriff zum Internet vorzuhaltende Technik und die Vernetzung im Büro selbst sind natürlich nicht ohne Risiken – gerade was den Datenschutz anbelangt. Damit Verbände keine unangenehmen Überraschungen erleben, ist es wichtig, bei allen Maßnahmen höchste Sicherheitsstandards einzuhalten.

Die PCs der Geschäftsstelle werden in der Regel alle möglichen sensiblen Daten speichern, wie etwa die Kontaktdaten und eventuell sogar Zahlungsinformationen der Mitglieder. Wenn diese PCs an das Internet angeschlossen sind – das wird der Regelfall sein – muss sichergestellt sein, dass keine Informationen von außen zugänglich sind. Vor allem ein solider Schutz vor Viren und Trojanern ist Pflicht. Außerdem sollten die Verantwortlichen regelmäßig Sicherungskopien aller Computer-Inhalte anfertigen, um die investierte Arbeit nicht zu verlieren.

Für die Implementierung dieser Prozesse ist viel technisches Knowhow erforderlich. Der ökonomischste Weg für diese Aufgaben ist in den meisten Fällen die Auslagerung an einen IT-Dienstleister – doch ein solcher will mit Bedacht ausgewählt sein.

> **Tipp**
>
> Dieses Kapitel kann die wichtigsten Themen nur kurz anreißen. Für tiefergehende Informationen greifen Sie am besten auf die umfangreichen Handreichungen des Bundesamtes für Sicherheit in der Informationstechnik (BSI) zurück (im Netz unter www.bsi.bund.de, Thema „IT-Grundschutz“).

8.1   Das Computer-Netzwerk der Geschäftsstelle

Mitgliederverzeichnisse und auch Beitragsabrechnungen werden mittlerweile überwiegend elektronisch geführt und bearbeitet. Das erleichtert den Arbeitsalltag – kaum jemand möchte heutzutage noch darauf verzichten – erfordert jedoch besondere Aufmerksamkeit für die Sicherheit der Daten.

8.1.1   Schad-Software und Angriffe von außen

Um das Computer-Netzwerk der Geschäftsstelle effektiv zu sichern, ist es unerlässlich, die wichtigsten Computer-Programme aktuell zu halten. Das betrifft vor allem das Betriebssystem. Wenn die Hersteller Updates zur Verfügung stellen, sollte der IT-Beauftragte diese zeitnah installieren. Gerade bei Betriebssystemen decken Hacker immer wieder Schwachstellen auf, die die Hersteller durch Updates wiederum schließen. Wenn diese Updates nicht installiert werden, ist der Rechner insgesamt angreifbar. Nachlässigkeit ist hier fehl am Platze: Updates sind die wichtigste Sicherheitsmaßnahme überhaupt!

Für Computer, die keinen direkten Zugang zum Internet haben, stellt sich die Frage nicht ganz so dringlich. Hier sollten Büros Routinen einrichten, wann und auf welche Weise aktualisiert wird. Dabei empfiehlt es sich, die Updates herunterzuladen und auf einem USB-Stick zu speichern, um sie so auch auf den Stand-Alone-Rechnern installieren zu können.

Firewalls kontrollieren die Zugriffe

Eine Firewall (wörtlich: Brandmauer) soll verhindern, dass Programme oder Personen (insbesondere online) auf einen Computer zugreifen können, ohne dass der Besitzer dies möchte. Die Mauer funktioniert in beide Richtungen: Auch die Programme auf den Computern sollen nicht ungehindert auf das Internet zugreifen. Bestimmter Software aber, etwa einem Internetbrowser, muss der Zugang zum Netz gestattet sein, sonst ist sie nutzlos. Ein Programm zur Textbearbeitung braucht hingegen keine Internetverbindung. Solchen Programmen kann die Firewall den Zugriff verwehren. In der Regel fragt die Firewall bei jedem neuen Programm einmalig nach, ob es ins Internet darf oder nicht. Wurde der Computer beispielsweise mit einem Virus infiziert und dieser versucht, auf das Netz zuzugreifen, soll die Firewall dies verbieten und so gegebenenfalls größeren Schaden verhindern.

Außer dem Betriebssystem (für Updates), dem Virenschutz selbst, dem Mail-Programm, dem Webbrowser und einer eventuell genutzten Bank- oder Abrechnungssoftware muss eigentlich keine Software auf das Internet zugreifen dürfen.

Fragt ein Ihnen unbekanntes Programm, ob es ins Internet darf, sollten Sie dies nicht ohne weiteres zulassen. Wenn Sie das Programm nicht kennen, nehmen Sie sich die Zeit und recherchieren kurz, worum es sich handelt. Geben Sie dafür einfach den Namen des Programms bei Google ein und suchen Sie Informationen. Achten Sie dabei auch darauf, aus welcher Quelle diese stammen. Bloß weil ein Nutzer in einem Computerforum sagt, dass das Programm ungefährlich sei, muss dies nicht stimmen. Eine zuverlässigere Quelle ist zum Beispiel der Internetauftritt einer Computerzeitschrift.

> ⚠ Vorsicht: Die unterschiedlichen Firewalls sind unterschiedlich geschwätzig. Wenn das Programm zu leichtfertig nachfragt, also zu oft stört, wird der eine oder andere Mitarbeiter eher entnervt einfach den Knopf zum „Erlauben" drücken.

Virenschutz ist Pflicht

Eine Software zum Virenschutz soll verhindern, dass bösartige Computerprogramme wie Viren und Trojaner einen Computer befallen und dort Daten manipulieren, löschen oder ungefragt versenden. Virenschutzprogramme müssen täglich aktualisiert werden bzw. sich zuverlässig selbst updaten, da im Netz ständig neue Malware verbreitet wird. Malware ist der Oberbegriff für schädliche Software jeder Art, also Viren, Würmer, Trojaner und wie sie alle heißen. Malware ist also nicht gleichzusetzen mit Computerviren, auch wenn die Begriffe häufig synonym gebraucht werden.

Ein aktuelles Virenschutzprogramm ist für jeden Computer Pflicht. Es muss nicht teuer sein – einige der besten Virenschutzprogramme sind tatsächlich Freeware. Die Sicherheitseinstellungen sollten so konfiguriert sein, dass auch externe Datenträger wie USB-Sticks, externe Festplatten, DVDs sowie E-Mail-Anhänge sofort geprüft werden, sobald sie den Computer bzw. das hausinterne Netzwerk erreichen. Außerdem muss regelmäßig, mindestens einmal pro Woche, jeder verwendete Computer gründlich und vollständig auf Malware gescannt werden. Dies lässt sich bei den gängigen Virenschutzprogrammen automatisch einstellen, so dass ein wöchentlicher Scan erfolgt. Da der komplette Virenscan – je nach Datenmenge auf dem PC – mehrere Stunden in Anspruch nehmen kann und in dieser Zeit die Leistung des Rechners beeinträchtigt wird, sollte der Scan zu einem Zeitpunkt erfolgen, an dem der PC kaum benötigt wird, beispielsweise kurz vor Feierabend oder einfach über Nacht.

Zugriffsrechte für alle Nutzer einschränken

Wer ein Betriebssystem auf einem Computer installiert, kann verschiedene Benutzerkonten einrichten und verwalten. Nur ein Benutzer mit Administrator-Rechten hat selbst vollen Zugriff und kann die Zugriffsrechte anderer Nutzer verwalten. Wenn ein Computer von Schad-Software befallen ist, gelten die Zugriffsrechte des aktuell aktiven Accounts (Benutzerkontos) im Normalfall auch für die Schad-Software. Das heißt, alles, was der Inhaber des Accounts kann und darf, kann dann auch der Schädling tun. Je höhere Rechte dem Nutzer zur Verfügung stehen, desto mehr Schaden kann also auch eine Malware anrichten. Deshalb gilt als zwingende Richtlinie: Die Benutzerrechte sind so restriktiv wie möglich zu halten! Alles ist zu verbieten, was für die tatsächliche Arbeit des jeweiligen Mitarbeiters nicht nötig ist.

Das Benutzerkonto mit allen Rechten, das Administrator-Konto, darf nicht standardmäßig in Betrieb sein. Ein Admin (Administrator) darf sich nur einloggen, wenn dies zum Beispiel für Arbeiten am System selbst unverzichtbar ist. Auch Führungskräfte sollten kein Administrator-Konto nutzen, sondern sich ein eigenes Benutzerkonto für die tägliche Arbeit einrichten. So minimieren sie den jeweils möglichen Schaden – durch Schad-Software ebenso wie durch eigene Fehler.

Drahtloses Netzwerk braucht besonderen Schutz Die Funkübertragung von Daten, W-LAN (Wireless LAN, drahtloses Netzwerk), stellt generell ein Sicherheitsrisiko dar. Denn diese Signale können auch von anderen Computern empfangen werden. Insofern ist für Büros ein klassisches Kabelnetzwerk zu empfehlen. Falls eine Geschäftsstelle aufgrund der räumlichen Gegebenheiten W-LAN verwenden möchte, muss sie eine starke Verschlüsselungsmethode einsetzen. Verbände, die mit W-LAN arbeiten wollen, sollten sich unbedingt von einem IT-Sicherheitsspe-zialisten beraten lassen.

8.1.2 Sicherungskopien

Ein Horrorszenario für jeden Büroarbeiter ist, dass ein Computer abstürzt und alle Daten verloren gehen. Für diesen Fall sind von allen Computern regelmäßig Sicherungskopien, sogenannte Backups, zu erstellen. Dies ist zwar zeitaufwändig, aber notwendig. Denn gegen materielle Schäden kann man sich versichern, der Verlust von Daten ist jedoch schwer zu beziffern. Es behindert die Arbeitsabläufe immens, wenn alle Kontaktdaten von Mitgliedern, Kooperationspart-nern und Kollegen sowie z. B. das Archiv mit Dienst-leister-Vereinbarungen verloren gehen, wenn die ver-wendeten Lesezeichen im Internetbrowser ebenso verschwunden sind oder alle bisherigen Ausgaben des Mitglieder-Rundschreibens. Wenn gar Dokumenta-tionen zu Gutachten oder Forschungen ganz oder in Teilen verloren gehen, wird eventuell massiver, nicht wieder gut zu machender Schaden angerichtet.

Gerade wenn der Internetauftritt des Verbands auf einem eigenen Server liegt, ist es wichtig, diesen regelmäßig zu sichern, damit er auch im Störfall schnell wieder verfügbar ist. Zu einem solchen Stör-fall kann es leicht kommen, etwa durch

- einen Einbruch, bei dem die Computer gestohlen werden,
- Malware, die Daten zerstört,
- Hardwarefehler, etwa an der Festplatte, die Daten beschädigen,
- einen Brand oder Wasserschaden,
- Bedienungsfehler, beispielsweise wenn ein Mitarbeiter versehentlich Daten löscht.

Damit Geschäftsstellen Backups zeitsparend und sinnvoll durchführen können, müssen sie folgende Fragen beantworten und die Abläufe entsprechend optimieren:

> **Leitfragen für Backups im Büro**
> - Welche Daten sind zu speichern?
> - Welche Speichermedien sind zu benutzen?
> - Welche Art der Sicherung ist angemessen?
> - Wie oft sind die Daten zu sichern?

Um diese Fragen sinnvoll zu beantworten, muss als Maßstab stets der Schadenfall im Blick behalten werden: Wie wird im Notfall ein System wiederher-gestellt? Dieser Prozess muss gut geplant, schnell und einfach durchzuführen sein. Außerdem sollte jeder Schritt – vom Backup bis zur Wiederherstel-lung – dokumentiert werden, sodass auch IT-Laien ihn durchführen können. Denn die Fachleute sind in Notfällen nicht immer sofort verfügbar.

Was passiert, wenn buchstäblich der Wurm (typische Malware) in den Daten ist? Schadsoft-ware schlägt oft nicht sofort zu, sondern wartet und lauert. Nebenbei wird sie mit in die Sicherungskopie geschrieben, und beim Wiederherstellen der Sicher-heitskopie taucht sie wieder auf. Deshalb muss man Daten in mindestens drei „Generationen" sichern.

> **Tipp**
>
> Sichern Sie in mehreren Datengenerationen. Schreiben Sie das Backup der aktuellen Woche auf einen Datenträger, ohne die Sicherung der Vorwoche zu überschreiben, usw. Das bedeutet natürlich Aufwand, jedoch sichert es buchstäblich die Existenz.

Welche Daten sind zu speichern?

Das Backup sollte alle Daten enthalten, die im Scha-densfall unwiederbringlich verloren gehen würden, also die persönlichen Ordner der Nutzer. Hier sind auch Textdokumente oder die Datenbanken von Ver-waltungssoftware u. ä. abgelegt. Das Betriebssystem und die installierten Programme müssen nicht extra gesichert werden. Sie können jederzeit frisch instal-liert werden.

> **Wichtige Daten für das Backup**
> - Wichtige Dokumente für den Geschäftsverkehr, insbesondere selbst erstellte oder gespeicherte Dateien wie Textdokumente und Bilder, aber auch Videos
> - E-Mail-Verkehr sowie die Nutzerein-stellungen des verwendeten Mail-Programms

- Nutzerdaten von Programmen, beispielsweise zur die Buchführung, sowie Adressbücher und Terminplaner
- Nutzereinstellungen des Internetbrowsers, vor allem die Lesezeichen

---

Tipp

Seien Sie im Zweifelsfall lieber großzügig bei der Auswahl der zu sichernden Inhalte. Lieber etwas sichern, das Sie später nicht brauchen, als etwas Wichtiges zu übersehen.

Welche Speichermedien geeignet sind, hängt vom Umfang der jeweiligen Datensicherung ab. Für kleinere Datenmengen bieten sich beschreibbare DVDs an. Häufig reicht der Speicherplatz einer DVD jedoch kaum noch aus, um die E-Mails mehrerer Jahre zu sichern.

Es ist nicht praktikabel, die Datensicherung auf mehrere Rohlinge aufzuteilen. Zum einen dauert es deutlich länger, die Backups zu erstellen, zum anderen ist es ein größerer Arbeitsaufwand, wenn später eine bestimmte Datei gesucht wird und erst einmal verschiedene DVDs eingelegt werden müssen. Mehr Speicherplatz bieten BluRay-Discs. Für größere Datenmengen empfehlen sich jedoch am ehesten USB-Sticks und externe Festplatten. Gerade die externen Festplatten haben inzwischen Speicherkapazitäten in Größenordnungen von Terabyte. Sie bieten genug Speicherplatz, um das ganze System zu sichern – und kosten heutzutage nicht mehr viel.

Backups sollten Sie keinesfalls auf einer zweiten Festplatte im selben Computer anlegen, denn Viren können häufig beide Festplatten befallen. Außerdem betreffen Diebstahl sowie Wasser- und Feuerschäden meist beide Festplatten. Dann würde mit dem Original auch gleich das Backup verloren gehen.

Tipp

Bewahren Sie die Backups räumlich getrennt vom Büro an einem sicheren Ort auf, beispielsweise in einem Bankschließfach – oder zumindest beim IT-Zuständigen zuhause. So sind Sie selbst vor einem Brand im Büro sicher.

Online-Backups sind vor allem für persönliche Daten keine echte Alternative, denn hier gelten höchste Anforderungen an den Datenschutz. Natürlich können aber für andere, weniger sensible Daten Cloud-Speicher wie Microsofts OneDrive oder Google Drive genutzt werden.

Welche Art der Sicherung ist angemessen?

Es gibt drei Arten der Sicherung: die Vollsicherung, das inkrementelle Backup und die Spiegelung. Bei der Vollsicherung werden alle Dateien gesichert, indem sie komplett auf einen anderen Datenträger kopiert werden. Die erste Sicherung in einer Reihe von Backups muss stets eine Vollsicherung sein, damit erst einmal alle Daten vorhanden sind. Die Vollsicherung nimmt vergleichsweise viel Zeit in Anspruch, weil sie sehr umfangreich ist.

Beim inkrementellen Backup werden nur die Dateien neu gesichert, die sich seit dem letzten Update verändert haben oder neu hinzugekommen sind. Das hat den Vorteil, dass das Backup schneller geht.

Bei der Spiegelung werden nicht nur alle Dateien, sondern auch das Betriebssystem und alle installierten Programme gesichert. Es wird also ein komplettes Spiegelbild des gesamten Computer-Systems geschaffen. Diese Art des Backups dauert am längsten, hat aber den Vorteil, dass im Notfall der Urzustand am schnellsten wiederhergestellt werden kann.

Es gibt eine Vielzahl von Programmen, die die Erstellung von Backups vereinfachen. Das Spektrum reicht von einfachen Synchronisierungs-Tools, wie dem Microsoft-Programm SyncToy, bis zu größeren Freeware-Tools, wie Comodo BackUp und Backup Maker. Auch professionelle Lösungen wie Acronis („True Image") oder Symantec („Norton Ghost") sind auf dem Markt. Mit Hilfe solcher Programme lässt sich der Sicherungsprozess weitgehend automatisieren und der Arbeitsaufwand deutlich reduzieren.

Eine feste Regel zur Häufigkeit gibt es nicht. Je wichtiger die Daten sind und je höher die Änderungsfrequenz, desto häufiger sollten sie gesichert werden. Für E-Mails etwa empfiehlt sich eine tägliche Sicherung zum Feierabend. Für den sonstigen Datenbestand reicht im Normalfall ein wöchentliches Backup.

Spielen Sie ein Krisenszenario durch. Die ganze Backup-Arbeit muss für folgenden Ernstfall taugen: Ihr Netzwerk ist gestört, kaputt oder gleich ganz gestohlen oder zerstört worden, dennoch müssen Sie schnell wieder arbeitsfähig werden. Spielen Sie es durch. Sie werden staunen, welche Klippen es gibt.

Am besten wählen Sie dafür den Worst Case. Drücken Sie Ihrem IT-Mitarbeiter das Backup in die Hand, geben Sie ihm einen Reserve-PC, der immer bereit stehen sollte, und drücken Sie auf die Stoppuhr: Wann läuft das System wieder? Mit Sicherheit werden Sie einige Punkte erkennen, wo der Notfall-Ablaufplan ergänzt werden muss.

8.2   Sicherer Internetauftritt

Der Internetauftritt ist das Zentrum des Online-Marketings: Sowohl die Social-Media-Präsenzen als auch die E-Mail-Newsletter sowie alle Printdokumente vom Briefbogen bis zur Visitenkarte verweisen ständig auf die Website. Darum ist es wichtig, den Internetauftritt bestmöglich zu schützen. Manipulationen an Internetauftritten sind zwar selten, aber Ihr Schadenspotential ist nicht zu unterschätzen. Web-Nutzer erwarten, dass sie auf der Website die gewünschten Informationen vorfinden: Eine fehlerhafte Telefonnummer oder der komplette Ausfall der Website können zu erheblichem Frust führen. Noch verheerender wäre eine Verbreitung falscher medizinischer Tipps oder verleumderischer Behauptungen über die Website.

> **Tipp**
>
> Generell gilt: Die höchste Stufe der Sicherheit ist, wenn gar keine Daten verfügbar sind. In Ihrem Internetauftritt sollten Sie möglichst wenig sensible Daten bereithalten, die Sie dann aufwändig schützen müssen.

Ist beispielsweise eine Buchung von Veranstaltungen über die Website möglich, bei der Nutzer ihre Daten eingeben müssen, so sollten auf den Webservern so wenige Daten wie möglich gespeichert werden.

Falls über die Internetseite Daten ausgetauscht werden, etwa wenn es einen Log-in-Bereich für Mitglieder gibt oder eben bei der Veranstaltungs-Buchung, sollte die Website HTTPS verwenden. HTTP steht dabei für HyperText Transfer Protocol. Dabei handelt es sich um das gängige Protokoll zur Übertragung von Daten im Internet. Dieses Protokoll ist jedoch ungeschützt. Jede Person, die Zugang zu Ihrem Netzwerk hat, kann die übertragenen Informationen einsehen. Und mit Schnüffelprogrammen kann der Datenfluss recht einfach von Dritten belauscht werden. Bei HTTPS (HyperText Transfer Protocol Secure, also sicheres Hypertext-Übertragungsprotokoll) werden die Daten verschlüsselt. Die Datenpakete laufen dann nicht im Klartext durch Luft bzw. Leitung, sondern verschlüsselt und nicht ohne passenden Schlüssel lesbar. Ohne diesen Schlüssel, das Passwort, können Daten auch dann nicht von Dritten eingesehen werden, wenn diese Zugang zum Netzwerk haben.

Für die Sicherheit des Internetauftritts bei Angriffen durch Hacker oder Schad-Software ist je nach Vertrag aber meistens der jeweilige Webhoster zuständig. Wenn die Verbands-Website nicht auf einem verbandseigenen Server liegt, sondern bei einem externen Anbieter, sollten Sie sich bei diesen nach den Sicherheitsvorkehrungen erkundigen. Welche Maßnahmen gibt es gegen Hacker-Angriffe? Besteht Schutz vor Manipulationen? Entscheidend ist, dass die Webhoster das Betriebssystem und die auf den Webservern laufende Software stets aktuell halten: also Webserver-Software ebenso wie die Programmiersprachen, und – falls im Einsatz – eine Datenbank-Software. Auf den Webservern sind aktueller Virenschutz und eine Firewall natürlich auch notwendig. Diese müssen genauso streng wie bei den Büro-Rechnern täglich aktualisiert werden, um das System bestmöglich zu schützen. Dasselbe gilt für die Software des Content-Management-Systems sowie aller darin laufenden Plugins.

Generell im Büro-Netzwerk wie auch bei der Verwendung von Zugängen zum Content-Management-System und auch zum Webserver-Zugang müssen alle Mitarbeiter Passwörter der höchsten Sicherheitsstufe verwenden, also Kombinationen aus Zahlen, Buchstaben und Sonderzeichen (länger als sechs Zeichen). Jegliche Vornamen oder andere Begriffe, die in einem Lexikon stehen könnten, wie auch das Geburtsdatum und auch das Geburtsdatum rückwärts, eignen sich nicht dafür.

Geeignete Passwörter, die Sie sich trotzdem merken können, erstellen Sie am einfachsten anhand eines Merksatzes, zum Beispiel: „Ich habe beim Handball das Trikot mit der Nummer 12 getragen." Das Passwort setzen Sie aus den Anfangsbuchstaben der Wörter zusammen, das Wort „Nummer" ersetzen Sie mit der Raute (#), also: „IhbHdTmd#12 g". Darüber hinaus sollten Sie Passwörter nicht mehrmals, also für verschiedene Log-ins, verwenden. Jeder Zugang, etwa für das CMS, das Netzwerk und die Social-Media-Auftritte, muss ein eigenes Passwort haben. Dabei können Sie natürlich ähnliche Merksätze verwenden, um sich die Passwörter besser merken zu können.

Im Idealfall sollten Sie sich Passwörter merken und nicht notieren. Bei der Menge an Passwörtern ist dies jedoch – auch zur eigenen Sicherheit bei Gedächtnisschwund – unvermeidbar. Dann bewahren Sie jedoch das handgeschriebene Papier oder die verschlüsselte Datei in Ihrem Safe außerhalb der Büroräume auf – und nicht in der öffentlich zugänglichen Schublade am Empfang.

> **Checkliste Computer-Sicherheit**
> - Wurden die Standard-Passwörter von Programmen nach der Installation geändert?
> - Ist die Einstellung „Speichern von Passwörtern?" deaktiviert?
> - Ist der Zugang zum PC passwortgeschützt?
> - Besitzen nur die befugten Personen Zugang?
> - Ist das Passwort sicher, also eine Kombination aus Buchstaben, Zahlen und Sonderzeichen?
> - Ist das Passwort nicht am Monitor oder unter der Tastatur festgeklebt?
> - Sind Firewall und Virenschutz installiert und werden diese täglich aktualisiert?
> - Gibt es regelmäßige Virenprüfungen?
> - Gibt es ein Konzept bei Sicherheitsproblemen, um effizient reagieren zu können?
> - Hat ein IT-Techniker Ihr Sicherheitssystem überprüft?
> - Führen Sie regelmäßig Datensicherungen durch, und lagern Sie diese extern?
> - Sind Ihre Computer auch vor Wasser, Feuer und Strom geschützt?

8.3 Sicherer Mail-Verkehr

E-Mails sind heute aus der beruflichen und aus der privaten Kommunikation kaum noch wegzudenken. Die Alltäglichkeit des Mediums bedeutet jedoch nicht, dass es keine Risiken gibt. Medizinische Verbände sollten daher einige Sicherheitsregeln beachten, um E-Mails ungefährdet zu benutzen.

E-Mails können sowohl als HTML-Mails als auch als Nur-Text-Mails formatiert sein. HTML-Mails bieten die Möglichkeit, Bilder einzubinden, Links anklickbar zu gestalten und ein komplettes Layout zu entwerfen. Allerdings können sich dadurch darin auch kleine Programme verstecken. Diese sind meist ungefährlich und dienen beispielsweise häufig dazu, die Öffnungsraten eines Newsletters zu überprüfen.

Mail-Programme können HTML-Mails aber auch als Nur-Text darstellen. Die integrierte Software kommt dann nicht zum Einsatz. Sie sollten in Ihren Mail-Programmen jene Einstellung wählen, die dafür sorgt, dass alle E-Mails als Nur-Text angezeigt werden. So werden auch Spam-Mails, die zu sogenannten Phishing-Seiten führen, leichter entlarvt. Beispielsweise könnte eine E-Mail den Eindruck erwecken, von einem Finanzdienstleistungsunternehmen zu stammen, das den Verband auffordert, sich auf der Website einzuloggen und Korrekturen vorzunehmen. Die Seite, auf die verlinkt wird, gehört aber gar nicht zum Finanzdienstleister. Sie dient dazu, die Log-in-Daten abzugreifen. In einer HTML-Mail sind die Links zur Seite formatiert und mit einem Mouseover versehen. So erweckt der Link den Eindruck, seriös zu sein. In der Nur-Text-Ansicht können User aber sehen, zu welcher Adresse der Link wirklich führt.

Beim Öffnen von E-Mail-Anhängen besteht theoretisch die Möglichkeit, den Computer mit Viren zu infizieren. Zwar sind die meisten Virenschutzprogramme so konfiguriert, dass sie die Anhänge gleich überprüfen und, falls nötig, in Quarantäne stellen – jedoch gibt es immer auch neue Schad-Software, die von den Schutzprogrammen (noch) nicht erkannt wird. Daher sollten alle Mitarbeiter stets darauf achten, nur solche Anhänge zu öffnen, bei denen der Absender bekannt ist oder einen vertrauenswürdigen Eindruck macht.

> **Hinweise auf unseriöse Absender**
> - Die Betreffzeile verspricht schnelles Geld, bietet Rolex-Uhren oder Potenzmittel an.
> - Die E-Mail ist auf Englisch geschrieben.

- Es ist keine Anrede vorhanden oder die Anrede lautet: „Sehr geehrter Herr Mustermann"; das deutet darauf hin, dass die E-Mail automatisiert aus den Inhalten der Website erstellt wurde.
- Sie werden aufgefordert, Passwörter oder Log-in-Daten anzugeben.

Falls solche E-Mails Anhänge enthalten, sind sie umgehend zu löschen.

Im Normalfall sind E-Mails nicht verschlüsselt. Ebenso wie alle anderen Informationen, die über das Internet übertragen werden, können diese von allen Personen eingesehen werden, die Zugang zum Netzwerk und die entsprechende Berechtigung haben. Fast alle E-Mail-Provider bieten aber mittlerweile die Möglichkeit, E-Mails zu verschlüsseln. Diese werden dann beim Empfänger wieder entschlüsselt, sodass sie in der Zwischenzeit unlesbar sind.

8.3.1 E-Mail-Adressen schützen

Nach dem Telemediengesetz Website-Betreiber verpflichtet, auf ihrer Website ein Impressum anzugeben, in dem eine aktuelle E-Mail-Adresse verzeichnet ist (▸ Kap. 3). Auch für die Kommunikation mit den Zielgruppen ist es wichtig, die E-Mail-Adresse auf der Website präsent zu haben, unter Umständen sogar auf jeder Seite mit den weiteren Kontaktdaten in der Fußzeile. Doch das birgt ein Ärgernis: Sogenannte Spam-Bots durchforsten das Internet auf der Suche nach E-Mail-Adressen. Spam-Bots sind Computer-Programme, die wahllos Internetseiten analysieren und nach E-Mail-Adressen absuchen. Werden Adressen gefunden, kommen diese automatisch in ein Verzeichnis und werden fortan mit E-Mails beschickt, beispielsweise Kaufangebote für Viagra-Tabletten und vermeintliche Rolex-Uhren.

Um dieses Ärgernis zu vermeiden, empfiehlt es sich, die E-Mail-Adressen vor Spam-Bots zu schützen. Die einfachste Methode ist, das @-Zeichen in der Adresse zu ersetzen durch (at). Die Adresse heißt dann also: info(at)abc-verband.de. Nutzer, die den Verband anmailen wollen, müssen das (at) dann manuell austauschen. Allerdings verringert diese

Methode nur den Spam und verhindert ihn nicht vollkommen, denn viele Spam-Bots kennen diesen Trick und erstellen das @-Zeichen automatisch. Effizienter ist eine Verschlüsselung der Mailadresse, wie sie manche Content-Management-Systeme bzw. spezielle Plugins beherrschen.

> **Tipp**
>
> Eine weitere Methode, die E-Mail vor Spam zu schützen, ist es, die E-Mail-Adresse nicht als Text, sondern als Bild in die Seite zu integrieren.

Schreiben Sie dazu die Adresse auf und machen Sie einen Screenshot der Seite. Schneiden Sie diesen so zu, dass Sie nur ein kleines Bild haben, auf dem Ihre E-Mail-Adresse zu sehen ist. Dieses kleine Bildchen integrieren Sie dann in die Seite. Anstatt Text zu lesen, erkennen die Spam-Bots dann nur, dass es sich um ein Bild handelt. Dies kann zwar theoretisch immer noch durch Texterkennungssoftware (OCR – optical character recognition) automatisiert erfasst werden, doch das machen nur wenige Spam-Bots. Der Nachteil: Ein User kann nicht mehr einfach durch das Anklicken eine Mail an diese Adresse schreiben.

8.4 Surfen ohne Spuren

Im Internet zu surfen erscheint anonym. Gerade wenn Nutzer alleine vor dem heimischen PC sitzen, fühlen sie sich unbeobachtet. Dabei ist es praktisch unmöglich, sich ohne Spuren durch das Internet zu bewegen. Nicht nur der eigene Computer zeichnet permanent auf, was man tut, und meldet es zum Teil sogar an die Software-Hersteller weiter. Auch die Internetseiten registrieren die Zugriffe. Auf einigen müssen Nutzer eigene Daten eingeben. Und viele Webangebote hinterlassen auch noch andere Spuren im eigenen Computer: harmlose und weniger harmlose. Um sicher zu surfen, reicht es, einige Regeln einzuhalten.

Bei vielen Websites müssen Nutzer eigene Daten angeben, etwa um einen Kommentar auf einem Blog verfassen oder einen Newsletter abonnieren zu können. Bei Onlinehändlern ist es oft sogar erforderlich, Konto- und Kreditkartendaten preiszugeben. Die wichtigste Grundregel für jede Eingabe ist: Nur das absolut Notwendige angeben.

Welche eigenen Daten preisgegeben werden müssen, hängt vom jeweiligen Ziel ab. Wollen Sie als Privatperson einen Kommentar in einem politischen Blog abgeben, müssen Sie sich beispielsweise weder als Arzt noch mit vollem Namen zu erkennen geben. Wollen Sie hingegen Ihre Reputation als Experte für ein medizinisches Fachgebiet steigern, ist es sinnvoll, nicht nur Ihren Namen, sondern auch noch einen Link zu Ihrer Website anzugeben.

Im Internet ist vieles öffentlich. Nutzerdaten – zum Beispiel bei Onlinehändlern – sind meistens aufwändig geschützt, auch wenn dies keine hundertprozentige Sicherheit garantiert. Anders sieht es aus bei Aktivitäten in Foren, Blogs und Social Networks. Diese sind meist frei einsehbar. Wer nicht möchte, dass durch simples Googeln des Namens alles über die eigenen Ansichten und Lebensweise zu Tage kommt, sollte sich gut überlegen, was er im Netz preisgibt (▶ Kap. 5). Eine einfache und effektive Vorsichtsmaßnahme ist die Verwendung eines Pseudonyms. Vor allem in Foren und Kommentaren ist dies sehr verbreitet. Sind Inhalte erst einmal ins Internet gelangt, ist es sehr schwierig bis unmöglich, diese wieder zu entfernen. Selbst wenn die Informationen auf der entsprechenden Seite gelöscht wurden, sind sie häufig noch Monate lang auffindbar, beispielsweise in den Zwischenspeichern der Suchmaschinen und in Internetarchiven.

8.4.1 Zuschauer beim Surfen

Auch das Surfen selbst bleibt nicht unbeobachtet. Die Spuren auf dem eigenen Computer lassen sich noch relativ leicht verwischen. Jeder Browser gestattet, das Verzeichnis der besuchten Seiten sowie den Zwischenspeicher zu löschen. Darüber hinaus bieten die aktuellen Browser, wie Firefox, Microsoft Edge/ Internet Explorer und Google Chrome, auch einen privaten Modus, den man extra anstellen kann. Solange er aktiviert ist, werden keine Protokolldaten aufgezeichnet.

Schwieriger und potentiell sogar gefährlich sind Dateien, die von besuchten Internetseiten im eigenen

Browser abgelegt werden: sogenannte Cookies. Mit Cookies kann eine Website einen Besucher wiedererkennen. Dies nutzen beispielsweise Onlinehändler, um „Artikel, die Ihnen gefallen könnten", vorzuschlagen. Dabei werden Produkte ausgewählt, die denen ähneln, die beim letzten Besuch angesehen wurden. Davon geht noch keine Gefahr aus. Aber neugierige Seitenbetreiber können durch Cookies auch Einblicke in das Surfverhalten erlangen und im schlimmsten Fall sensible Daten ausspähen. Daher sollten alle Mitarbeiter Cookies regelmäßig löschen. Das funktioniert über den Bereich „Einstellungen" im Browser. Es gibt auch gut funktionierende Freeware-Tools, die auf Knopfdruck den Computer aufräumen und dabei Cookies und ähnlichen Datenmüll wegfegen.

Jeder Computer identifiziert sich im Internet durch eine individuelle IP-Adresse (IP steht für Internetprotokoll). Diese Adressen sind zwar für andere User nicht ohne weiteres zurückzuverfolgen, aber sie liefern unwiderlegbare Daten, dass von einem bestimmten Computer aus zu einem bestimmten Zeitpunkt eine bestimmte Website aufgerufen wurde. Diese Datenübertragung lässt sich nicht verhindern. Um in Extremfällen trotzdem unerkannt zu bleiben gibt es Proxy-Dienste. Diese leiten die Anfragen an Websites über den eigenen Server. Bei der Website wird also nicht die IP-Adresse der User angezeigt, sondern die des Proxy-Dienstes. Gute Proxy-Dienste sind häufig kostenpflichtig, und die Einrichtung bedarf einigen Aufwands. Dies lohnt sich aber nur, wenn man bei einer Internetrecherche unbedingt unerkannt bleiben will oder muss.

8.5 Umgang mit IT-Dienstleistern

Angesichts der hohen Anforderungen an Funktionalität und Sicherheit kann ein Büro-Netzwerk kaum von Laien eingerichtet und gewartet werden. In der Regel wird daher ein Dienstleister diese Arbeiten übernehmen und verantworten. Geschäftsstellen, die angesichts der vielen IT-gesteuerten Prozesse auf spezielle IT-Dienstleister zurückgreifen wollen, sollten bei der Zusammenarbeit einige Punkte beachten. Das beginnt bei der Auswahl eines geeigneten Dienstleisters.

Kriterien zur Auswahl eines IT-Dienstleisters

- Besteht die Firma schon länger?
- Referenzen: Für weclhe vergleichbaren Institutionen ist die Firma bereits tätig?
- Dürfen Sie sich bei den Referenzkunden erkundigen?
- Besteht ein ordentlicher Handelsregistereintrag und stimmen die Geschäftspapiere damit überein?
- Verfügt die Firma über mehrere Mitarbeiter (Vertretungsfähigkeit, Flexibilität)?
- Werden Ihnen exakte Zuständigkeiten und Vertretungsregeln genannt?
- Gibt es eine Notfall-Rufnummer?
- Welche maximalen Reaktionszeiten sind bei Notfällen vereinbart?
- Welcher Servicelevel kann vereinbart werden (SLA, Service Level Agreement)?
- Gewährleistet die Firma für die Dauer des Auftrags Updates von Betriebssystem, anderer Software, Backup-Systemen?
- Verkauft die Firma Ihnen Hard- und Software? (Kommende Probleme obliegen dann Ihnen.)
- Oder besteht die Leistung der Firma darin, Ihr IT-System verfügbar zu machen und zu erhalten? (Dann obliegt – im Rahmen des SLA – das „trouble shooting" dem Dienstleister.)
- Dürfen Sie als Kunde angepasste oder neu geschriebene Software auch nach Beendigung der Zusammenarbeit weiter nutzen?
- Wird die Software auskommentiert, dokumentiert und Ihnen ausgehändigt, damit gegebenenfalls ein anderer Programmierer die Pflege und Fortschreibung übernehmen kann?
- Legt die Firma offen, welche technischen Zugänge sie zu Ihrem System hat (Fernwartung)?
- Dokumentiert die Firma, welche Mitarbeiter welche Zugangsrechte und Logins zu Ihrem System haben?
- Kann die Firma eine Vermögensschadens-Haftpflichtversicherung nachweisen?
- Unterzeichnet die Firma eine qualifizierte Datenschutzvereinbarung mit Ihnen?

Am Anfang eines jeden IT-Projekts steht das Pflichtenheft: Darin wird jede einzelne Anforderung, jeder einzelne kleine Schritt in den Funktionsabläufen bei der Nutzung des Systems definiert. Bereits bei einer unspektakulären Adressverwaltung umfasst solch ein Pflichtenheft schnell 20–30 Seiten. Entsprechend voluminöser sind Pflichtenhefte bei der Vernetzung mehrerer Arbeitsplätze, der Anpassung von Standard-Software und individuellen Modulen. Ein Pflichtenheft zu fertigen erfordert viel Arbeit und Zeit. Doch diese Investition ist wichtig. Denn alles, was im Pflichtenheft unscharf oder nicht definiert ist, wendet sich gegen den Auftraggeber: durch Mehrkosten oder – schlimmer noch – durch Fehler im Arbeitsablauf oder ernsthafte Schäden.

Eine Krise kann durch alle möglichen Ursachen auftreten, sei es durch Schad-Software, durch Fehler von Mitarbeitern oder durch Versagen der Hardware. Aber auch die Zusammenarbeit mit IT-Dienstleistern birgt Unwägbarkeiten. Damit es nicht zu Problemen kommt, sollten Sie bestimmte Dinge im Umgang mit IT-Dienstleistern beachten.

Wichtige Verhaltensweisen beim Umgang mit IT-Dienstleistern

- Es muss ein Exemplar des Pflichtenheftes bereitstehen.
- Aktualisieren Sie das Pflichtenheft bei wesentlichen Veränderungen.
- Wenn der Dienstleister Standardprogramme anpasst oder eigenständig Module fertigt, lassen Sie sich den Quellcode, die „lesbaren" Programmierbefehle und -zeilen, aushändigen. Stellen Sie sicher, dass der Quellcode nicht verschlüsselt ist und dass er „auskommentiert" ist, also im Klartext die Funktionen der Komponenten benannt sind.
- Stellen Sie sicher, dass Sie über die Dokumentation verfügen, welche Mitarbeiter des Dienstleisters und welche eigenen Mitarbeiter welche Zugangsmöglichkeiten haben und mit welchen Nutzerrechten sie ausgestattet sind.
- Stellen Sie sicher, dass Sie über volle Zugangsmöglichkeiten und Benutzerrechte verfügen (Lognamen, Passwort, Administrator-Rechte). Damit sollen Sie nicht selbst versuchen, das System in der Krise zu retten, sondern um im Ernstfall einem anderen Dienstleister den erforderlichen Zugang zu ermöglichen.
- Alle diese Dokumente gehören in den Safe.
- Stellen Sie sicher, dass ein eingewiesener Mitarbeiter in der Lage ist, im Krisenfall sämtliche Passwörter zu verändern.
- Beauftragen Sie einen Ihrer Mitarbeiter als ständigen IT-Ansprechpartner. Er fungiert als fester Ansprechpartner für den externen Dienstleister. Und Ihr Mitarbeiter hält sich auf dem Laufenden über alle Organisationsfragen, Absprachen, Erfordernisse Ihres PC-Netzes, der Lizenzen, Überwachung der Updates usw.

8.5.1 Taktik in der IT-Krise

Bei Störungen der IT sollte das Büro sofort den Dienstleister informieren. Dabei sind die maximalen Reaktionszeiten zu beachten, die mit dem Dienstleister vereinbart sind. Wichtig ist, dass die „maximale Reaktionszeit" die Frist ist, innerhalb der der Dienstleister mit der Problemlösung beginnt – nicht aber die Zeit bis zur tatsächlichen Lösung des Problems. Hält der Dienstleister das SLA nicht ein, sollten Sie auch schriftlich darauf hinweisen und eine angemessene Nachfrist setzen. Wenn Schaden entsteht, etwa durch Betriebsunterbrechung, ist der Dienstleister ebenfalls darüber zu informieren. Fruchtet auch dies nichts, ist eine weitere Nachfrist zu setzen, inklusive der Ankündigung, welche Konsequenzen folgen können: Schadenersatz, Kündigung des Vertrags etc.

In der akuten Krise kann es klug sein, den Dienstleister nicht mit den schwersten Geschützen zu erschrecken. Höchste Priorität hat es, die Arbeitsfähigkeit wiederherzustellen. Das bedeutet unter Umständen, erst einmal die Zähne zusammenzubeißen, um dann nach der Krise Klartext zu sprechen oder gar den Dienstleister zu wechseln.

Eine IT-Krise muss durchaus nicht in Hard- oder Softwarefehlern wurzeln. Ebensolches Krisenpotential birgt die „Wetware" – die Menschen. Schon bei dem Verdacht, dass einer der eigenen Mitarbeiter oder aber ein Mitarbeiter des Dienstleisters nicht mehr zu 100 Prozent loyal ist, sollten Sie konsequent reagieren. Über eine mögliche Beweissicherung hinaus sind sofort alle potentiell betroffenen Passwörter zu ändern: bei lokalen Logins am Netzwerk, beim Fernwartungszugang, bei den E-Mail-Accounts, der Internetseite und den Social-Media-Präsenzen.

> **Interview mit Stefan Winter, Vorstand der VCmed AG – IT-Leistungen für das Gesundheitswesen, Hamburg**
>
> **Welches sind die typischen Gefahrenquellen im Internet?**
> „Generell gilt: Das Internet hat sich zu einem eigenen Kosmos mit eigenen Regeln entwickelt. Es ist unmöglich geworden, dieses Terrain nicht zu betreten – für die private Mediennutzung ebenso

> wie für essentielle Geschäftsprozesse. Der extreme Verknüpfungsgrad potenziert auch die Gefahren. Betrug, Spionage und andere Bosheiten des realen Lebens finden hier ganz neue technische Möglichkeiten. Und die Menschen sind ja nicht strukturell besser geworden."
>
> **Was passiert, wenn ich meine Sicherheitsprogramme nicht regelmäßig update?**
> „Das ist in etwa so fahrlässig, als würde man alle Türen über Nacht offen stehen lassen. Das bedeutet zwar nicht zwangsläufig, dass sofort ein Dieb eintritt und sich bedient, aber das macht es allen potentiellen Angreifern natürlich leicht. Und für Institutionen, die verpflichtet sind, die Daten ihrer Mitglieder bestmöglich zu schützen, gibt es keine Alternative."
>
> **Wie bringt man die Mitarbeiter dazu, die Sicherheits-Richtlinien einzuhalten?**
> „Die anfälligste Schwachstelle in der Sicherheit von Computernetzwerken sind die Menschen, die damit und daran arbeiten – sicher selten aus Arglist, häufig aber aus Achtlosigkeit oder Unkonzentriertheit. Die Verantwortlichen sollten sich dem Thema kontinuierlich und mit viel Zeit widmen. Die Mitarbeiter sind sachlich zu informieren, auch über die Bedeutung und die daraus entstehenden Pflichten. Ganz wichtig ist die Schulung neuer Teammitglieder. Und als fundamentaler Bestandteil des Risikomanagements gehören die Infos, Abläufe, Zuständigkeiten und die Technik natürlich in eine jederzeit verfügbare Dokumentation."
>
> **Wie sollen Mitarbeiter bei Störfällen verhalten? Und kann man gelöschte Daten retten?**
> „Es ist eine Binsenweisheit, aber meistens reicht bei Störfällen ein Neustart. Wenn das nicht hilft, sollten ungeschulte Mitarbeiter nicht selbst aktiv werden. Zwar kursieren im Internet viele Tipps, wie bestimmte Probleme zu beheben sind, aber die sind häufig von Profis für Profis. Insofern ist es in der Regel besser, den IT-Beauftragten zu verständigen und bei schwereren Problemen den IT-Dienstleister.
> Ob man gelöschte Daten retten kann? Die klare Antwort ist: Kommt drauf an. Deshalb sind Sicherungskopien so wichtig. Diese sollten natürlich auch hinreichend verschlüsselt sein. Und einmal im Jahr sollte jede Geschäftsstelle eine Notfallübung durchführen, bei der die Daten von den Sicherungskopien auf das System zurückgespielt werden. Wenn man erst im Notfall merkt, dass man etwas Wichtiges vergessen hat, ist es zu spät."
>
> **Was glauben Sie, wie die Entwicklung weitergeht?**
> „Es gibt schon heute keine Geschäftsprozesse mehr ohne IT. Auch das klassische Marketing geht heute

nicht mehr ohne, denn selbst ein Flyer wird in der Regel über einen PC mit einem Grafikprogramm erstellt – Online-Marketing natürlich sowieso nicht. Ob man will oder nicht: Die Fähigkeit, mit Computern und digitalen Medien umzugehen, ist die neue Alphabetisierung. Die Leistungsfähigkeit der Technik wird weiter in rasantem Tempo steigen. Das birgt neue Chancen und neue Risiken."

8

Serviceteil

© Springer-Verlag GmbH Deutschland 2017
A. Köhler, M. Gründer, *Online-Marketing für medizinische Gesellschaften und Verbände*,
Erfolgskonzepte Praxis- & Krankenhaus-Management, DOI 10.1007/978-3-662-53469-4

Glossar

Apps Programme für Smartphones und Tablet-PCs, die meist praktischen Zweck oder Unterhaltungswert haben.

Blog Die Abkürzung für das englische Wort „Weblog". Ein öffentliches Internettagebuch oder bei mehreren Autoren eine Art Zeitung im Internet.

Browser Das Programm zum Surfen im Internet, etwa der Internet Explorer, Google Chrome oder Mozilla Firefox.

Captcha Eine Sicherheitsabfrage, bei der die Besucher einen Zahlen- oder Buchstabencode in ein Feld eingeben müssen, um sich als echte Personen zu authentifizieren. So wird maschineller Spam verhindert.

CMS Bei Content-Management-Systemen (CMS) sind die Inhalte und das Layout von Internetseiten getrennt. Damit lassen sich Texte auch von Laien einfach ändern, meist über eine eigene Benutzeroberfläche.

DENIC Die Registrierungsbehörde für alle deutschen Domains, also die mit der Endung „.de".

Domain Der Teil der Internetadresse einer Website, der zwischen www. und der Länder-Endung steht. Bei www. praxis-mustermann.de ist dies beispielsweise praxis-mustermann.

dpi dots per inch, die Anzahl von Bildpunkten pro 2,54 Zentimeter. Eine Einheit für die Qualität digitaler Bilder.

Homepage Die Startseite eines Internetauftritts.

HTML Hypertext Markup Language. Programmiersprache, in der die meisten Websites programmiert sind.

IP-Adresse IP steht für Internetprotokoll. Anhand dieser IP-Adresse wird der Computer von anderen Computern identifiziert, und so können Daten ausgetauscht werden, etwa die Inhalte von Websites.

Keywords Englisch für Schlüsselbegriffe. Keywords sind Begriffe, auf die Inhalte einer Website im Zuge der Suchmaschinenoptimierung ausgerichtet werden. Dadurch wird es möglich, dass Besucher die Website über bestimmte Suchbegriffe besser finden.

Metatags Metatags sind Hintergrundinformationen im Head der Website, wie zum Beispiel Keywords, Description und Title, die den Inhalt der Website repräsentieren. Diese Kurzbeschreibungen werden in den Suchmaschinen-Ergebnislisten häufig angezeigt.

PageRank Der PageRank-Algorithmus ist ein Verfahren, das Websites anhand ihrer Popularität gewichtet. Die Popularität wird aus der Anzahl und Qualität der Links ermittelt, die aus dem Internet auf eine Website verweisen. Der PageRank-Algorithmus wurde von Larry Page und Sergey Brin, den Google-Gründern, entwickelt. Je höher der PageRank einer Seite, desto mehr Autorität besitzt sie bei Google.

Pixel Ein Bildpunkt mit bestimmten Farbwerten. Aus vielen Pixeln setzen sich digitale Bilder zusammen.

Quellcode Der in Programmiersprache geschriebene Text eines Computerprogramms, bei Websites sowohl die Inhalte als auch alle Befehle zum Aufbau und Layout der Seite.

RSS-Feed Really Simple Syndication (frei übersetzt: wirklich einfache Verbreitung). Eine Technik, mit der Nutzer über Neuerungen auf einer Website informiert werden, ohne selbst die Seite besuchen zu müssen, um nachzuschauen, ob sich etwas verändert hat.

Screenshot Bildschirmkopie oder -foto, die/das direkt über den PC erstellt wird und dann ausgedruckt oder abgespeichert werden kann. In diesem Buch zur Demonstration von Website-Beispielen verwendet.

SEM Search Engine Marketing, englisch für Suchmaschinenmarketing. Anzeigenschaltung bei Suchmaschinen. Die Anzeige wird angezeigt, wenn ein User nach vorher definierten Begriffen sucht.

SEO Search Engine Optimization, englisch für Suchmaschinenoptimierung. Websites werden so gestaltet, dass sie bei Suchmaschinen wie Google für festgelegte Suchbegriffe einen hohen Stellenwert einnehmen.

Sitemap Die Übersichtsseite einer Website, in der meist alle Unterseiten hierarchisch strukturiert auftauchen.

Smartphone Mobiltelefon mit fortgeschrittener Computertechnik. Das bekannteste Gerät ist derzeit wohl das iPhone.

Spam Unverlangt zugeschickte E-Mail-Nachrichten, meist mit werbendem Inhalt, häufig auch mit betrügerischer Absicht. Der Begriff wird auch für massiert auftretende werbende Einträge in Foren, Kommentaren usw. verwendet.

Tablet-PC Tragbarer Computer mit Touchscreen-Bedienung.

Tool Englisch für Werkzeug. In Verbindung mit Computern ein kleines Computerprogramm, das eine einfache Aufgabe übernimmt.

URL Uniform Ressource Locator. Die vollständige Adresse eines Internetdokuments.

Webhoster Anbieter von Webspace bzw. ganzen Webservern.

Webserver Ein Computer, auf dem Websites für den Zugriff aus dem Internet gespeichert werden.

Website Gesamter Internetauftritt, bestehend aus einer Startseite und diversen Unterseiten.

Webspace Der Speicherplatz auf einem Webserver, auf dem eine Website abgelegt ist.

Literatur

Bücher und Artikel

Bahner B (2004) Das neue Werberecht für Ärzte – Auch Ärzte dürfen werben. Springer, Berlin

Bruhn M (2001) Marketing – Grundlagen für Studium und Praxis, 5., überarb. Aufl. Gabler, Wiesbaden

Dettmeyer R (2006) Medizin & Recht – Rechtliche Sicherheit für den Arzt. Springer, Berlin

Eck K (2008) Karrierefalle Internet. Hanser, München

Eck K (2010) Transparent und glaubwürdig – Das optimale Online Reputation Management für Unternehmen. Redline Verlag, München

Fischer M (2009) Website Boosting 2.0 – Suchmaschinenoptimierung, Usability, Online-Marketing, 2., aktual. u. überarb. Aufl. mitp, Heidelberg

Grabs A, Bannour K-P (2011) Follow Me! Erfolgreiches Social Media Marketing mit Facebook, Twitter und Co. Galileo Press, Bonn

Heijnk S (2011) Texten fürs Web – Planen, schreiben, multimedial erzählen, 2. Aufl. dpunkt.verlag, Heidelberg

Hoeren T (2007) Das Telemediengesetz. Neue Juristische Wochenschrift 12:801–864

Kielholz A (2008) Online-Kommunikation – Die Psychologie der neuen Medien für die Berufspraxis. Springer, Berlin

Kotler P, Bliemel F (2001) Marketing-Management – Analyse, Planung und Verwirklichung, 10., überarb. Aufl. Schaeffer-Poeschel Verlag, Stuttgart

Krug S (2014) Don't make me think! revisited – web & mobile usability, 3. Aufl. MITP-Verlag, Frechen

Löffler M (2014) Think Content! – Content-Strategie, Content-Marketing, Texten fürs Web. Rheinwerk Verlag, Bonn

Medienbüro Medizin (MbMed) (2010) Ratgeber für Ärzte: Recht in der Praxis. Ratgeberverlag, Hamburg

Medienbüro Medizin (MbMed) (2010) Ratgeber für Ärzte: Marketing in der Praxis. Ratgeberverlag, Hamburg

Ries HP, Schnieder K-H, Althaus J, Großbölting R, Voß M (2007) Arztrecht – Praxishandbuch für Mediziner. Springer, Berlin

Schmidt I (2005) Corporate Identity in der Unternehmensführung. GRIN Verlag, Norderstedt

Schwarz T (2007) Leitfaden Online Marketing – Das kompakte Wissen der Branche. Marketing Börse, Waghäusel

Weinberg A (2001) Corporate Identity – Großer Auftritt für kleine Unternehmen. Stiebner Verlag GmbH, München

Wöhe G (2000) Einführung in die allgemeine Betriebswirtschaftslehre, 20., neu bearb. Aufl. Vahlen, München

Internetadressen

BDSG: Bundesdatenschutzgesetz. http://www.gesetze-im-internet.de/bdsg_1990/BJNR029550990.html

Bundeszahnärztekammer: Musterberufsordnung der Bundeszahnärztekammer. http://www.bzaek.de/fileadmin/PDFs/recht/mbo050216.pdf

Bundesärztekammer, Kassenärztliche Bundesvereinigung 2008: Empfehlungen zur ärztlichen Schweigepflicht, Datenschutz und Datenverarbeitung in der Arztpraxis. http://www.bundesaerztekammer.de/page.asp?his=0.7.47.6188

Bundesverfassungsgericht: Aktenzeichen „1 BvR 233/10" und „1 BvR 235/10"

Gabler Wirtschaftslexikon. http://wirtschaftslexikon.gabler.de/Definition/marketing.html

http://www.bundesverfassungsgericht.de/entscheidungen/rk20110601_1bvr023310.html

http://www.ggma.de/studien/

http://www.seo-united.de/sitemap.html

http://www.stiftung-gesundheit.de/forschung/studien.htm

http://www.stiftung-gesundheit.de/zertifizierte-websites/zertifizierte-websites.htm

http://www.stiftung-gesundheit-blog.de/

Institut für Existenzgründungen und Unternehmensführung Wilfried Tönnis. http://www.ieu-online.de/Handbuch-marketing.pdf

SGB V: Sozialgesetzbuch (SGB) Fünftes Buch (V). http://www.gesetze-im-internet.de/sgb_5/

Studie „Internisten im Netz": www.internisten-im-netz.de/de_news_6_0_278_arztsuche-im-internet.html

TMG: Telemediengesetz. http://www.gesetze-im-internet.de/tmg/BJNR017910007.html

UrhG: Gesetz über Urheberrecht und verwandte Schutzrechte. http://www.gesetze-im-internet.de/urhg/BJNR012730965.html

UWG: Gesetz gegen den unlauteren Wettbewerb. http://www.gesetze-im-internet.de/uwg_2004/BJNR141400004.html

www.akademie.de

www.laekb.de/10arzt/60Arztrecht/10Online_Recht/05Homepage.html, aufgerufen am 25. Mai 2011.

www.medizin-seo.de

www.openstreetmap.info

Stichwortverzeichnis

Printed in the United States
By Bookmasters